中国文化产业十家论集

章建刚集

云南大学出版社
Yunnan University Press

图书在版编目（CIP）数据

章建刚集　/ 章建刚著. 一昆明：云南大学出版社，2015
（中国文化产业十家论集）
ISBN 978-7-5482-2310-8

Ⅰ. ①章…　Ⅱ. ①章…　Ⅲ. ①文化产业－中国－文集　Ⅳ. ①G124-53

中国版本图书馆CIP数据核字(2015)第093372号

策划编辑： 陈　曦
责任编辑： 陈　曦
装帧设计： 郑明娟

章建刚集

中国文化产业十家论集

章建刚　著

出版发行： 云南大学出版社
印　　装： 昆明市五华区教育委员会印刷厂
开　　本： 787mm×1092mm　1/16
印　　张： 20.875
字　　数： 308千
版　　次： 2015年7月第1版
印　　次： 2015年7月第1次印刷
书　　号： ISBN 978-7-5482-2310-8
定　　价： 62.00元

社　　址： 昆明市翠湖北路2号云南大学英华园内
邮　　编： 650091
电　　话：（0871）65031071　65033244
网　　址： http://www. ynup. com
E-mail： market@ynup. com

作者简介

章建刚，中国社会科学院文化研究中心理事、副主任、研究员，中国社会科学院哲学所美学室研究员、博士生导师；中国文化蓝皮书主编；文化部《保护和促进文化表现形式多样性公约》事务部际协调机制成员、文化部国家公共文化服务体系建设专家委员会专家；中华全国美学学会理事。

曾长期从事美学、艺术史研究，著有《艺术的起源》《如何规定艺术》等美学专论。2000 年以来，密切关注文化发展理论与文化政策研究，涉及文化产业发展、文化体制改革、公共文化服务、各类文化遗产与文化多样性保护、少数民族地区文化发展等重大专题，尤其开始运用文化经济学理论对问题进行分析。近年来也在不少高等院校、中央文化干部管理学院或地方领导讲习班上就有关文化发展及文化政策进行讲演。2004 年以来，一直作为中国代表团成员，跟踪并参与联合国教科文组织《保护与促进文化表现形式多样性公约》的制定与贯彻工作。2010 年以来，多次参加国家民委文宣司组织的少数民族文化发展调研活动。主要出版著作有《山西省民间音乐遗产的传承与保护》、《文化经济学视野的搭建》（论文集），主要发表论文有《遗产产业可持续发展的基础与理想模式》《文化产业发展的几个基本逻辑》《国际文化产业发展的趋势与政策环境》《打造高质高效的国家公共文化服务体系》《文化大发展大繁荣所需要的政策、机制与工作措施》等。

出版前言

我国的文化产业萌芽于20世纪80年代改革开放初期。那时人们刚刚从“十年浩劫”的文化沙漠中走出来，被长期压抑的文化需求在宽松的环境中得到初步释放。随着经济的发展和市场的繁荣，文化市场也逐渐成长起来。与此同时，复制与传播技术在世界范围内突飞猛进地发展起来，为文化产品的大规模生产与消费提供了不可缺少的条件。正是在这样的环境下，文化产业破土而出。而到21世纪初，由于我国加入WTO后对开放国内文化市场的承诺，使文化产业的发展更有了新的挑战与机遇。2000年10月，中国共产党第十五届五中全会通过的《中共中央关于“十五”规划的建议》中，明确提出要“完善文化产业政策，加强文化市场建设与管理，推动文化产业发展”；2001年3月，发展文化产业正式被纳入全国“十五”规划纲要。从此，中国的文化产业走出萌芽期，进入起步期。2003年，随着文化体制改革的大幕开启，催动文化产业进入快速发展期。10多年来，文化产业业态逐步完备，新兴产业业态不断产生，法人单位与从业人员快速增长，文化产业增加值均高于同期GDP年均增长速度。即使曾遭遇2008年全球金融危机的影响，文化产业依然保持快速增长态势。2004年，我国文化产业增加值为3340亿元，至2013年，我国文化产业增加值已经达到21351亿元。今天的文化产业，更随着国家的战略谋划，逐渐广泛、迅速地融入互联网，向着特色化、纵深化和国际化转型升级，不断创新发展。

毋庸置疑，我国文化产业发展的政策驱动作用是相当明显的。但是，在政策驱动的过程中，理论的探索与提升仍然发挥了十分积极的作用。十多年来，一批学者从文化学、文艺学、艺术学、美学、哲学、经济学、法学等不同的学科领域转入对文化产业的理论研究与探索，从文化产业、创意产业、文化创意产业等基本概念的内涵及其差异辨析，文化产业的范围和门类划分，文化产业的统计指标体系确立，到文化产业发展战略、发展规划、文化产业政策制定、文化体制改革，到文化消费、文化市场、文化产业的区域性发展等，结合理论与实践展开了全方位的研究，逐渐形成不同的学术思想、学术观点。还有一些高层管理者，出于工作的需要，站在全局的角度，对一些涉及文化产业发展的全局性问题进行深层次的理论研究，以指导实践。这些理论研究与探讨，有的是对文化产业实践的总结与提升，有的是对文化产业发展的设计与期许，有的切实反映了文化产业的现实状态，也有的与现实还有一段距离。而正是在不断的理论探讨与实践中，我国的文化产业政策逐步地丰富和完善起来，并推动文化产业发展。这些成果无疑都从一个侧面记录下了我国文化产业曾经走过的历程，从中我们可以看到整个国家的文化产业十多年来风风雨雨的发展轨迹。

本丛书收取了十位全国有影响的文化产业理论研究者及学者型的高层管理者十多年来对文化产业的研究成果，虽然不一定全面，但具有代表性。而正如不能说我国的文化产业已经成熟，已经成为支柱性产业，我们的理论研究也同样不能说已经成熟完善，有成熟的研究方法与学科规范，形成自身的学术体系。本丛书希望通过此前一阶段理论成果的集中回顾，使广大读者和相关从业人员能从理论与实践两个角度梳理历史，更好地把握与理解现实，从而更自觉地创造中国文化产业发展的未来。

“中国文化产业十家论集”编委会

2015 年 5 月

目录

科学发展的文化向度和文化研究的新路径

——文化发展研究的回顾与反思

文化是人及其社会发展程度的标志，也是哲学反思的对象。而发展是一个从属于现代化的重要课题，其含义复杂而微妙。联合国教科文组织的《文化政策促进发展行动计划》（1998 年）中说："发展最终以文化概念来定义，文化的繁荣是发展的最高目标。"这是一个长远的目标。当它实现时，文化与发展合二而一。历史也表明，所有民族的现代化进程（即发展）最终都会遭遇独特的文化课题并给出新的解答。中国并不例外。以五四新文化运动为标志的中国文化现代化创新迄今已历经近百年的艰辛尝试。在中国现代化的进程中，文化创新始终是一个强烈的冲动。它是中国现代化重要的内在动机：传统的中国思想与文化必须完成现代转型。中国的现代化最终要表现为文化的创造：全球化也要求文化表达的多样性，要求具有普遍性的中国元素。因此这里我们不讨论抽象的文化，而是希望将文化与发展的主题结合起来，讨论具体的、中国的文化发展问题。这是时代的要求！

一、科学发展是有文化发展内含的发展目标

（一）科学发展与文化大发展大繁荣的要求同步提出、互为表里

市场取向的改革开放和中国的现代化发展走过了成就辉煌的 30 年。今天反观过去，不仅看中国改革开放的实践，也看人类认识、哲学与社会科学的发展轨迹，我们可以相信作为总设计师的邓小平同志，当年对改革的设想是有着深刻的理论蕴含的，不能想象匆忙中的权宜之计可以支持中国长达 30 年

的迅猛发展。然而发展的进程也会带来一些当年无法料想的问题。记得我们曾将“万元户”作为一个遥远的目标去憧憬，而今回想起来不禁让我们哑然失笑。与此同时，环境的迅速恶化和资源的掠夺式开采也屡屡令我们惊愕！至于分配不公及腐败带来的社会动荡，更是让我们常常感到无奈与绝望。中国发展的总观念迫切需要调整！

2003 年 10 月，科学发展观第一次在党的十六届三中全会上提出。2007 年 10 月，党的十七大报告再次对其进行充分论述。它的基本点可以概括为“发展是第一要务”和“以人为本，全面、协调、可持续”。而通过对中央近年来一系列重要政策的学习，我们特别注意到，在科学发展观被酝酿、提出并不断完善的过程中，文化的主题越来越突出，越来越响亮。

2000 年，党的十五届五中全会通过的《中共中央关于制定国民经济和社会发展第十个五年计划的建议》中，明确表述了“文化体制改革”和发展“文化产业”的内容。这是 30 年改革开放进程中的一块重要里程碑。2003 年，历时三年的文化体制改革试点工作在有关省市、部门全面铺开；2005—2007 年，构建逐渐覆盖全社会的公共文化服务体系的思想在党中央各项重要文献中清晰起来。党的十七大报告中，胡锦涛总书记提出了要让文化实现大发展大繁荣的要求，文化发展在科学发展观中的地位、作用被空前地标示出来。

（二）文化发展是中国在全球化、后现代背景下实现现代化的必然要求

科学发展观让中国的发展有了一个新的视野，也必将让它的发展进入一个新的阶段。中国的发展要实现现代化的目标，而全球化的现实又要求中国的现代化同时具有后现代或者叫第二次现代化的性质，必须具有跨越式发展的特征。

所谓后现代、第二次现代化或者新一轮现代化，都是指发达国家在 20 世纪六七十年代后逐渐出现的“知识经济”和“丰裕社会”的趋向，指现代化过程进入全球化新阶段和更快增长期。这时不仅经济过程中调用的知识流日益丰沛，社会产品不断下游化，终端消费品不断增加设计和审美的要素；而

且人们对各式各样的文化产品、精神性服务有极其巨大的需求增长，用鲍德里亚的话说，生产的逻辑被消费（或者浪费甚至破坏）的逻辑取代了。[①] 知识经济是高科技和高文化的联姻（high tech，high touch）[②]；媒体的迅速过剩突显内容的稀缺，尤其是具有高质量唯一性的文化内容的稀缺。文化市场几乎成了一只贪婪的饕餮：消费者几乎无选择地吞食各类文化产品，而文化企业则几近疯狂地吞食各类文化资源。于是不仅是西方各国文化产业有了长足的发展，而且西方国家的政府也纷纷制定文化发展政策，以求得在激烈市场竞争中的持续发展。因此可以说，市场的竞争同时就是文化的竞争！可以说，瞄准了富裕、民主、和谐、文明的发展就内在地包含了文化发展的要求。正是在这个时候，联合国教科文组织推动了对“新发展观”的探索。

所谓后现代，既是现代化动机的正向延伸，又是对现代化动机的反省和矫正。它要纠正现代性的单向度和偏执，克服商业文明的过度投机。因而后现代不仅主张更精细的前瞻，也主张与前现代进行对话（而不是简单的决裂）。这时，后现代不是对前现代的重新认同，而是要在现代与前现代的裂隙间释放更多的差异，强调更多的中间状态与互动。这就是文化多样性的主张。

后现代发展展示出经济全球化具有超越种种具体的传统文化、主张积极寻找普遍交往中势必通行的普遍伦理（universal ethics）的一面，同时又让现代与前现代的对话更多在文明间展开。这样的局势一面将更多“边缘国家”（沃勒斯坦语）拉入全球化；另一面由于文化多样性的主张更多肯定了各种文化的自决发展权利，因此也为这些“后发国家”的全球化过程提供了某种相对有利的发展机遇。“后发国家”多一分从容便可以在内部发展动机的驱使下，将更多传统价值经过创新带入具有后现代因素的现代化进程。这时，与发达国家进行有效文明对话成了发展中国家积极卷入全球化的中间环节和有益前提。现在“普遍伦理”不是一个既成的尺度，而是一个处于形成中的

① 参见《消费社会》，南京大学出版社2006年版。

② 中国社会科学院哲学研究所“国家创新体系”研究小组：《国家创新体系与人文社会科学》，载《光明日报》1999年11月5日第五版。

构造（inter-culturality）。

30 年的改革开放也让中国的经济有了长足的增长。目前中国已成为世界第三大经济体。但中国的发展不仅是初步的，而且是片面的。例如人们常常说现在的中国是一个“世界工厂”。而所谓“世界工厂”并不仅仅意味着中国加入了全球分工和贸易体系，还意味着中国大量使用廉价劳动力，并且在国家发展和各类企业效益增长过程中，这些劳动力拿不到更多的收入，因此国内的消费需求很少增加，人的全面发展被忽视，世界上有很多“中国制造”却很少有“中国创造”。这也就是说，我们的发展并不平衡，发展过程中分配的差别越来越大，环境压力越来越大，社会冲突在增加，改革开放的成果不能为所有中国人所共享；收入增加的同时人们的精神变得贫瘠。因此就像 20 世纪 80 年代，国际上发展观取代了增长观，现在我们也正以科学发展观取代粗放的、唯 GDP 增长的发展观。我们需要更全面、协调、可持续的发展，需要有文化的创造对经济增长加以滋补，需要理论对市场经济这一基本社会制度进行伦理学的说明。贯彻科学发展观最终是要以调动与发挥中国人的创造性为目标，这才是以人为本；要以建设和谐公正的公民社会为目标，这才需要有全面协调；而要以改革开放为基本推进模式，这样的发展才是渐进和可持续的。这样的发展将包含越来越多的文化因素与文化课题。所以可以说，改革开放的中国还从没有像今天这样渴望文化的创造！科学发展观注定同时是文化发展观、以文化发展为标志的发展观。

中国文化有“走出去”的要求，全球化的市场竞争也要求各国政府的出场，而政府的出场和文化产品的国际传播都要求道义的出场。2008 年，中国成功举办了国际奥林匹克运动会，中国弘扬奥林匹克精神的举动受到了世界的嘉许！但中国承办奥运会的意义显然不终止于 2008 年，我们表达的是对人类和平责任的承诺。因此我们还急迫地需要含义更清晰的道义表达！

（三）文化研究需要新的研究路径和新的学科范式

在这样的形势下，我们有必要极为简单地回顾一下 30 年来文化研究的历程。

粗略地说，改革开放30年的文化研究有这样几个阶段：20世纪的80年代学术界有“文化热”；90年代有“国学复兴”；而进入21世纪，文化发展的研究成为一个影响日渐巨大的研究潮流。[①]

这些文化研究的社会影响是值得反思的。20世纪80年代的“文化热”发生在“文革”和闭关自守时期之后，具有巨大的启蒙作用，“（中国）人”觉醒了。中国和世界迅速接近，中国人的改革发展积极性与首创精神都被充分调动起来。但这些研究具有抽象和理想主义的特征，而且和社会改革的进程相对脱节，最终为社会动荡所终结。90年代的文化政策对内是“不争论”，对外是“韬光养晦”，在一个相对沉寂的时期，“国学”成了一种“显学”。然而这种没有竞争、一厢情愿的学术研究虽然能起到一些普及传统文化的作用，却很难形成更大的社会影响。传统文化的脱胎换骨不是在封闭的条件下可以实现的。最近8至10年的文化发展研究还相对稚幼，尚未产生太成熟的学术专著，但它紧紧地踩在文化发展和文化体制改革的鼓点上，为国家及地方的文化发展、文化体制改革、文化政策的制定、文化产业的发展、公共文化服务、文化遗产及文化多样性的保护、国际文化政策合作提供了及时和有效的咨询服务。反之各种社会需求（政府的、企业的）正催促着文化发展研究深化自己的理论。

二、新的文化研究将是对文化发展的制度环境的研究

文化发展研究与文化哲学、经济学、政治学等相比的幼稚特征和它在我

① 在首届中国博士后文化发展论坛（2008）上，贾旭东的论文提供了一组统计数字：“在中国知网《中国期刊全文数据库》收录的8200多种重要期刊上，文献标题中含有‘文化发展’的文献，1995年至1999年各年度的数量分别为87、85、65、87、109篇，而2000年至2007年各年度的数量分别为130、143、197、226、189、224、285、316篇。2001年至2007年7月间的文献数量为1580篇，比1991年至2000年10年文献综述732篇翻了一番还多。”（《论文集》〔未刊行〕第16－17页）。这从一个侧面反映了文化发展研究的兴起。

国发展中受到欢迎的程度似乎并不匹配，但并非不可理解。反之，国内的文化发展研究与国际上文化研究潮流高度吻合。

（一）国际文化研究的传统与流变

19 世纪以来的西方学术传统中，文化研究有两个源头：文化人类学（民族学）和“精神科学”（人文哲学）。前者在美国就成了社会学；后者在德国是当代的存在主义、解释学和法兰克福学派（包括伊格尔顿这样的英国学者）。两者的方向有些悖逆。虽然二者都关心并直接切入文化的内容（宗教、价值、伦理、终极关怀等），但文化人类学关注的是不同文化（cultures）间的差异、是复数形式的文化，而且力图将其固定下来以便识别；而人文哲学探讨的是生活或存在的意义、人的本质或本真的存在，是带定冠词并大写的文化。后者尤其注意到文化是不断变动、成长、超越的，因此是很难被固定在某一特定历史时刻的。当时这两个学科似乎是分别发展的：一个是思辨哲学，另一个是经验科学；一个是规范性的，一个是描述性的。直到 20 世纪的 70 年代前后（如法兰克福学派），文化研究的两条轨迹仍各自独立延伸。

但在 20 世纪 70 年代以后，情况出现了某些变化。曾经被无穷向后追溯的“落后文化”和永远射向未来的“文化本质”被两极拉开，张力突显。因此后来的工作注定要消弭这个差距。果然，德国思辨哲学的风头被同样高度思辨的法国后现代主义思潮取代了；而知识经济或后工业社会的来临也给美国的文化社会学带来了研究形态上的变化。这背后似乎同样是胡塞尔现象学传统的影响。

文化在人的研究中被突显出来。人抽象的本质是一种被意识到的理想，在现实中人必须通过实际行动（实践）去争取“承认”。这时，可以将每个个人与共同体区隔开来或联系起来的中介物就是文化，人们相互争取承认的权力（武器或工具）也是文化，而将人的所有实践呈现和记录下来的就是文化符号。这时的文化不仅是符号，而同时是制度、权利，也是传统与变革。这样主体才能从大写的人落实成为小写的人，或不同规模的复数的人（群体）。

以这样的认识研究文化，文本、符号、书写或者作品的功能与构造被从新的角度予以揭示。“解构”仍是一种理解与揭示，是对“发展中”“目的实现中”的动态描述。反之，复数文化的研究也放弃了对“原汁原味”的心理投射倾向。事实上没有什么“原始文化”，有的只是前现代文明的现代化转型与不尽相同的现代化途径。

于是我们看到大陆哲学关注对历史的解读（福柯）及解读方法问题（德里达），力图说明文化在实际交往过程中不断被拆解和建构的过程（伽达默尔和哈贝马斯）；美国的文化社会学则关注到“记录文化”（recorded culture，戴安娜·克兰），关心通过记录文化所实现的文化变迁。后者那里，终极的东西、高远的理想、事物的本质被搁置了，更为复杂的动态文化互动模式被认真地揭示出来。这些研究揭示的只是美国社会现代化、发展与文化成长的特殊道路。

20 世纪 70 年代后的美国（北美）文化社会学不断扩张，或者换一种说法，也在分崩离析，视野变得宽广而散漫，用克兰的话说就是形成了一个正在“浮现中的理论视野”。这是所谓的社会学与多种学科相融合，形成新的景观。文化研究与经济学、政治学、社会学高度融合，形成了诸如艺术经济学、艺术管理学、文化政策学、文化政治学或媒体政治经济学等新的学科。这些学科把文化发展的制度问题突显出来。

这些学科的重要经典、开山之作往往都还是些论文集，它们的序言中往往写着“二三十年前这样一个学科还无法想象它的存在”等等。传统的经济学家尤其是微观经济学家很少关心文化艺术问题。① 但近些年来一些像模像

---

① A. 皮科克（A. Peacock）和 I. 里佐（I. Rizzo）主编的《文化经济学与文化政策》一书（Kluwer Academic Publisher，1994）的“编者前言”中说：“‘文化经济学’是时代的产儿。一本专门的刊物已经出版了一段时间，而一个专门的‘文化经济学’子目录最近也被添加进美国经济学会主办的、著名的《经济学文献杂志》的经济学文献分类表。这与 30 年前的情况有天壤之别。”W. E. 庞莫莱纳在《文化经济学》（R. 陶斯和 A. 卡基主编，Springer－Verlag，1992）的“前言”中说：“10 年前，几乎所有的经济学家听到一个叫作‘艺术与文化经济学’的题目都会很诧异。那时很少有经济学家会就此写什么文章，除非他们对艺术有个人兴趣。而其中之一正是 A. 皮科克。他在 1969 年撰文分析对文化艺术的公共促进问题。”汉斯·桑德为该书作的另一篇“前言”也说：“文化经济学，如同其名称所意指的，是两个研究领域：文化与经济。这两个领域传统上被认为是冤家对头。”

样的文化艺术经济学著作（甚至中译本）已经问世。它们从知识经济背景下，信息技术日新月异、文化产业迅猛发展的现实中看到了真正的理论问题，例如文化及文化多样性与市场的关系问题（考恩：《商业文化礼赞》《创造性破坏》）、文化消费的商业交易方式问题（J. 里夫金：《付费体验的时代》）、文化产业组织中的合同问题（凯夫斯：《创意产业经济学》）、大众生产时代的社会分层与文化权利问题（霍尔和尼兹：《文化：社会学的视野》）、传媒的政治经济属性（莫斯可：《传播：在政治和经济的张力下》）等。这里要探讨的都是文化作品作为商品存在时其经济属性如何、其经济属性是否会干扰或助长其文化属性的发挥的问题，以及在一种商业社会制度条件下文化本身如何发展、成长的问题，政府是否应以公共财政资助精致艺术的问题等。这都是些实实在在的文化发展问题。在这样的潮流中我们看到，由于对现实问题的高度关注，以及对纯粹思辨的警惕与克制，19 世纪两种文化理论的背离现在消失了，两个传统在方向上统一了，尽管方向本身变得较为含混了。这就是所谓后现代的迷惘（丹尼尔·贝尔）。

这也就是说，国际上的文化发展研究兴起时间还不长，大约是从 20 世纪 70 年代前后开始的。但他们的一般学术发展比我们好，因而理论成果更成熟一些，值得我们借鉴。我们尤其意识到，相对抽象的哲学思考通过具体的社会科学，实际地干预了社会发展进程。

（二）文化发展研究的学科基础

文化发展研究与一般的文化研究不同。它要解决的是文化发展的宏观环境与条件问题，而不是文化的本质和定义问题，也不是研究文化生产的所谓“内部规律”问题，如作家的创作心理学问题、艺术形象的塑造问题或艺术表现手法问题。反思近年来我们自己的一些研究也逐渐认识到，所谓文化发展研究实际上也是一个跨学科的学科群，通常需要让传统的人文研究和所谓社会科学的学科如经济学、社会学、政治学等结合起来，更细的研究还涉及财政学、行政学、管理学、政策学等等。因此我们也需要重新学习新的知识，扩充我们的理论框架，并且让这些来自不同学科的理论合乎逻辑地放在每一项研究当中。目前国外能做到对文化产业或艺术经济进行多学科综合研究的著作主要还是一些大学教材。①

改革开放当中相对滞后的中国文化体制改革在21世纪开始提速，也将文化发展的课题提了出来。对于这些研究笔者倾向于将其称为发展文化学或文化发展理论。概括起来说，我们近年来所做过的研究有文化体制改革研究、文化产业发展研究和公共文化服务研究三个方向。文化发展研究的学科范围大致都涉及了。②

把文化发展理论称为发展文化学还让人感到生疏。其实所谓“学”无非是“知识”的意思，而且这些知识是经过较多层次的归纳得来的，其中一些甚至像是“法则”（laws）③。同时，“学”也是对未来的预见、构建与规范，是为人类社会的立法（laws）。人们只有通过知识、理论才能把握极为复杂的现实。因此文化学无非是关于文化的知识或理论，而发展文化学是指让文化

---

① 如詹姆斯·海尔布伦和查尔斯·M. 格雷的《艺术文化经济学》（中国人民大学出版社2007年中译本）、大卫·赫斯蒙德夫的《文化产业》（中国人民大学出版社2007年中译本）。

② 参见各年度《文化蓝皮书：中国文化产业发展报告》和《文化蓝皮书：中国公共文化服务发展报告》，尤其是其间的“总报告”。另可参见拙作《儒家伦理、市场伦理和普遍伦理》（《哲学研究》2000年第2期）、《全球化进程与民族艺术研究的新课题》（《民族艺术研究》2002年第1期）、《文化遗产的真确性价值与遗产产业的可持续发展》（载徐嵩龄、张晓明、章建刚编《文化遗产的保护与经营》，社会科学文献出版社2003年版）、《中国改革与文化产业的发展》（《文艺理论与批评》2003年第3期）、《文化产业发展的几个基本逻辑》（载上海交大国家文化产业基地编《中国文化产业评论》第1卷，上海人民出版社2003年版）、《国际文化产业发展的趋势与政策环境》（载彭立勋等编《文化立市与国际化城市建设——2004年深圳文化发展蓝皮书》，中国社会科学出版社2004年版）、《文化产业发展背景下的艺术原创》（《美术观察》2004年第4期）、《让资源成为产品——关注〈保护文化多样性国际公约〉制定中的问题》（《文艺研究》2005年第2期）、《解放思想，更新观念，以文化体制改革促文化产业发展》（《人文杂志》2005年第4期）、《划分文化企事业单位的标准及其意义》（载叶取源等主编《中国文化产业评论》第三卷，上海人民出版社2005年版）、《公共文化服务体系：市场经济条件下的重构》（载李景源、张晓明主编《浙江经验与中国发展》（文化卷），社会科学文献出版社2007年版）、《山西省民间音乐遗产的传承与保护》（中国社会科学出版社2007年版）、《扩大市场准入，学会依法管理，稳步有序开放——文化大发展大繁荣所需要的政策、机制与工作措施》（《中国社会科学院研究生院学报》2008年第5期）等。

③ 参见［美］迈克尔·罗斯金等《政治科学》，林震等译，华夏出版社2001年版，第15页。

在社会中得到发展的知识，是研究社会发展与文化的相互关联问题的学科。把“发展”置于“文化学”之前说明该分支学科是侧重与发展相关的文化理论问题，正如同发展心理学研究处于儿童成长时期的心理学问题一样。

研究中我们对这个学科有三点粗浅的认识。第一，“发展”是一个具有浓重经济学含义的概念。“发展”在一定意义上与现代化，尤其后发国家的现代化同义。而由于现代化同时也是一个全球化的过程，因此它无法回避国际贸易、国际经济秩序的问题。但经过20世纪80年代国际上的讨论（如佩鲁的《新发展观》），“发展”具有了更多政治学、国际关系、社会学、人类学、宗教学的含义。人类的发展尤其是发展中国家今后的现代化发展应该具有更丰满、更多人道主义和更多尊严的内容。“以人为本”和“国际化”会是这种较多经济学因素的研究的两个特征。

第二，我们要处理的主要是文化发展的制度环境问题，即要说明在什么社会氛围、规范和监管体制机制之下，文化较容易得到发展。文化发展研究就是（经济和国家管理）制度研究，而这时我们的制度又处于不断创新的过程中，表现为各种政策的出台和调整，因此中国文化发展研究也是文化政策研究；这些政策调整（包括政府服务职能转变）过程就是改革，就是转型，因此文化发展研究也是文化体制改革研究、文化现代化研究；中国的文化发展还必然是在全球化背景下实现的，因此文化发展研究也将会是文化交往体制研究和国际文化政策比较研究。

我们的改革应该合理、有序、逐步推进。而要做到这一点，就要有体制和政策的调整、创新、设计。这就是我们要进行制度研究的目的和意义。我们一直认为，文化在本质上是创造，是新事物，因而对现实多少具有一些“颠覆性”。但我们也认识到，任何一个社会的发展尤其是在全球化背景下一个民族国家的发展都不希望有剧烈的震荡，震荡对许多个人来说都是难以承受的。因此这里有一个改革、创造的力度或分寸把握的问题。文化发展研究就是要对这种分寸的把握作出前瞻性研究和总结性说明。党的十七大报告中提到“要健全民主制度……保障人民的知情权、参与权、表达权、监督权”，这里（文化）表达权的落实是与制度建设、法制建设联系在一起的。

今天无论是在国外还是在国内，文化传播在很大程度上是通过市场实现的。一个国家的“文化软实力”（约瑟夫·奈语）在很大程度上首先也表现为发达文化产业体现出来的经济硬实力。但是，市场的发展也会有自身的问题。一方面我们承认市场具有比较制度优势，另一方面我们又要看到市场还处在不断的制度发育过程中。[①] 文化产品和服务的市场尤其可能提出许多新的问题，如知识产权的问题（网络或软件的版权、非物质文化遗产或传统知识的产权问题等）。我们并不因为市场出现问题就全盘否定市场经济制度，否定30年的改革开放；反之我们认为市场制度还有许多需要研究、设计、完善的方面。

文化的发展和社会的成熟密切相关。充分的文化表达在某种意义上说与公共领域、公民社会、公共媒体、NGO的发育程度相关。这又是与文化发展相关的制度设计的一个方面。科学发展观强调经济、政治、文化、社会的协调发展。一个人口众多的现代化国家，其制度构造也必然是较为复杂的。而实际上现在强调的与经济发展相关的其他三个方面——政治、文化、社会本身就有高度紧密的相关性。这里的研究与设计应格外细致。

第三，在文化发展研究中，必须抓住文化产品研究这个关键环节。制度研究非常重要，否则文化资源无法成为社会普遍的创造力。例如，中国有极为丰富的传统文化资源和少数民族文化资源，但它们极难变成丰富多彩的旅游文化纪念品。同时制度研究也需要一个中介，当抽象的文化哲学变成具体的文化发展理论或发展文化学时，它的对象要从艺术的本质、符号的内容变成文化产品（goods & services）、艺术表现形式（cultural & artistic expressions）。我们必须能揭示出文化产品及其生产、流通、传播、消费的经济属性与特质，以及它们作为人际关系工具的属性与特质。例如为什么对于市场来

---

① 2008年源自美国的“金融海啸”可以让人对此有更清醒的认识。过度的投机性和效率几乎是一个问题的不同侧面。问题在于如何可以通过制度或规则制定保留高效率而限制过度投机。这时我们需要向各种竞技游戏的规则制定学习。

说，文化原创具有高风险特征，而文化消费却具有高弹性特征，并因此产生了利益驱动的市场给文化产品的生产带来了特殊的选择性问题；以及为什么为此文化发展需要有公共服务的补充？又如为什么文化产品的国际贸易会产生“文化折扣”，并因此应采取何种营销策略，在产品内容上有怎样的优先选择？回答这些问题既要对文化产品与服务的经济学、社会学属性有了解，也需要对其文化学属性（所谓本质或内部规律）有清晰了解才可能做到。从上述三点认识出发我们或许可以构建起一个比较完整的发展文化学学科理论框架。在这个基础上才可以更深入地分别讨论文化产业和公共文化服务的问题。

（三）文化发展研究的有限视野

文化发展研究不替代全部的文化研究，更不等于多样化的文化艺术创造。它只是一个中介，在文化原创和遗产整理与社会制度之间进行疏通和协调，帮助文化融入社会，也帮助社会接纳文化原创。因为，文化原创才是人类所有进步的最终源头。有了较为深入的发展文化学研究，文化的发展繁荣与社会稳定才能同时实现。这时我们的目标并不是保证每一个文化产品都会被社会所接纳（因此它主要不是文艺批评），但希望有尽可能多的文化产品在社会中传播。我认为这样一种文化研究是需要加速推进的！

本文最初是在首届中国博士后文化发展论坛（2008，北京通州运河人家）上的发言，修改后发表于《哲学动态》2009 年第 5 期。

对国家文化发展战略的思考

党的十七届六中全会的主题是文化强国、文化发展，会议形成了《中共中央关于深化文化体制改革、推动社会主义文化大发展大繁荣若干重大问题的决定》。在国家层面上，文化问题第一次明确地和发展问题联系在一起。党的十八大对这一政策方针再次予以确认，并将相关行政体制改革作为推进这一进程的开端。这标志了中国党和政府对文化在整个国家发展中的重要性和紧迫性有了高度自觉！也是在这样的背景下，国家文化发展战略的构建应该被提上日程。对此我们有如下思考。

一、全球化、现代化为中国文化发展提供的机遇

我们讨论的是文化发展的国家战略。国家战略既是对国内各项发展的协调，又是对国际环境的策略应对。尽管最终战略的形成与多角度的战略性思考有区别，后者是前者的准备性过程，但战略本身所强调的全局性、目标及实施手段等基本元素是所有战略思考从一开始就需要具备的。因此我们首先要从对现代化、全球化这些人类历史大趋势的理解中，发现它们对中国文化发展提出怎样的要求，提供了哪些机遇和挑战。

（一）发展含义的变化：从现代到“后现代”

一切发展最终是人的发展。现代化曾被从技术的角度上作简单的理解。现代化最直观的表现就是经济增长，而增长都通过工业、市场和城市表现出来，因此在主流经济学家的视野中，发展起初就是个（经济或 GDP 的）增长问题。

然而随着世界各国尤其“南方各国”走上发展的道路，人类学的思考被越来越多地带入讨论，增长的内涵发生了变化。人们发现，在不同国家里，经济增长、市场经济体制的构建与文化因素相关。反之，已有的增长都是发生在西方国家里的，这里的增长只是在他们特定文化历史中的一种探索。经济增长有不同的道路。在跨文化背景下，增长是整个社会的发展问题。

阿玛蒂亚·森的理论是近年来国际上讨论发展问题的一个代表。森强调以“自由”定义“发展”。自由是用“可行能力”（capability）和“生活质量”而不是单纯的“收入”界定的。[①] 在森那里，可行能力即参与发展（首先是经济活动）的实际能力，它往往通过教育形成，并由医疗条件加以保障。生活质量不仅强调充分的物质消费，也强调幸福感。这样自由就不能简单地被理解成政治权利或一般意义的行动自由，而是可能成为经济学可以加以观察与探讨的对象。强调“以人为本、全面协调可持续”的科学发展观与之有异曲同工之妙。

发展就是实现全面的现代化。抽象地说现代化是人类生产方式和社会组织方式的一次大变革，经济增长同时促进社会制度的变迁，也必然促进人类文化的变化。这样传统国家不断向现代国家转型。所谓传统国家就是更多依靠暴力进行管制的国家；而现代国家就是更多依靠契约和协商进行治理的国家。在现代国家中，与政府同时发育起来的还有媒体和公民社会。

现代国家的建设从根本上说就是公民权利的落实和公民国家认同与凝聚力形成的过程，是国家管理体制不断创新调整的过程。用马克思主义的术语说，就是经济基础与上层建筑同时生成、相互调节的过程。这时，经济基础单方面的增长是不可持续的，国家的发展必须实现全面统筹的发展。经济、社会、政治、文化（也许还有生态）各个维度都必须在变革、调整中实现体制机制创新。国家结构的复杂要求全面协调整合，要求在功能运作上有效率与可持续。这就是发展对上层建筑、国家制度层面不断变革的要求。

---

① 参见［印］阿玛蒂亚·森《以自由看待发展》，任赜、于真译，中国人民大学出版社2002年版。

观念的现代化导致了文化发展。在高速发展过程中，人们看待、评价世界的方式，即人的世界观发生了巨大的变化。换句话说，就是要对全部传统的价值进行重估。

人类的历史上，共同体和共同体之间曾经是借助暴力进行统治和交往的。这时的文化是苍白的，作品数量稀少，语言表达隐晦。而现代化过程中，人们越来越多地使用语言进行沟通，尽管是出于各自的利益，是激烈的讨价还价，也掺杂着投机和狡诈，但与动辄大开杀戒相比，这毕竟是更文明的方式。人类的文明始终是由语言及其符号表达所负载的。现代文明比前现代文明有更多的文化含量。在经济不断增长的过程中，文化表达充分的国家其分配结构会比文化表达不充分的国家要合理；而在文明之间，由于语言沟通更困难，因此暴力的使用会更多。所有走上现代化道路的国家都会经历文化的繁荣与发展，这就是启蒙。

20 世纪 70 年代前后，“后现代”趋势开始超越现代化。现代化造就的丰裕社会中，富裕了的消费者的消费偏好逐步从物质产品向文化产品偏移。工业再一次把教育的因素带给了工人阶级：产品更加美观，工作环境更加人性化，员工得到更多培训，城市景观带上更多文化表达。20 世纪 60 年代，美国社会学家丹尼尔·贝尔就预言了“后工业社会”的来临。[①] 那时，他对使用“后工业时代”的概念还略感踟蹰，而今天，几乎没人怀疑他的先见之明。20 世纪 70 年代以后，西方各主要工业国家先后进入了“知识经济”时代。知识经济是对后现代或后工业社会的正面界定，也有一些学者把“后现代”称为第二次现代化。这时发达国家国内生产总值中有 60% 以上，甚至 75% 的增加值是来自“以知识为基础的”行业。这种发展趋势让发达国家重新调整其国家战略，调整原有的社会制度和公私部门的界限，鼓励产学研之间更多开展合作，构建国家创新体系。

在这个大趋势之下，人们还看到了文化创意产业的崛起，正所谓高技术

---

① ［美］丹尼尔·贝尔：《后工业社会的来临》，高铦等译，商务印书馆 1984 年版，第 20－42 页。

与高文化的联姻。美国这样的世界强国不仅实体经济（如航天工业、汽车工业）和虚拟经济（金融业）都较为壮大，其文化产业如电影、出版及网络在线服务等也十分壮大。美国文化产品出口在其全部外贸产品中占据数一数二的地位；美国文化产品在国际贸易中所占份额更是显赫，连欧洲国家也感受到不小的压力和威胁；美国电影无可置疑地覆盖了全球最多的银幕，并赢得了最多的票房。在这种情况下，有美国国际地缘政治学者就谈论起“不战而屈人之兵”的“软实力”来。现在所有的国家都需要重新思考文化与发展的关系问题，尤其是其文化本身的发展问题。

（二）全球化是所有国家发展及文化发展的共同环境

现代化是一个普遍的趋势，而全球化则是不同国家的居民在现代化发展时遇到的具体环境或条件。全球化首先是经济和市场的全球化，也许最终会通往文化的全球化。因此当市场还不得不以民族国家为单位的时候，不同国家相对实力不同的竞争对手而言，对它的感受是不一样的。人们还经常在使用文化还是暴力应对局面的问题上存在选择的困难。

现阶段的全球化具有一种历史地形成的三层同心圆的结构。

首先，全球化是现代化的结果，人在不断地觉醒，现代社会则给了更多的人发展的机遇。个人在哲学上被叫做主体或个性，而在经济学、法学上被叫作财产权和个人权利。个人及其权利和尊严的觉醒是无法阻挡的，同时更加富裕的生活及文化表达是人类无法抵御的诱惑。技术手段的持续改善，使人与人之间的距离变小，竞争烈度不断提高。这时如果没有良好的沟通意愿与沟通技巧，冲突甚至大规模的冲突是难以避免的。因此对话就成为实现人际间沟通最现实也是第一位的伦理准则。如今这些普遍的价值除了通过亲身感受被人了解，也通过建基于高效复制技术的全球媒体网络进行传播。当今世界在线即表达，表达即存在，全球化已经进入深度现代化时期。

其次，市场是全球化的主要推手。应该说，现代化主要物质层面的变化都是透过市场经济的环节实现的。历史已经表明，强调效率的市场经济是一项具有比较优势的制度安排。市场经济带来了富裕，而等价交换是其能够大行其道的内在伦理准则。通过广泛的交换和遥远人际关系的建立，人越过了自然经济的疆界，也在很大程度上克服了民族国家垂直等级体制的限制。在市场经济中，并非只有少数英雄可以出人头地。同时，市场似乎特别垂青技术，技术使市场竞争不断提高其数量级，反之市场竞争也支撑了技术的迅速进步。市场成了全球化最宽阔的实现平台。

尽管市场被经济学家中性地称为最有效的资源配置机制，但仍然有一些经济学家承认有种种“市场失灵”现象的存在。例如谋利动机可能造成贫富差别的增加和社会关系的紧张，另一方面也会造成资源的过度开采和环境的迅速恶化。市场失灵的存在说明单有市场制度这只“看不见的手”是不够的，还必须有政府公共服务这只“看得见的手”予以援助。

然而市场大于国家。全球化局面下跨国公司的出现已经使各国政府对企业和经济的监管变得困难，而不同国内市场合成的全球市场并没有一个统一的政府进行管理，市场在一定程度上处于无政府状态。近年来全球性的金融危机及其导致的经济衰退让全世界感到恐慌。

第三，世纪之交的全球化在很大程度上是美国主导的。在对全球治理的期待中人们很难指望联合国。而根据市场进程，那个通过竞争占得先机的国家往往不仅可以获得高额垄断利润，而且还要进一步制订或改写游戏规则，以确保其未来的利益。在20世纪后半期，美国无疑成为了这个大赢家。美国还倚仗强大的经济及军事实力在很大程度上挟持着联合国，它更像事实上的世界政府。美国对全球化的推动是不遗余力的。有专家说，美国的权力“比起纯粹由赤裸裸的强权所确保的要大，然而比起由完全合法的权威所保障的要小”①。然而“9.11”事件的发生及其后的反恐战争让人们看到，美国的实力独大并没有大到可以单独统治世界。

---

① ［美］丹尼尔·贝尔：《后工业社会的来临》，高铦等译，商务印书馆1984年版，第3页。［美］特伦斯·K. 霍普金斯、伊曼纽尔·沃勒斯坦等：《转型时代——世界体系的发展轨迹：1945－2025》，吴英译，高等教育出版社2002年版，第3页。

全球化是一个特定的互动与融合过程。全球化的上述三个层面相互叠压、交错推进，形成复杂的各自演化、相互影响的线索交织。三个圆形半径递减：现代化影响最大，历时最长。现代化尤其是它那些启蒙的特征和表达在当代社会处于边缘和下层的位置，但同时它也发挥某种基础和定向的作用。市场化不断扩张，逐渐向全球市场格局演进。美国化则是时间相对较短的趋势。沃勒斯坦等人研究认为，美国在 1945 年开始的这个世界体系中的霸主地位已经于 1967—1973 年间从巅峰状态转为走下坡路。反过来看，美国化占据了市场化的中心；市场化占据了现代化的中心（冷战结束后尤其如此）。市场为现代化提供动力，也易于使现代化进程产生某些偏向。美国希望控制市场，既为本国经济谋求利益，也为全球的现代化进程提供某种稳定的局面。各国的现代化进程必须与这样的利益结构打交道，必须能突破美国的影响和市场的局限，才能完成自己的历史任务。美国的优势、市场的优势，最终都是由于现代化的承载。而由于对美国和市场的怨恨拒斥现代化，这对任何国家来说都不是明智的选择。全球化这三重叠压和变化合在一起，对相对全球化有着特殊位势的各民族国家产生了不同的意义和要求，启动了各自“全球一地方化”（glocalization）的复杂进程。

全球化格局下，各民族国家的政府一方面要通过开放市场，减少行政干预，放弃传统的社会管理模式，集中力量对市场及国际贸易实行宏观调控。同时也与市场进行持续的博弈：向市场收税，以此滋养自己；并在这个基础上使自己民主化，更透明，培育民主、法治的公民社会。这种双向的嬗变会使各国社会变得更理性、更和谐。

全球化进程也使文化的作用变得更突出。所谓文化的作用不仅在于提供大众文化产品和服务，还要求能超越或者兼容不同意识形态、文明、民族、宗教的对话格局形成。对话、协商变成国际关系常态，人们必须有所表达。失语症不仅意味着甘拜下风或者放弃，而且可能被逼走上恐怖主义的道路。事实表明，无论国际贸易争端的解决，还是国际政治冲突的化解，最终都是要能提供一套道义的论证。这种道义原则必须是基于双赢结局的，因此必须比以往的价值观具有更强的普遍性。这套道义论证也需要不断接受检验，以赢得信任。于是更多艺术性的表达变得不可或缺。也就是在这样的情境中，国家需要有自己更清晰的、应对全球竞争的文化发展战略。

我们这样看待全球化，就能理解为什么和平与发展一样，是当代世界另一个重要的主题。和平靠文化来营造。主张和平，不等于否认竞争，竞争就会有失利的可能。但我们也变得坚韧，百折不回。具有这样的精神才会将所有的挑战都看作新的机遇。

二、制定国家文化发展战略的必要性

现代化发展和全球化竞争格局使每个民族国家的发展目标都最终指向文化；媒体技术的日新月异甚至突显了文化发展战略形成的紧迫性。这无论是对发达国家还是处于发展中的新型国家都是不能回避的。国家文化发展战略必须能满足双重的目标：其一是推动自身文化表达的繁荣；其二是同时促进整个社会－经济的可持续发展，例如通过推动文化产业的发展，改善整个经济结构和发展质量。这既需要我们的政府对文化发展的特性有更清醒的认识，也需要对使用恰当政策工具调控经济－社会－文化的发展有更高的水平。

（一）发达国家已经制定了自己的国家文化发展战略

欧美各国现代化的任务基本完成，人均 GDP 大大超过 2 万美元，正走在丰裕社会或者通往“后现代”的路途中。欧洲人常以整个欧盟成为世界第二大经济体感到骄傲。欧洲国家有着深厚的文化遗产，又有着民主的社会体制和自由的文化氛围。欧洲政治一体化进程也在逐步推进。但在全球化格局下，欧洲各国仍然强烈感受到经济全球化对其文化的挑战。

应该说，欧洲一体化进程令世人瞩目。在眼下的经济危机当中，欧盟在应对南欧一些国家严重的主权债务危机和整个欧洲经济衰退前景时还是表现出了强烈的欧洲认同倾向，在危机中文化还是发挥出了不可忽视的作用。但欧洲的文化毕竟不是或不仅是一个整体，在欧洲之下是几十个独立的民族国家。多数欧洲国家的语言在世界上的使用人口非常有限，因此主要由不同语言负载着的欧洲各国的文化产品市场规模过小，无力与美国的文化产业、风靡全球的美国文化产品抗衡。在这个背景下，欧洲国家自20世纪90年代以来，启动了一系列文化战略，为若干亚文化构成的欧洲文化“组团”打响了“保卫战”。

战略的重要性表现为犀利的前瞻性。自20世纪90年代起，欧洲及其他一些发达国家开始关注文化发展问题，纷纷制定国别文化战略。英国政府在1990年，要求大英艺术委员会协同英国电影协会及各地区行业委员会共同起草英国文化发展战略；1992年，形成了“国家文化艺术发展战略”讨论稿；1993年“首次以官方文件的方式颁布”了这份题为《创造性未来》的国家文化战略。英国的文化战略制定也影响到其他英联邦国家。澳大利亚几乎是在同时（1992年）启动了文化战略制定工作，1994年以《创意国家：澳大利亚联邦文化政策》为题推出。这些文献不仅明确了欧洲各国推动文化发展的政策意向，甚至也模塑了欧洲国家文化战略的文本样式。芬兰在2003年制定的《芬兰文化政策》在框架上与此前分别推出的英、德、法等国的文化战略文本一样，都是由文化政策历史回顾、管理机构及决策机制、文化政策总目标、现行政策的发展及争议、主要法律条款、财政对文化的支持、主要文化机构的地位及合作关系、国家对创造性和公众参与的支持这八个部分组成。于是，欧洲各国制定的文化政策也成为整个欧洲的文化战略。

欧洲各国的文化战略文件都会对文化及本国的文化特质进行原则界定，但对国别文化特质的界定并没有表现出传统主义或与相邻文化绝对切割的倾向，而是表现出一种迎接民族文化创新、接受民族认同不断重新锻造的开放姿态，一种努力打造多样的全球－地方化文化格局的倾向。作为英联邦国家，澳大利亚的文化战略文献《创意国家》就强调了当代澳大利亚文化创造与文化认同的重要性，既要反对“狂热的亲英情绪”，又要反对“粗暴的本土沙文主义”。于是这些文化政策或文化战略在高度一致地强调对传统文化资源进行保护的同时，也高度一致地强调对艺术现实原创的支持，对知识产权的法律保护，对文化产业发展的促进，对信息技术带来的挑战和机遇要理智应对等。近十多年，几十个欧洲城市还先后启动了创意城市网络构建行动，推出了以《创意欧洲》为题的政策调研报告。现在这些文化战略已经取得了明显的成果，欧洲人的文化优越感似乎得到了更大的提升。

美国在传统上不强调对文化的国家庇护政策。美国的“文化立法”就是《宪法》第一修正案：“国会不得制定法律剥夺人民的言论和出版自由。”宪法对立法机构的权力都进行约束，更不要说对政府行政的授权了。但美国的州立法会议在2002年也公布了一份文化政策报告《文化投资：各州的政策创新》。从题目上看，这是一份经济学视角的报告，关注的是文化投资，但它特别强调了新时代里“新经济”的意义，主张推动“创造性产业群、创造性劳动力和创造性共同体”的发展。这里我们尤其应看到报告对“创造性共同体”形成的强调。所谓共同体就是社区，但同时包括了都市、城镇和乡村，它的着眼点落在了全体人口素质的提高和文化价值的传播上。这份报告结尾部分引用加拿大议员的观点说：“文化并不是一种产品。一个国家的文化就是这个国家的灵魂。”而在最后段落它更是直言不讳：“只有那些深信自己的文化不会受到威胁的人，才是更加强大、更加自信的公民。这种自信有助于人们树立对他人的宽容与尊重。在我们的一生中，以前从来没有出现过如此重要的目标。”这种多少带有民间口吻的表述把政府的政策目标揭示得淋漓尽致。

在这样的趋势下，一些中等发展国家及地区，甚至一些发展较快的发展中国家也纷纷制定自己的文化战略。韩国、新加坡和中国的香港、台湾地区，以及东欧一些“新欧洲”国家与俄罗斯都不甘其后。在这个潮流背景下，法国等国家更是主导在联合国框架下推动一项国际公约的制定。

除了大批发展中国家，若干欧洲国家也对全球化进程持保留态度，其焦点就对准了国际文化贸易的不平衡，对准了美国在全球文化贸易中的垄断地位。围绕世贸组织服务贸易谈判，“文化例外”的口号被提出来。“文化例外”的讨论转移到教科文组织，就有了2001年的《世界文化多样性宣言》；然后是2005年通过的《保护和促进文化表现形式多样性公约》。这些国际法文件，都强调民族国家有对国际文化贸易采取特定政策措施的权利，也强调了对濒危文化表现形式保护开展国际合作的可能性。《保护和促进文化表现形式多样性公约》迄今已得到120多个国家的批准。应该说，欧洲国家的文化战略正在成为世界各国文化发展战略的范例。

（二）国家文化发展战略整合公民价值重估，促进公民创造性表达

对于一个现代民族国家而言，国家意识形态、核心价值观都是不可缺少的。所谓“文化软实力”更是跨越民族国家疆界的共同价值观。但国家文化发展战略制定并不是简单地指定某些意识形态规范或核心价值观，而否认普适价值的存在更是彻底放弃了“（文化）软实力”构建的努力。我们需要理解现代文化发展的民主方式，也需要理解所有前现代民族在向现代民族转变过程中会面对的一些共同趋势，而且要学会在市场经济框架下引导文化发展。一般来说，当代民族国家的现代化进程中都会面对三种文化思潮。新的文化传统正是在这三种思潮的涌动、拍击和交汇中被锻造的。中国这样的发展中国家，工业化、市场化和城市化进程都还没有完成，但也要在一定程度上“三步并作两步走”，兼顾“后现代”的发展与文化发展趋势。我们不断地讲，要发展面向现代化、面向世界、面向未来的社会主义文化。① 这就是说，这里的社会主义文化是被放在现代化、世界和未来即全球化的大背景之下来憧憬的。历史上我们在文化发展上缺少经验，但今天我们必须能处理好文化发展的新课题，必须能通过对话主导社会思潮和价值观的变革。

这三种文化倾向中最主要的一种是价值重估。驶入现代化快车道国家的文化表达必然会表现为对传统的、前现代的文化价值的重估。人类对一个知之甚少的世界，总是试图予以有常的解说。人们的世界观当中其实有两种成

① 参见十七届六中全会《决定》第二部分。

分：一类是经验事实，另一类是主观的综合。世界曾在漫长的年代里几乎没有多少发展，进入现代以来，发展开始提速。当发展到了一定程度时，人们眼中世界的事件－背景关系似乎发生了变化。以前熟悉的事物变得陌生了，一些本来没有注意到的事物突然占据了主导的地位，一些长期以来顺理成章的事变得不能被容忍了，这就是世界观变化的开始。继而纷繁的经验世界需要用新的尺度予以重新丈量和解释。价值重估就是解释世界与人类社会的尺度的变换。如同近年的中国东部地区，不少地方的民营企业职工，在进入企业时与之签订了劳动及报酬合同。工作了一段时间他们会觉得受到盘剥。因为他们来之初，那个报酬期待是与在原籍的收入相比较存在的；而后来，他们看到了发达地区人们普遍的工作状况和报酬待遇，心里有了一个新的标准。因此他们会要求增加工资，并推动工资水平不断上涨。

西方各国现代化进程中，社会财富总量在增长，所有人的收入都在提高。但大量涌现的批判现实主义文学作品中，社会变得极其不人道，人类的前景变得极其暗淡。这除了有一些传统主义者以旧道德衡量新世界之外，也有一些理想主义者在勾勒新的道德规范。西方各国的中世纪，没有多少艺术作品出现。而在文艺复兴之后乃至整个近代史当中，由于人的觉醒涌现出大量的艺术精品；而在20世纪到来以后，从事艺术职业的人也越来越多，最终使得艺术的标准甚至概念都发生了变化。那些惊世骇俗的种种现代主义、先锋前卫作品竟然慢慢也被世人认为司空见惯，一时间，怎样才可能再“新”成为了问题。

所有价值的变化中，社会伦理的变化是首位的。今天，传统社会建立在血缘家庭关系基础上的伦常关系已经无法有效规范市场交易实践了。以爱为核心的传统伦理更多地被以平等为核心的伦理甚至权利观所取代；传统上更强调内心真实意义上的诚的观念正在被强调人际间相互约定的诚信观念所取代。这是因为，一个不断扩大疆域的全球统一市场正将所有人的家庭生活挤到了社会生活的边缘。今天，我们的确需要重新确立我们的核心价值观。看来，社会公正意识更像是现代社会的核心价值观。对核心价值观的探讨和追索的过程也是一个文化不断发展、艺术不断繁荣的过程。新的世界观在不断“颠覆”的过程中生成。

其次，后现代与前现代重新对话。现代化对传统社会来说像是一次彻底的变革。“Modern”是永远的时尚时髦。19 世纪的思想家喜爱谈论与历史决裂或是告别。20 世纪的现代主义艺术家们更是强调与传统的切割。在这个意义上，中国五四时期的新文化运动是一次坚决的现代主义运动，它极大地推动了中国文化的发展，为中国文化史留下了一大批现代艺术之作。然而历史是难以割断的。人民在新的生活中还是不断追问生活的意义问题，追问什么是“好”的问题。新的生活也有新的问题和挑战，在有些方面甚至是误入歧途。因此人们还是可能怀旧，会怀念过去，需要理性地对待过去。人们也注意到，仅有科学和技术是不够的，技术对人的作用是双刃的。人们注意到，过去的神话故事中还有深层的意蕴隐藏着，它们也可能滋养现代生活。语言与科学相比，更像是文化源源不断的矿藏。因此在价值重估过程中，旧的事物被重新打量，生出新的含义。

与前现代的对话不是复古，不是对传统的回归，而是批判的继承，是对传统中蕴含的价值的拯救。通过对传统伦理的追问，更具普遍性的道义准则呈现出来。全球化将使更多文化背景的人生活在同一个环境中。文明间的文化表现形式多样性将向文明内的文化表现形式多样性转化。

再次，大众文化广为流传。前现代社会的文化通常是分为两层的，即上层的精英文化、精致艺术和下层的民俗文化、民间艺术。文化分层从政治上说，是为了维护“天经地义”的社会垂直等级划分；从技术上说是通过文字和教育的垄断实现的。文字系统越复杂的社会，文化的分层也越明显。上层文化更精致，或宏大或细腻；下层文化口传为主，叙事模式简单。现代社会改变了这种状况。不仅是工业的需要，公民社会的建立、传统国家的转型更是基于普遍的知情权与表达权，基于所有社会成员间的文化认同。而大众传媒的兴起更为文化传播推波助澜。在一定程度上，复制技术产品的普及让人们在没有多少专业训练的状况下就进入了持续表达和交往的过程。反之古典艺术的精美是以无数普通民众丧失文化表达权为前提的。今天的通俗指向的是明天的精美。我们不能要求昨天的农人，今天进城后就立即喜欢上古典音乐。

人们还会批评市场，说过强的谋利动机会使传媒过分迎合公众浅薄的文化需求，而且过多关注收入较高人群的需求。但在现代甚至后现代社会里，流通决定流传的道理是不该忽视的。重要的是，现代国家还有另外的制度安排调控市场，保障各类特殊人群的文化权益。我们要承认，文化发展过程是充满喧闹的，有着许多的声音及不同意见。我们只能让这些文化表达充分呈现，通过有序的对话、理性的辨析、必要的宽容与耐心的尝试，逐渐变成公民的共识与认同。人类文明进步的趋势是不需要怀疑的，冥冥中确实像是有一只“看不见的手”始终在助推。

（三）国家运用政策工具，通过改革和制度创新推动文化发展

上述全球趋势、国际竞争格局的分析也表明，国家文化发展战略制定是由各民族国家政府主导的，而对于政府而言他所做的主要是制度创新和政策实施，是有关法律体系的不断完善，也是行政管理方式的变更。这些都是国家建设中最重要的侧面，也是国家与文化获得公民认同的过程。因此中国也应尽快制定自己明确、有效、可操作的国家文化发展战略。

在发展改革进程中，我们经常听到有关方面强调中国国情，并以之与某些国际经验相拮抗。其实，国情总是在变化的，从前的国情在今天已经被大为改变；同理，明天还将改变很多今日的国情。这就是进步。在谈论国家文化发展战略制定的时候我们也应意识到，我们并不是站在一个可以向任何方向进发的位置或已经很坚实的基地上可随时从容启动的，我们有不少的历史包袱，在某种程度是被倒逼机制所迫使：尽管中国已经成为世界第二大经济体，但环境资源的极限已清晰可见，粗放的增长已不可持续；社会分配不公导致的冲突愈来愈频繁，且难以化解；媒体技术的日新月异使传统的舆论管理制度失效，而社会的理性因素却无法在过度压抑下顺利成长。再加上行政

体制的传统弊病，腐败愈来愈难以遏制，效率却愈来愈低。甚至我们应该承认，改革的红利正在耗尽，“中等收入陷阱”已经临近，传统体制的路径依赖倾向甚至正在把中国的发展往回拉，“计划经济”的弊病正变本加厉。这样的国情并不值得赞许。

值得庆幸的是这些年科学发展观的提出。科学发展观不仅与国际上发展理论的创新（如可持续发展的理论）相凑泊，而且针对中国发展的特殊国情突出强调了“以人为本”和“全面协调”，要求调整经济结构，要求经济、社会、政治、文化诸方面的协调发展。这样的发展理论尽管在贯彻中还不尽如人意，但的确为未来一段时期中国的发展指明了方向。更为难能可贵的是，在科学发展观的贯彻过程中，文化发展体制改革的基本思路逐渐形成。十七届六中全会的《决定》首先明确了建设文化强国的中长期目标；其次，对近10年甚至改革开放以来我国文化体制改革的重要成果和经验进行了总结；再次，则明确指出文化大发展大繁荣要依靠两种制度的建立：文化市场和公共文化服务；最后，指出道路如何走，还需摸索。这里说的两种制度都还没有很好地建立起来。所以《决定》说：“束缚文化生产力发展的体制机制问题尚未根本解决。”我们就是在这样的基础上来思索国家文化发展的战略主轴问题。

三、国家文化发展战略主轴勾画

着眼于顶层设计，文化发展战略的主轴是由核心价值观的提炼生成、文化产业政策及公共文化服务政策的实施构成的；价值观体系的重建也是在两种制度创新过程中完成的。应该说，国家文化发展战略的雏形在近十几年的发展中已经被感性地捕捉到了：2000年的“文化产业发展”、2003—2006年的“文化体制改革”、2007年以来的“公共文化服务体系建设”，以及在“三个代表”思想中蕴含着的“和市场经济相适应的伦理观”探索和在科学发展观要求中蕴含着的“核心价值体系”构建。现在我们的任务是让它们更鲜明地表达出来，更有机地组合在一起，成为国家战略！

（一）努力开放文化市场，大力发展文化产业

面对国际文化竞争和国内文化需求的增长，我们首先应该承认，市场是实现资源最优配置的制度安排，文化市场是满足公民文化需求的基本平台。同时，流通决定流传，没有强大的文化产业，没有文化产业动机推动的文化创新，任何文化传统都将被远远地抛在历史的后面。而发展文化产业的关键在于开放市场。

当代文化产业已经有被创意产业、创意经济称谓取代的趋势。文化产业崛起是由数字复制及网络传播技术的迅猛发展推动的。今天，文化产业由两个大的组成部分构成：大型的传媒机构和小微型的专业内容制作机构。前者位于市场链的下游，努力吸引消费者；后者位于市场链的上游，把更多艺术原创拉进市场。一般说，前者更容易取得盈利。

大型媒体并不必然直接生产文化内容，它们可以仅仅通过知识产权交易购买内容，然后应用复制技术制作大量的作品副本，实现文化传播。它们靠传播速度和商业网络获利。明白这一点我们就会懂得，除了极少数公共媒体，绝大多数媒体应该成为企业。出版社、报刊、广播电视台、互联网站，它们才应该是文化市场的主体，而且越来越可能成为具有多种复制手段和媒体的跨行业传媒集团。

当然这个领域存在激烈的竞争。文化产业的发展趋势是内容为王、媒体过剩。这时媒体企业会以横向和纵向的“一体化”策略加以应对，出现同时运营多种媒体的企业集团；它们也格外关注技术进步。目前中国的文化企业缺乏市场竞争力，很难在市场上赢利，也很难实现跨地区、跨媒体的联合。CD 技术产品在市场上盛行不过十几年的时间，但在它从兴起到衰落的整个时间窗口期内，我们国有的音像出版企业根本没有踏上浪头。当前国内大量低效的广播电视机构主要靠政府拨款度日。而已经“改制”成为企业的出版机构，并没有在真正的市场环境下运营。只有一个主体的市场缺少价格形成机

制，也就不是真正的市场。这种高度垄断的局面必须尽快扭转。

另一方面，尽管大型传媒出于控制内容和新产品、新时尚的动机不断向小微企业一端渗透，但文化内容产品开发具有过高风险，很难得到足够激励。文化产品开发过程也出现了“纵向非一体化”的趋势，新的技术与高科技产品大量涌现、应用在这个环节当中。因此世界各国均大力扶持小微文化企业的产品开发，孵化相关的企业和项目，以促进产、学、研结合为特征的国家创新体系构建，体现出国家意志与战略意图。不少欧洲国家还以文化多样性保护的名义，动用公共财政支持文化产业发展和文化产品的国际贸易。因为这与WTO规则有一定的冲突，因此这些国家把对文化产业的支持尽可能向原创端前置。而目前在中国国内，小微型、专业化的内容产品开发部门已悄悄萌发，并在不少大城市周边形成自发的集聚。但这种趋势并没有得到政府发展部门的关注，这些小微型的文化机构不进行工商登记，成为规范的市场主体；也进入不了统计部门的视野。与此同时，这种状况极不利于进行公平的知识产权交易与有效的知识产权保护，对文化原创无法给予充分激发。这种自由放任的局面也需要尽快扭转。

（二）打造高效高质的公共文化服务体系

市场不是自足的。市场失灵的存在给政府提供公共服务以合理性依据。“看不见的手”还需要“看得见的手”来帮衬。公共文化服务提供是对文化市场失灵的必要补充。当前国家的公共文化服务首先是要提供公共文化服务基础设施网络，其次是对弱势群体进行文化救助。在这些方面，近年来国家的投入在大幅增加，公民也得到了一些公共文化服务的“实惠”。

但是，我国的公共文化服务体系的基本构架存在严重的缺陷，导致公共服务的极度低效。许多公务人员把公共文化服务机构看作计划经济的遗留物。他们会不假思索地说“公共服务就是政府出钱满足公民的基本文化需求”。这种含义模糊的表述必然造成公共服务的“缺位”“越位”或“错位”。实际上，公共需求只是公民对某些非竞争性、非排他性物品或服务即公共品的需求，而不是所有的基本需求。公共需求也是一种社会集体的认知，它是通过预算程序得以认定的。问题是今天，这种有效的程序还没有合理地构建起来。“一把手工程”的构建模式不仅会造成浪费甚至腐败，还会对文化市场造成“挤出效应”。

当今世界发达国家中，尽管公共开支总量在不断增加，但也不断有“最小化政府”的专家呼声。事实上，“政府失灵”的危险并不比“市场失灵”小。因此我国公共文化服务体系打造过程中最根本的举措应该是预算程序民主化。因为“公共服务是预算制约的”。显然，这是我们实现科学发展中的一项艰巨任务，也是需要我们在国家文化发展战略制定当中给以设计和规划的。

国内一些地方已经尝试围绕预算程序进行改革创新，人们称之为“静悄悄的革命”。当这项改革没有彻底完成甚至在改革完成以后，可能提高公共文化服务效率的措施可以先行构建起来。十七届六中全会的《决定》就提出，要对各地各级领导的文化建设方面的政绩进行考核。在国家文化发展战略制定过程中，各地提高公共服务效率的经验值得总结。

（三）抓住机遇，制订时间表、路线图，有序推进文化体制改革

文化体制改革是一个老话题。十几年来，我们以文化体制改革为名，推出过多项全局性政策举措。十七届六中全会《决定》发表后，中办、国办也制订并下发了《国家“十二五”时期文化改革发展规划纲要》，给出了种种建设项目、工程的清单。但是我们清醒地看到，文化体制改革“攻坚阶段”毕竟还没有提上日程。对文化体制改革，有些同志会有恐惧，于是我们一次次重新站到历史的起跑线上。最近的一次，有意混淆文化产业和公共文化服务区分的做法使我们再一次离开改革的入口。改革是一连串的政治行为，势必改变原有不合理或不够合理的利益关系和利益格局。改革中相关领域的制度会暂时地不匹配，带来各种矛盾、问题，甚至面对危机。但不改革，科学发展观就无法落实，社会就难以真正公正，文化就难以获得大发展大繁荣，

更遑论在国际上发挥“软实力”的功效。

文化的本质是价值观，文化的社会功能是凝聚人心。有中国特色的社会主义市场经济体系已经经过了30年的构建。但由于历史的原因，我们对这个市场制度下蕴含的伦理原则并没有充分地进行阐发，因而我们的市场制度很不完善。包括知识产权在内的所有权观念还没有深入人心，商业运营过程中诚信原则也没有被充分尊重；全体人民作为经济活动参与者的基本权利还远没有得到落实。而这些才是符合现代化要求的核心价值体系中最重要的价值核心。

眼下阻碍文化体制改革的观点是担心市场开放后文化内容无法管控。这种预测有一定的道理，但文化发展总有某种“颠覆性”特征，否则人类就不会进步。反之如果因此不开放文化市场，公民无法参与文化创造、生产、销售和传播，社会紧张度就会不断积聚，最终导致社会动荡。其实世界上所有的现代化国家，也都遇到过文化内容管理问题，色情、暴力及危害国家安全的内容会受到严格的管制，但解决的办法都是依照法律。国家文化发展战略应推动文化立法。

文化市场开放之初可能会遭遇某些政治问题。这里的确有一个处理好发展、改革、稳定三者关系的问题，但三者当中发展是目的，不发展就会被“开除球籍”。同时中国的发展是从旧体制中起步的，发展的基本方式是改革，没有改革就谈不上发展。而改革和发展又需要相对稳定的社会环境，任何大的改革措施、利益格局的剧烈改变可能引起较强烈的社会反响，因此稳定是要求改革的烈度处于可控范围，要求尽可能多的“软着陆”，而不是以此为借口停止改革。

毋庸置疑，任何新思想的提出对既定的社会形态都具有一定的震撼力。因此今天谈论文化的大发展大繁荣及文化体制改革也必然是要求文化表达和社会稳定同时实现，要求言论开放与文化管理体制改革同步完成。因此，无论开放文化市场准入也好，依法监管内容也好，都应是一个较为长远的目标，这都是些战略性目标。但另一方面，现代化也是时代的要求，也需要只争朝夕。因此，抓住一切机遇，分时间、分场合、分（媒体）行业、分（内容）题材、分地区、分学科，一句话，分别轻重缓急是有序开放言路、全面推进文化体制改革的基本实施原则。按照我们分时间场合、分期分批开放的思路，人们可以设想，印刷媒体的开放应该在广电媒体之前；图书出版的开放应在报刊出版的开放之前；电影或时装频道的开放应该在新闻频道之前；等等。应该说，近年来的改革实践中曾经显露出国家文化管理方式的某些变化迹象。对文化内容进行意识形态属性强的和意识形态属性弱的区分就是一个积极的开始，文化市场就是在一些意识形态影响相对较弱的领域先期开放的。分时间场合开放也强调对特定历史机遇的把握，例如新一届政府上任之初就较少历史负担，较易出台新政。

十七届六中全会开幕当天，《人民日报》发表署名文章，大声疾呼“一切妨碍文化发展的思想观念都要坚决冲破，一切束缚文化发展的做法和规定都要坚决改变，一切影响文化发展的体制弊病都要坚决革除”，决心不可谓不大。应该说，经过几十年的改革开放，人们热切地期盼新的伦理价值观能在思想解放、在公民理性而喧闹的讨论中重构和诞生。这时人们希望一部思路清晰、既显示了改革的勇气又具有较强可操作性的“国家文化发展战略”能够尽快制定并投入实施，我们在此仅仅是对它进行了粗线条的勾画。

本文发表于胡惠林、陈昕、单世联主编《文化战略与管理》第2卷，上海人民出版社2013年版。

按改革的思路，推动中国文化产业的发展

——学习十六大报告的点滴体会

江泽民同志在十六大上所做的报告创新内容非常丰富，需要我们在相当长的一段时间里不断深入领会、学习，并逐步落实到改革开放的实践当中去。仅文化产业问题，十六大报告就起码有两个方面的论述值得做深入细致的讨论。

首先，十六大报告不仅一般地强调要“完善文化产业政策，支持文化产业发展，增强我国文化产业的整体实力和竞争力”，而且十分明确地断言：“发展文化产业是市场经济条件下繁荣社会主义文化、满足人民群众精神文化需求的重要途径。”这就为文化产业的发展定了性，做出了一个积极的、肯定性的价值判断。

事实上，2000 年中共中央十五届五中全会关于“十五”计划的“建议”中已经有了“推动有关文化产业发展”“推动信息产业与文化产业的结合”的导向性意见；2001 年 3 月，这一建议为第九届人大四次会议所采纳，有关内容已纳入国家“十五”规划；2002 年 3 月，朱镕基总理也在《政府工作报告》中说，为了“进一步解决经济发展的结构性矛盾和体制性障碍”，要“大力发展旅游业和文化产业”。这说明我国文化产业发展提速的问题已经列入政府工作日程。现在十六大报告更进一步，把发展文化产业对繁荣社会主义文化、满足人民群众不断增长的精神文化需求的积极意义明确地阐发出来。这就是说，发展文化产业与繁荣社会主义文化不是对立的，通过市场环节同样有可能促进社会主义文化的健康发展，甚至我们公民的文化权益在很大程度上就是通过市场才能真正得到落实的。

我觉得，下这样明确的判断并不容易。我们知道，文化产业的提法首先

出自西方马克思主义传统中的法兰克福学派，20 世纪上半叶的这些思想家对文化工业一般来说是持一种否定的意见，认为它不利于真正的艺术发展，甚至具有瓦解工人阶级斗志的消极功能。而我们党对文化产业的发展做出了积极的评价，这不仅是基于对经济全球化和我国加入 WTO 后的形势的思考，也基于对我国 20 世纪 90 年代末以来自身经济发展、经济结构调整、产业优化升级等问题的思考；也还不仅是总结了新中国成立 50 多年的经验教训，包括 20 多年尤其是 13 年来改革开放的经验教训，显然它也充分考虑到了国际共产主义运动的历史经验和教训，充分考虑到了现代社会乃至 20 世纪 70 年代以后所谓“后现代”社会的发展，考虑到包括西方马克思主义理论在内的西方有关学术界的各种思维成果，进而做出的大胆而审慎的判断。这一从全局出发，审时度势，果断做出的判断，必将成为今后一段时期我国政府进行重大经济发展决策的理论依据，并充分体现了党在社会主义建设的指导思想上那种与时俱进的品格。

在十六大报告提出的全面建设小康社会的目标当中，我国最大多数人民群众的文化消费权益是重要的内容之一。随着我国经济的迅速增长和居民可支配收入的稳步增加，文化需求的增加将是显著而巨大的。只有大力发展文化产业才能及时、有效地满足人民群众不断增长着的精神文化需求，并与经济发展形成相互促进的良性互动关系。十六大报告说明我们党对中国社会现代化进程的这些重要趋势有着清醒的认识，并已经转换为清晰的产业发展思路。

到 2002 年底，我国居民已有 7 万亿～8 万亿的存款储蓄，应该说，对于文化产品老百姓正持币待购。中国居民的旅游动机在人均 GDP 达到相应国际水平时已如约而至，依次出现了普遍的国内、国际和洲际旅游热情。2001 年我国出境游人数已经超过 1000 万。中国现已不再是一个单纯的旅游目的地国，同时成为了一个旅游客源国。此外在 2002 年，中国的网络游戏人口已经迅速攀升到了世界第一位。有数字说，在某一个时刻，有 65 万人同时在网上玩中国某公司制作的网络游戏。这表明，中国居民对通过市场进行文化消费已经有了成熟的心态；同时在这些领域，我国的文化企业正在与国际大牌文化企业进行着艰苦卓绝的行业竞争。

当然也还有一些方面我们的业绩不尽如人意。如我国1999年杂志销售和广告收入之和约为7亿美元，而美国2000年的杂志业产值有240亿美元；中国人均年占有期刊仅两册，而美国人均年占有杂志20册。又如按联合国教科文组织的说法，到20世纪末发展中国家的千人日报拥有量应达到100份，而我国至今还只有50份/千人。再如我国近年的电影票房都只有10亿元人民币上下，人均不到1元（这意味着，即使电影票平均以每张5元计，一个人看一场电影便“剥夺”了其他4个以上的人在一年内看电影的权利）；进而在那10个亿当中，80%出自十几部进口“大片”。但这些数字也可以从另一个角度理解，那就是我们文化产业的市场潜力还极其巨大，只要拿得出适销对路的文化产品，市场不是问题。中国人，毕竟对中国文化的内容和使用汉语的文化制品有接受上的方便之处。对此，中国的文化企业得天独厚，发展前景应该是很好的。

十六大报告论述文化产业发展的第二个要点是说，要使文化产业迅速发展靠的只能是改革。

20多年来，我国经济的增长一直是和改革开放联系在一起的。换句话说，我国的现代化进程一直是产业化和市场化的二重奏。制度创新是经济发展的前提，任何产业的优化升级起初更多地是体制改革问题。近年我国文化产业的发展虽然也有一些呼声，但起步缓慢，增长乏力，正需要政策方面强有力的支持加以推动。现在十六大报告将文化体制改革问题与政治体制改革问题适度剥离，将文化事业的改革与文化产业的改革适度剥离，为文化产业的快速发展创造了条件，是否也可以说，十六大报告让我们看到了农村改革、国有企业改革之后的第三步改革的明确目标。

回顾20年改革的前两步进程可以看到，无论农村还是国有企业，市场化取向的改革都包括了相辅相成、缺一不可的两个方面：一是要放开生产环节，允许各种所有制类型的经济主体合法使用各种资源及生产要素，自主决定生产项目，自主选择劳动组织形式；二是要开放市场，使各经济组织提供的产品或服务能够自由进场，平等交易，实现其价值。开放市场还意味着新的经济体可以合法进入市场，参与竞争，获得利润和发展机遇。两者缺一不可，而后者更为关键，所以也有人把前者称作企业内部的市场化。20 年的改革实践已经表明，凡是放开市场准入的领域企业都得到迅速整合，优胜劣汰；产品不再紧缺，价格回落，质量提升。农副产品种养殖业如此，交通运输邮电业如此，电视机、移动电话和汽车等新兴制造业也是这样，文化产业应不会例外。

应该说，文化领域中的改革开放已经经过了一段时间的摸索，2003 年更会出台各项新的举措，例如文化演出市场就将全面放开。而有关方面自去年起，也已经在总结前期试点经验和参考国际趋势的前提下，出台了我国主流媒体以集团化为核心的改革方案。集团化改革旨在以资产为纽带，业务为主线创建新型的，跨行业、跨地区传媒主体，打造我国传媒业的“航母”，以应对“入世”后国际大牌传媒集团对我国媒体的冲击，并保证党对国家意识形态的领导地位。

应该承认，文化领域的改革有其敏感的方面，一些专家也尖锐地提出过我国“入世”后的文化安全问题，进而文化领域的改革也会表现出与农村改革、国企改革在程序上的特殊安排。但是发展是硬道理，改革是大方向，这一点为十六大报告再一次强调。我们也可以看到，即使是像电讯、电力和航空这样一些与国家安全密切相关、传统上一直是垄断经营的行业也在进行切分，以更好地服务公众，培养起企业的核心竞争力，适应市场条件尤其经济全球化的要求。

可喜的是，作为文化产业核心行业的主流媒体，集团化的工作已经进行过一段有益的尝试并取得了有益的经验。例如全国第一家报业集团广州市广州日报报业集团于 1996 年组建，此后广州地区又出现了两家国有报业集团（1998 年组建的南方日报报业集团、羊城晚报报业集团）。这三家报业集团现已各拥有 7～18 家数量不等的子报及网络。其中广州日报报业集团的资产总额在2002年已达48亿元人民币。这种资产集中、内容分化的报业模式在进占细分市场方面表现出明显的灵活性。现三个报业集团都已经拥有了在同一城市的市场竞争中生存、发展的能力，其广告收入分别达到14.1亿、9亿和7亿。其中一些财经类、都市生活类、实用信息类子报如《南方都市报》2001年的发行量达103万份；《南方周末》的发行量也曾达到过90万份，发行网络覆盖了整个珠三角地区；《南方周末》《21世纪经济报道》等事实上已经具有了全国性影响。尤其可以提及的是，《广州日报》的发行量一直是省级党报中的第一名。

广州地区报业集团化的探索为国内传媒业的市场化改革提供的经验与借鉴有以下两点：第一，在一给定地区虽然拥有一家以上的国有传媒企业，但其经济利益划分清晰，数家国有传媒实体进行公开的市场竞争，这说明当地的市场是开放的；第二，虽然资本关系是统一的，但集团内各子报功能明确区分，分别瞄准特定的细分市场，因而它们的组合是有机的、合理的。目前这样的集团化改造已在许多省市地区推开，我觉得这样的改革会给去年组建的国内最大的几家传媒集团的改革深化提供某些方向性的启示。

显然，传媒领域这一重大制度变迁将提高我国传媒业的市场集中度，提升传媒工业的复制与传播能力，刺激起对传媒内容的新需求，并开始产生“上游化”和“下游化”的链式反应，对文化产业结构以至于传统工业结构产生积极影响。

毋庸讳言，目前的改革仅仅是初步的，还有许多政策不能令人满意。比如到2003年止，国内出版社原则上仍然是每位编辑只有5个书号。如果一个出版社出书数量永远是与其编辑编制成正比的，如何可以体现出先进生产力的要求呢？对此有关部门也表示，要力争促成“只要是好书就不应有书号限制”的局面。但在我们看来，这样的做法仍然是不够的，理想的市场条件毋宁说应该是“只要不是坏书就没有书号限制”。这样，出版单位的生产积极性才会被充分调动起来，买卖书号及连带的各种腐败现象才会消失。在国外文化产业正在试探进入中国市场的情况下，迅速扭转政策管理的被动局面尤为重要。在新的形势下，我们有关部门的领导的确需要考虑：人民大众是否能以较低的价格充分消费到更高质量的文化艺术产品或服务呢？满足人们有效文化需求的钱让谁挣去了（中国的企业还是外国的企业）？这才是“三个代表”的要求。

总之，文化领域里的改革已经开始。既然像核心媒体集团化改革政策的出台是针对入世的，那它就是面对市场的。虽然这些集团现在仍被规定为事业单位，但它们毕竟要参与市场竞争，单位内部也要实行企业化管理，因而这样的改革是实质性的。下一步的工作必然是通过理论创新和观念更新，使各方面的政策更加合理、配套，使前期出台的各项政策得到完善。这一点也是毫无疑问的。

多读几次十六大报告也使我们发现，报告除了在推动我国文化产业发展的具体问题上有新思路新观念外，在相关的思想方法、工作方法方面也有诸多新理念，如报告中说：“实践基础上的理论创新是社会发展的先导。通过理论创新推动制度创新、科技创新、文化创新以及其他各方面的创新，不断在实践中探索前进，永不自满，永不懈怠，这是我们要长期坚持的治党治国之道。”这里提示着思想解放和理论创新的重要性。的确，如果我们只会按照旧的观念去推理，就永远不会看清改革的思路，也不会准确地预测可能出现的问题而做出未雨绸缪的应对。比如搞市场经济，必须假设市场主体是理性的，消费者对自己的需求有正确的了解；假设文化市场放开，只有反动、黄色的东西大昌其道，实在是不必要也不合逻辑的。又比如我们总结前两阶段改革的经验会发现，每一轮新的改革进程启动之初，都有相关资源和环境因缺少事先的立法保护而遭到破坏，会发生国有资产流失的问题，那么文化体制尤其文化产业体制改革起步的时候，是否也会有文化资源被“过量开采”和国有文化“资产流失”的问题出现呢？如果我们立足于改革，就会努力按照经济学的规律办事，采取有力措施预防其发生。这才是积极务实的态度，也才能将十六大报告落到实处。十六大报告还说：“我们要突破前人，后人也必然会突破我们。这是社会前进的必然规律。”这句话不仅说出了一个真理，而且尤其表现出一种勇气。这种勇气同样需要学习。我们的理论创新、观念创新能否因此更积极一些，更超前一些?!

本文发表于《文艺理论与批评》2003年第3期，期刊方将题目变更为《中国改革与文化产业的发展》，文字上也略有缩减，现按原稿发表。

文化产业发展的几个基本逻辑

一、文化产业兴起的国际趋势及我国文化产业发展的现状

2000年10月，中央十五届五中全会《关于“十五”规划的建议》第一次明确地提出，要“完善文化产业政策，加强文化市场建设和管理，推动有关文化产业发展”“要推动信息产业与文化产业的结合”等等。文化产业发展正式成为了国家发展与改革的一项重要任务。10年的时间过去了，我们的文化产业发展如何呢？坦率地说，还处于缓慢起步的阶段。让我们看有关部门给出的中国文化产业在“十一五”（2006—2010年）期间的发展数据：

1. “十一五”期间，我国文化产业增加值平均增速高于同期国内生产总值的平均增速。2010年我国文化产业增加值达到11052亿元（占同期GDP的2.75%）。

2. 我国电影产量由2003年的不足100部上升到2010年的526部，成为世界第三大电影生产国和第一大电视剧生产国，电影票房增速连续6年保持30%以上，票房过亿的国产电影达43部。2010年国内电影票房超过100亿，出口电影票房收入35亿元人民币。

3. 影视动画产量从2005年的4.2万分钟增加到2010年的22万分钟，增长了4倍以上。

4. 新闻出版业总资产、总产出、总销售比“十五”时期翻了一番，印刷业翻了两番。图书版权输出引进比从2005年1∶7.2缩小至2010年的1∶3。

以上这些数据初看成绩似乎很大，但发展仍然是很慢的。第一，根据六中全会《决定》的要求，到2020年要让我国的文化产业成为“国民经济支柱性产业”，即在GDP中占比要超过5%。我们有10年的时间，10年的增长

可以如何预测呢？文化体制改革时曾测算出2003年文化产业增加值在GDP中占比3.14%，但到2005年修改成2.15%，那么到现在5～6年间增加了0.6个百分点。照这个速度发展，到2020年，我们的文化产业可能在GDP中占比达到4%，但还成不了支柱产业。

第二，我们的电影的确在增长，2010年票房过百亿。但这在47万亿（全部GDP）中算什么呢，而且还要刨除成本？同时，除了少部分电影可以盈利，多数电影都是人所不闻的，也是“颗粒无收”的。中国电影的投入与产出不成比例。我们再说说动漫，国家投入大量资金建基地、盖房子、组织生产，最后创造了年产22万分钟动画片的生产能力，这说明什么呢？22万分钟意味着不间断地放150多天。谁看了？在哪儿放了？谁知道有什么好的新动画片？市场、播出机构对这个数字不认可。所以大部分动画片仍然只是一个政绩数字，生产出来给政府吃“自助餐”。

第三，出版业是全行业赢利的。但这主要是靠卖书号实现的。我们的文学创作繁荣了吗?！更重要的是这也会导致市场扭曲和社会不公正。

当然我也不是个完全的悲观主义者。我还是看到事情的另一方面，我们可以从消费的角度看到人民群众在文化方面已经释放出的巨大的需求。

1.“十一五”末我国国内旅游人数为21.5亿人次，比“十五”末增加近10亿人次，我国连续7年保持世界上规模最大的国内旅游市场。五年来，国内旅游人数年均增长12%，入境过夜旅游人数年均增长3.5%，出境旅游人数年均增长19%。2011年国内旅游人数达26.4亿人次，相当于人均出游2次。2011年，中国公民出境总人数7025万人次，其中因私出境6412万人次，占出境总人数的91.3%。

2. 手机短信的数字：2009年中国移动短信使用量达到6812.25亿条，年增长率达12.2%，日均18.66亿条，短信业务收入达到535.57亿元。工信部资料显示，2011年春节期间，全国各类短信发送量累计达到260亿条，比去年春节增长13%，其中除夕和初一两天的短信发送量达到156亿条，比去年同期增长20%。云南普洱一个一台电脑都没有的少数民族自然村，很多村民都有手机，“只要上着班的都有”。

3. 网民数字：2011 年底，中国网民总数达到 5.13 亿。

这些文化消费的特点都是自主性的，相信这种消费趋势还会大幅增加。这说明我国居民文化消费的意愿还是很强烈的，关键是要有好的产品。

我们再看看与国际上文化产业大国相比，与这些国家的人均文化消费总量相比，我们的差距有多大。

国际传媒大亨、新闻集团董事长兼首席执行官默多克 2003 年 10 月 8 日在中央党校以“文化产业的价值”为题进行讲演。他说：“全世界的媒体行业一共创造了一万亿美元的财富，并且仍然以每年 7% 的速度稳步增长。”如果以 2002 年为底数，到 2011 年就将是 1.92 万亿美元，约合 12 万亿人民币，我们 2011 年的 GDP 是 47.1 万亿人民币，只是这个数字的 4 倍多；我们全部文化产业的增加值不到它的 1/10。

英国比美国小，但其文化产业规模与美国比例相当。“英国的传媒业占其 GDP 的比例大约 5%，雇佣将近 100 万劳动力，每年创造财富将近 330 亿美元。”具体地对比后我们还会发现：我们上述增长快的并不是文化产业真正的核心部门如广电、新闻出版等行业。

印度的情况也不容忽视。前些年我们很瞧不起印度，丹尼尔·贝尔也曾说印度第三产业的主要构成成分是女佣。但这几年我们要刮目相看了。它的软件业、电影产业有非常高的产值，并且在做国际贸易。它的软件工程师在做美国软件产业的外包。

1978 年中国的三产比例是 41.4∶32.2∶26.5；到 2008 年变成 9.7∶49.8∶40.5。1978 年印度的三产比例是 38.4∶24.5∶37.1；到 2008 年变成 16.6∶26.3∶57.1。

现在，印度的第三产业占比是第二产业的一倍以上；而中国的第三产业始终超不过第二产业。虽然中国第二产业产值占比在 20 世纪 80 年代和 90 年代后半期曾经有所下降，但在 90 年代前期和 2002 年以来先后两次出现反弹。

显然，中国的文化产业发展有赖于科学发展观的贯彻，有赖于文化体制的改革。2003 年到 2006 年，我们进行了三年的文化体制改革，但那些实质性的步骤至今迈不出去，十七届六中全会《决定》的表述是“束缚文化生产力发展的体制机制问题尚未根本解决”。我们正在坐失良机，完全不能对全球化做出有效的应对措施。

默多克的数据不算过时，因为从大背景上说，在20世纪后30年里，西方各主要工业化国家（OECD国家）竞相进入了知识经济的时代、后工业时代或叫“后现代”。这个时期，文化产业有了长足的发展。我们并不认为西方国家聪明有远见，所以发展起文化产业来了。文化产业的兴起有自己的条件。正面地说，西方社会在20世纪50年代后先后进入所谓“丰裕社会”。按照彼得·德鲁克的说法，在工业革命（技术、工艺革命）之后的“生产力革命”中，工人起码是美国工人不仅得到了技能培训，而且得到了收益的改善。这种结果表现在两个方面：一个是工资收入增加，另一个是闲暇时间增加。在1910年前，发达国家工人每年的工作时间至少是3000小时，而现在即使是日本的工人每年也只工作2000小时，美国工人是1850小时，德国工人是1600小时。从收入上说，1910年前后，美国工人的日工资只有0.80美元，年收入大约是250美元左右。那时的“医生每年也很少能挣到超过500美元。今天，美国、日本、德国的工人，一星期只工作40个小时，工资就可以达到5万美元，交税后，工资为4万5千美元，这大约是今天美国便宜小汽车价格的8倍”①。

实际上经济学家已经发现，人均收入在超过1000美元之后，消费就会出现“脱物化”的倾向，人们开始在教育、健康、信息、娱乐等方面投入，依次出现普遍的国内、国际和洲际旅游动机。1910年后的80年间，发达国家GDP中来自卫生健康方面的收入从几乎是0增长到8%～12%；教育则从2%左右增加到10%或更多。② 这就是说，不仅是文化消费所需要的各类硬件设

① ［美］达尔·尼夫主编：《知识经济》，樊春良、冷民译，珠海出版社1998年版，第54页。

② ［美］达尔·尼夫主编：《知识经济》，樊春良、冷民译，珠海出版社1998年版，第54页。

施如电视机、音响等已经被生产出来了，而且文化产业迅猛发展的有效需求一方也成了现实。文化产业没有理由不取得迅猛的发展。经济学讲“市场是需求制约的”，如果没有充分的有效需求，商家是不会贸然投入的。应该看到，中国（自新世纪伊始）已经进入了人均 GDP 1000 美元以上的发展区域，其对文化产品的有效需求在大幅增长。

西方国家发展文化产业也有迫不得已的一面。按照大卫·赫斯蒙德夫的说法，在 1970—1990 年间，“七大工业国所有产业，尤其是制造业的利润急剧下滑。其他重要的经济指标表明，经济进入了一个重大的倒退时期”[①]。为了应对经济的衰退，发达国家的资本主义企业才迈入了“密集创新时期”，纷纷转入服务业，尤其是新兴的生产性服务业与社会文化性服务业。[②] 数据显示：“1987—1994 年间，西班牙文化产业从业人员上升了 24%；1982—1990 年间，法国的文化产业从业人员上升了 36. 9%；1980—1994 年间，德国‘制作人与艺术家’的人数增长了 23%”；而英国在 1998 年前后，大约有 100 万人从事文化产业，占劳动力总数的 4% 左右。[③] 在 2009 年以来的经济危机中，欧洲国家的电影和音乐产业是强劲增长的，出版和广电是微弱增长的，只有意大利的珠宝业和德国的乐器制造业是负增长。应该说，未来的全球竞争，最终将是文化的竞争，而竞争力在很大程度上是通过文化市场竞争表现出来的。

全球化竞争是什么要求呢？是世界各国文化发展、对话和竞争的要求。

我们的经济利益已经遍布全世界，因此我们也要派“舰队”去“红海”给“商船”护航。这样难免会有一些国家对我们有所猜忌；更有一些国家推波助澜，利用国际上的这种不信任感打压中国。我们说中国人爱好和平，人家说你怎么体现呢。给予援助毕竟是有限的，而最根本的应该是有一种最普

---

① ［英］大卫·赫斯蒙德夫：《文化产业》，张菲娜译，中国人民大学出版社 2007 年版，第 99 页。

② ［英］大卫·赫斯蒙德夫：《文化产业》，张菲娜译，中国人民大学出版社 2007 年版，第 98 – 104 页。

③ ［英］大卫·赫斯蒙德夫：《文化产业》，张菲娜译，中国人民大学出版社 2007 年版，第 104 – 105 页。

遍的伦理表达，拿出我们自己的文化创造。要参与到国际公共领域的对话中去，告诉人家在中国强大以后的世界应该按什么样的准则友好交往。我们的人类社会理想还必须能通过各种各样的艺术表达手段、作品源源不断地传播到世界各地。这才有软实力，这才会给我们的持续发展创造最有利的国际环境。而要做到这一点，我们需要对自己的文化政策、制度环境作全面的反思、创新。我们三年的文化体制改革试点虽然没能实现实质性的突破，但毕竟认定了中国文化的发展繁荣要靠“双轮驱动”：文化产业与公共文化服务；承认了文化不仅有意识形态属性，也有经济属性。因此我们要在这个改革的低潮期静下心来思考一下文化产业的一些基本问题，为未来的发展做好准备，也为现实的突破寻找突破口。

二、文化产业概念及其一般特征

文化产业概念，Cultural industry（这个单数形式的词组）最先是法兰克福学派思想家阿多诺和霍克海默发明的，是个贬义词，有两层意思。首先，机械、技术的因素加入到艺术创作过程中来了，比如影视产品的生产，使创作者变成了集体、团队，因此无法让艺术家个人的思想性、创造性充分发挥出来。因此影视作品的水准会低于传统上由天才个人创造出来的文学、绘画、音乐甚至戏剧作品。这是他们的概念更应准确地翻译为“文化工业”的原因，他们怀疑工业介入文化原创的结果。其次，这些新的艺术门类是在商业环境中发展的，因此会为商业利益服务，会迎合市场的趣味，不仅思想性表达不够充分，甚至可能具有某种制度上的欺骗性；他们还质疑广播电视这种单向传播的媒体技术模式。这是与“文化工业”相匹配的“大众文化”概念的含义。但今天看，这种看法有些过时了。依赖技术因素的参与甚至集体的创作并没有阻挡艺术精品的诞生，甚至是带来了人类表达与感受世界和生活的新方式。同时文化产业的发展显然也带来了文化的大规模、跨文化传播，人类交往变得更充分。

另一方面20世纪后半叶，文化产业的部门越来越多，媒体越来越多，而这些媒体的发展有各自的一些特点，于是对这些媒体进行专业研究的倾向出现了。文化产业成了一个中性甚至更多褒义的概念。例如一批法国学者开始正面应用这个概念。他们如米亚基（Bernard Miege）认为，文化产业的问题很复杂，除了商业化的倾向外，也带来一些新的趋势和创新。[①] 传统社会或前现代社会里，文化是分层的：上层的或精英的、下层的或民间的。两者很少来往，社会缺乏交往和沟通。现代社会不一样，工业化、城市化和媒体的发展把教育的因素带给下层民众，他们要识字看报，也要观赏艺术；文化产业的兴起正好增加了传播的可能。同时他们缺少基础，未经培训，因此趣味不高，不懂门道。这是很正常的事，人们正是在不断的接触中慢慢得到教化的；而这个融合的最初阶段就显得文化变低俗了一些。文学艺术也一样，不断涌现的作品中杰作、精品是少数，大多数作品必然是中档货，较为平庸。不能理想主义地要求现实与之立即吻合。因此我们需要一个较为现实、较为形式化的文化产业概念。20世纪80年代前后，联合国教科文组织对 cultural industries（这个复数形式的词组）的界定流行开来："按照工业标准生产、再生产、储存以及分配文化产品和服务的一系列活动。"

文化是人们生活的全貌和过程，是生活方式及所有产物。这样说并不错，但过于宽泛，这是说所有人造物的特性。因此赫斯蒙德夫认为采用威廉斯（Raymond Williams）的说法更严谨：文化产业是"社会秩序得以传播、再造、体验及探索的一个必要（虽然并非唯一）的表意系统（signifying system）"[②]。我也认为，文化首先表现出符号特征。但这个表述对中国人来说不够清晰，没有提及产业或商业特征。在西方社会，市场经济早已成了基本的社会制度，而中国人至今没有完全生活在市场经济社会当中。因此联合国教

---

① ［英］大卫·赫斯蒙德夫：《文化产业》，张菲娜译，中国人民大学出版社2007年版，第19页。

② ［英］大卫·赫斯蒙德夫：《文化产业》，张菲娜译，中国人民大学出版社2007年版，第13页。

科文组织的定义更值得参考，它强调了“工业标准”和“分配”。对这样一个定义该如何理解呢？

我觉得，在“文化产业”这四个字或由两个词构成的偏正词组中，“文化”是其中相对容易理解和界定的一半。文化产业就是提供精神消费产品和服务的产业。“产业”才是这个词组的主要成分，文化是对它的限定。“产业”（industry）的现代含义通常包括两个方面：一是大规模制造；二是市场化营销。而文化产品之所以可以大规模制造得益于复制技术的不断发展、创新。

为了理解文化产业概念，我们要仔细区分文化（艺术）作品（artist work）和文化产品（cultural product）这两个概念。一般地说，艺术作品出自艺术家之手；文化产品出自文化企业。文化产品是对文化作品的复制性再生产。文艺理论总会讲到艺术作品有内容和形式之分：艺术品的思想性要通过故事情节、人物以及语言、色彩和音响等表达出来。现在艺术作品的形式之外又有了一层新的形式、一层物质外壳，比如一个光盘、一段录音、一张印刷品等等。以前我们听人朗诵诗歌、看戏、欣赏美术作品，现在所有这些作品都被用数字技术重新编码，都成了用 0 和 1 组成的数字串的复杂组合。于是我们用一台电脑既可以阅读文字，也可以观看画面，还可以倾听音响。一张碟里面文字图画声音都有，它把整个文艺作品包装到新的“壳子”里去了。以前的作品本来有自身的形式，现在这种形式成了新的内容。新生成的文化产品成了“作品的作品”“形式的形式”。而且这新一个层次的产品是大批量制造的，生产成本很低，特别适合进行市场分销。正是作品和产品的区分，使文化的产业化生产及商业分配成为可能。原创的作品往往是无价之宝，是唯一性的，因而很难为所有人分享。而文化产品负载了原作尽可能逼真的信息，同时可以为无数人分享。这样，文化产业就可以如前面那个定义所说，是“按照工业标准生产、再生产、储存以及分配文化产品和服务的一系列活动”。同时我们还看到，文化产业在本质上说都是媒体（media，负载内容），是拿来一些内容，复制后再传播出去。复制技术使文化作品成为产品。所以我们的定义是：文化产业就是应用复制技术完成文化传播的商业活动的总和。

传统上是否也存在某种意义的文化复制行为呢？我们说的不是绘画中的临摹，而是音乐中的表演。表演是同一张乐谱（舞谱）所记载的乐曲（舞蹈）的反复再现。但这种复制规模非常小，难度却不小，并且每一次演出都可能造成对原作的再创作。因此这种反复表演在今天不被当作复制。今天说的复制一定是所谓“机械复制”，是技术性重新编码。

文化产业兴起的技术条件就是复制技术的迅猛发展。批量复制技术的第一种形态应该是印刷，这甚至是一项在前工业社会就已经产生了的技术。除了活字排版的智慧外，印刷本身是一项力气活。工业动力技术的出现才使它得以实现更大批量、更低成本的复制。随后出现的第二种重大的复制技术是广播（电视），录音和录像（包括唱片、磁带等）都是这个方向上的系列技术扩张。这种“在线”的复制方式极大地拓展了各类“现场”的空间。通过广播，人们可以在极远的距离之外，听到现场的声音，感受到现场的气氛；而电视还可以传达现场的图像。比起书籍报刊来，广播电视来得更快捷，能够进行“实时的”（实况）转播；尤其是它所传递的信息不必经过文字的中介，所以它的受众可能包括不识字的大众和不懂特定语言的观众。第三种重大的复制技术出现在最近的十多年当中，这就是数码技术和网络技术。数码技术是真正的多媒体，无论文字、图像还是音响都可以用 0 和 1 进行编码演算，而且是高保真（逼真）的，令印刷和广电技术自叹弗如。此外广播技术是单向传播，网络技术则是实时的互动传播；网上的信息资源越来越丰富，构筑起一个空间相当广阔的虚拟现实。它的绝对资源耗用量不断降低，而工作速度却不断提高。这个行业中的摩尔定律是说每 18 个月，芯片的运转速度就会翻一番，而其价格基本不变，听上去就像奇迹。现在人们谈论的是“三网融合”的前景。应该说，广电技术兴起是文化产业发展的一个大的飞跃；而数码和网络技术的兴起是文化产业更大发展的一个重要契机或机遇期。

进而可以想象，文化产业是一个巨大的产业群；符合我们定义的文化产业部门有很多，所以它是复数的词组。我们把新闻出版、广播影视、网络及计算机软件服务、旅游、教育、艺术展演等看作文化产业的主体或核心行业

（中下游、主流）；传统的文学、音乐、美术、摄影作品的创作和时装、工业与建筑的设计，以及各种博物馆、图书馆等看成文化产业争夺的前沿（上游）；广告业、娱乐业和体育健身则是它成功开拓的新边疆（支流）。文化产业实际上是一个巨大的"产业群"。

我们的有关部门也对文化产业进行了分类：把广播电视、新闻出版、文艺表演、博物馆、图书馆等称作"文化产业核心层"；把互联网、旅行社服务、游览景区文化服务、游乐园、休闲健身娱乐、网吧等称作"文化产业外围层"；把文具、照相器材、乐器、玩具、磁带光盘、家用视听设备、工艺品的生产和销售等称作"文化产业相关层"。这个区分今天看并不是很恰当，这只是将政府首要关注的，尤其是很少向市场开放、有些并不适合开放的部门列为核心，把可以交给市场的叫做外围层，而那些基本属于制造业的部门叫做相关层。相信今后在进行文化体制改革时这个分类还会改变。如果不改变文化体制改革就无法起步。

与文化产业相关的概念还有内容产业、创意产业、信息产业、版权产业、娱乐业、休闲产业等等。这些概念与文化产业概念内涵外延有部分重合，但都是以文化产业为基本内容的。如1998年出台的《英国创意产业路径文件》这样界定"创意工业"（creative industries）："所谓'创意产业'是指那些从个体的创造性、个体技艺和才能中获取发展动力的企业，以及那些通过对知识产权的开发可创造潜在财富和就业机会的活动。它通常包括广告、建筑、艺术和古玩市场、工艺品、时尚设计、电影和音像、互动性休闲软件、音乐、表演艺术、出版业、软件和计算机服务、电视和电台等等。此外，还包括旅游、博物馆和美术馆、遗产和体育等。"

"创意产业"是英国人的创意。布莱尔政府1997年上台以前，新工党的文件中一直使用"文化产业"① 概念，但这之后变成了"创意产业"。显然这

---

① 参见钱紫华、闫小培《文化/创意产业、创意城市等相关概念辨析》，《深圳文化研究》2009年第1期；［英］Susan Galloway，Stewart Dunlop：《解析"创意产业"概念》，赵小波译，人大复印资料《文化创意产业》2009年第1期等。

是一个具有布莱尔特色的表述，但同时它也颇符合英国国情。除了包含文化产业内一般行业之外，“创意英国”主要强调了设计业的发展，从时装到建筑。这是因为老牌资本主义的英国进入到“后资本主义”时期，制造业基本上已经转移到国外，仅仅靠金融业和一些老的品牌并不足以支撑英国经济的可持续发展，因此英国需要找到可以远程控制国际制造业的各种生长点，于是他们瞄准了设计。英国的做法和概念影响了不少前英国殖民地国家或地区，香港是其中之一。记得我在访问香港时听到当地政府负责人介绍香港发展创意产业的思路时说，香港要发展那些服务于企业的文化产业部门。设计显然就是符合这个标准的行业之一。

《创意城市》的作者查尔斯·兰德利认为，他关于“创意经济”的概念外延与“创意产业”有所不同，主要涉及四种“创意产业”的创造性产品交易：版权业、专利业、商标业和设计业。[①] 这是一个更大的概念。近年来，除了创意经济的说法，还出现了创意国家甚至超国家共同体（创意英国、创造性国家澳大利亚和创意欧洲）的说法。这不仅强调了创意产业的经济属性，也强调了政府及第三社会部门参与的必要性；强调整个社会创造性的发挥。

至于我国各地方政府在制订文化及文化产业发展规划时为什么纷纷采用创意产业或文化创意产业的概念，也许是凭借了某种职业的直觉。地方政府在响应中央政府发展文化产业的方针时，非常强烈地感觉到实施的艰难。一方面，政绩指标要求产生明显的经济增长数字、成果；另一方面，在内容、表达及相关行业的市场准入方面还有相当严格的控制，管理上有太多主观、人为因素。无奈下的地方政府不约而同地看到了设计业（从服装、软件、家电到建筑设计），青睐上这个市场前景较好、与产业升级和城市化进程相关、有一定文化蕴涵又较为唯美的行业。于是北京、上海这样的大城市纷纷投靠“创意产业”麾下，反而使云南这样最早提出建设文化大省、文化产业大省的地方显得势孤力单。

---

① 参见［英］查尔斯·兰德利《创意城市：如何打造都市创意生活圈》，杨幼兰译，清华大学出版社2009年版，第22页。

根据我自己的定义，严格的文化产业部门并不亲自进行内容原创，它不直接创作艺术作品，而是通过知识产权交易购买内容，然后进行复制销售。它的主要工作是面对诸多的消费者。但由于历史的原因，文化产业和艺术原创部门还是有一些交叉、重叠。

雷蒙德·威廉斯曾经将人类文化生产分为三个历史阶段：最初是恩宠制（patronage）时代，从中世纪到19世纪初，主要是贵族豢养艺术家，资助他们的创作。然后是专业市场（professional market），主要是19世纪，各种小规模的艺术作品或小规模的拷贝（如乐谱）被公众从艺术家手里直接买走，同时开始出现一些中介，如出版商，因此版税也出现了。第三个阶段是专业公司（professional corporate），而赫斯蒙德夫倾向于称之为“专业复合”（professional complex）。这是20世纪的事，在50年代后尤其为甚。这就是文化产业的阶段了。由于复制技术和商业组织的发展，原创与复制的关系变得越来越复杂。除了买断一件文化作品的版权（复制权）外，商业机构有时也希望将艺术家及其创作过程纳入自己的公司内部。而且文化本身也希望打通所有行业界限，复制销售多种媒体的系列产品。① 例如影视制作，其原创环节的结束一直要到剪辑好的母带诞生，这时后期制作的技术基础已经纳入，而复制环节从拷贝洗印开始，同时企业希望控制产品的全部播映。音乐制作人则希望和音乐家、歌手签订相对长期的合同，代理其全部作品的销售。记者或专栏作家与报刊的关系与此相似，报刊上连载小说的“待续”部分在作品开始刊登发表时实际上并未完成。这是我们把原创视作文化产业争夺的前沿或上游的原因。这一特征还会进一步影响文化产业内企业规模的大小和市场竞争模式。

艺术原创与产业复制关系的复杂充分反映了文化产业的种种特征。一些研究者概括了这些特征。这些特征主要是：①高风险。高度强调个性和创造性的原创人员有时拒绝考虑作品的市场反应，甚至以“前卫”“先锋”为荣。

① 参见［美］大卫·赫斯蒙德夫《文化产业》，张菲娜译，中国人民大学出版社2007年版，第58页。

据说，1998 年美国发行的近 3 万种音乐专辑，销售超过 5 万张的不到 2%；出版界也历来有拇指法则之说（美国在 80 年代中期每年出版 5 万多种图书，80% 有财务危机）；美国每年 350 部电影只有 10 部卖座。① 做文化产业像是在炒股票。②高生产成本，低复制成本。一部艺术作品的生产技术成本很高，如电影的拍摄、剪辑、录音等，但放映后很容易就被复制盗版，复制成本极其低廉；如果没有版权保护措施，犯罪成本也极其低廉。这对文化产品开发是极大的打击。③文化产品往往具有相当程度的公共品或叫非排他性消费的特征。一张 CD，你听过后还可以借给许多人听；一本图书你看过后还可以让他人复印，而一件物质产品如一个馒头或蛋糕则不存在这个问题。②

由于上述几个特征，文化产业机构也采取了相应的措施，甚至也形成了产业的组织形式特征，如很多文化企业规模做大，进行所谓“纵向一体化”，把我们下面要说的很多的 B 环节组合在一起，进行跨媒体运作，希望以大数争取小概率的成功，例如我们的严肃期刊市场里，做得大的是各类“文摘”。当然这也就给小公司留下了市场竞争空间，这个空间一定是在原创与大规模复制技术之间，主要是一些更灵活的专业性知识产权交易；他们的产品有时就是卖给大企业的，有时他们只是中间商、经济人或掮客。因此可以这么理解，文化产业中大企业是后端（更接近消费者），小企业是前端（更接近艺术家）。前端机构小，可降低投资风险；后端机构大，可摊薄产品成本。在西方国家，文化产业的这种特征也使得政府的管理对原创、艺术家的控制放宽，而对发行及市场营销的控制从严。只有这样，极其稀缺的原创资源才能得到培育和滋养，才能满足巨大的市场需求和国际竞争的需要。

① 参见［美］大卫·赫斯蒙德夫：《文化产业》，张菲娜译，中国人民大学出版社 2007 年版，第 21 页。

② 参见［美］大卫·赫斯蒙德夫：《文化产业》，张菲娜译，中国人民大学出版社 2007 年版，第 20－22 页。

三、文化产业的商业模式与市场扩张模式

建立在复制技术基础上的文化产业的出现使得文化作品的市场需求成为可计量的。以前的艺术作品只属于少数人，有多少人听说过它的存在都没有意义，它们可以声名远扬，却难以被大众所目睹聆听。现在复制品将艺术作品切割成可分别消费的廉价单元，根据其成本和居民收入水平等分析就可求出其有效需求量，这是一个巨大的进步。但问题还有另一个方面。

为了促进文化传播和市场的发展，鼓励内容原创、开发的积极性，文化市场采取了知识产权制度设计。文化企业的商业模式是知识产权（著作权）的授权经营。

从根本上说，文化产业与艺术原创是相互联系但又可以相对区分的两件事情。文化产业中“产业”这个词意味着大规模生产，实际上是指复制技术的应用和复制产品大规模的商业营销。现代文化产业在实质上都是传媒，它要将各种原创作品作为内容装载在它的复制产品中让千百万的消费者了解和消费。而相对而言，艺术的原创仍旧是唯一性的，它只能是一件一件做出来的。（原创的）艺术不承认模仿。文化产业与艺术原创的关系是，文化企业通过知识产权交易，购买原创产品的开发经营权或叫使用权。例如唱片公司购买一场音乐会的演出实况录音，然后制成 CD 出售。这种模式与传统上画商购买或代理各种绘画及雕塑作品，放在画廊里销售是完全不同的。后者交易的仅仅是艺术原作的所有权而非其衍生产品的经营权。以前，艺术家的创作仅仅使自己有了一项著作权、原作的所有权；现在，由于文化产业的存在，艺术家的创作还使他有了第二项权利，即版权、原作的经营权。所以对于艺术家来说，能有一些媒体向日益增长着的消费群体传播他们作品原创的信息，吸引观（听）众的注意力，刺激他们的消费欲望和需求，使更多的人（包括一些企业法人）愿意以不断攀升的价格争相购买其广具知名度的原作及其复制品，这无疑是一件天大的好事。精明的艺术家已经意识到，第二项权利的

扩大将使第一项权利的价格上涨。文化产业的发展会给文化艺术原创带来知识产权收益。

知识产权现在大家耳熟能详。这里讲一个例子。来自台湾的 ArtKey 公司花 500 万元购买了国内十几位知名艺术家作品的经营权。不要作品就给钱吗？家属们喜出望外！但将来谁会或如何可以看到这些作品呢？另一方面 ArtKey 公司获得这些授权后只试探性地做了一些产品（挂盘），因为它怕侵权盗版，把市场抢光。

这就带来一个问题：要不要保护知识产权？保护力度大一点好还是小一点好？我想关键是我们要不要使自己的文化创意产业、原创能力强大起来？回答要的话就要严格保护。

现在来看文化产业的市场扩张模式，看看它的市场带动能量。让我们以艺术产业为例做一点说明。高雅艺术作为高档商品恐怕不会十分畅销，其成交量也不会太大。我们选它举例正是因为它小所以逻辑清晰。

简单地说，历史上的艺术存在曾主要是由两个环节或两个端点构成：创作和保存（占有）。少数人创作，同样是少数人在生活的很少时间里观赏。古典艺术曾被封闭、收藏在贵族或皇室的小圈子里。我们用公式 A－C 表示：A 是艺术家、艺术作品（artist，artist work）；C 是收藏家或后来的消费者（collector，consumer）。

进入现代社会后情况有所不同，工业和城市文明给数量迅速增加的城市下层居民带来教育的因素。现代化是普遍的开化，是普遍的分权，因此广泛的文化分享的需求产生了。这样就在绝对数量总是很小的原创性文化作品与广大的文化消费者之间出现了巨大的供需落差，而文化传播的商业机会也到来了。画廊与艺术博览会等产业形式应运而生。这样原来的公式之间出现了一个新的项 B 即 business，交易。原有公式也成为 A－B－C。

现代文化产业的兴起，在传统艺术活动的原创－保存两极结构中插入了一个第三者、一个中项；凭着大规模复制技术和商业传播技巧，它要把必然比较稀缺的原创性作品最大限度地传递到尽可能多的消费大众面前，也力争把作品首先销售给出价最高的消费者。现在画廊直接签约画家，收购其艺术作品然后卖给收藏家和消费者。画廊是中间人，提供信用服务，收取中介费；同时他们通过复制（印画册）、展示（办展览）和做评论进行宣传（包括在广播电视、互联网上做广告或软广告），使新人新作迅速得到市场的认可。这就拉动了出版、印刷业、会展业和广电及网络电信部门的发展。国内一些大城市如北京、上海、广州、成都都开始出现了画廊，纷纷举办年度的艺术博览会。艺术品的销售还为拍卖行的发展提供了契机。凡是致力于收藏的人总有倒手的需求，艺术品和审美时尚的变迁也使艺术品的二手交易活跃，而且著名的拍卖行有鉴别真伪的“绝活”，有比地方性画廊更广阔的市场辐射力，也能吸引更多收藏家与“神秘”买主，往往拍出更高的价位。有人将画廊称为低端市场，将拍卖行称为高端市场就是这个意思。再者，有些收藏者事实上也是企业或展示机构，它们从拍卖行拍得的是艺术品的经营权。这就是说，在A与C之间，出现了不止一个B，A－B－C成了A－B－B－C或$A-b_1-b_2\cdots b_n-C$。这里一连串的B将艺术产业的内在扩张趋势和外在拉动作用突显出来。事实上这样的产业链有不少，如文物考古发掘业—博物馆业—旅游业—工艺品及旅游纪念品制造业，影视制作业—音像制品业—旅游业（主题公园），唱片录音棚—唱片、盒带、CD生产线—唱片等的包装、设计，印刷业—网络新媒体，等等。

一种更具影响的艺术生产与交易，不是一个经营规模、范围都有限的企业所可以单独完成的，必须有更多的企业参与，专门的艺术产业可以与传统的产业联手，将艺术传播到更广的范围里去。比如，迪斯尼的米老鼠、唐老鸭，或者是抽象派画家蒙德里安的绘画都可以被复制转移到服装设计中去。日本动画片中曾经出现过一只凯蒂猫（Hello Kitty），现在使用凯蒂形象的消费品（如转笔刀等）有多少，连创造了这个形象的公司老板都说不清，“大概有1.5万~2万个吧”。“9·11”后的美国，凯蒂猫尤其受到美国人的青睐，在美国畅销。

文化产业本质上都是传媒，其产品通常是纯粹的内容载体，没有实用性功能属性。而设计产品最终都会依附实用性产品，看上去不像传媒，但实际上也可以将这些实用产品理解为特殊的传播媒介①，因此设计（尤其是从制造业企业中分离出来的设计公司）的确应当是文化产业的一个组成部分。在今天的世界，产品设计创造的产值在每个产品总产值中占绝大的部分。设计业的兴盛极大地扩展了文化产业的疆域。

所以，这个 A－B－C 的简单公式现在应扩展为：$A-B\ (b_1^1-b_2^1-b_n^1-\cdots-b_n^2\cdots-b_n^n)\ -Cs$；其中每一个小写的 b 代表一个企业或一个商业活动，有一些小写的 b 很可能是媒体（从 broadcast 到 broadband），另一些则是传统产业部门；而 C 后面的 s 表示比 A 大得多的复数，既是指消费者的众多，也是指消费内容的叠加。我们尤其乐于强调的是，其中 B 的无限扩张反映了产业化程度提高的趋势；而 B 的丰富则表明文化产业各部门及相关产业之间有着相互促进、相互烘托的特征。

文化产业的市场扩张能力还表现在企业组织形式的多样性上。前面讲过，为了避免行业风险，文化企业倾向于做大规模，形成跨媒体、全链条的集团，希望同时拥有多种类媒体，能独立推出系列文化产品。但这样一来，仍然给小企业入场竞争留下空间。这些小企业往往就在与原创进行版权交易这个高风险环节和大企业进行合作与竞争。国内出版行业的情况表明，小的出版工作室尽管不能合法进场直接进行交易，但他们的专业知识、对市场的熟悉和较为强大的发行能力，使他们完全可以垄断畅销书的稿源，反过来以优势地位和出版社进行书号交易。尽管也许风险更大，但他们负担较轻，主要靠人力资本运作，资金积压不多，随时可以退出市场，因此也具有很大的灵活性。

如果这种描述是正确的，那么我们就要承认，文化艺术的市场化过程不仅是一种单纯的商业过程，它也在客观上打破了前工业社会的文化垄断局面，落实了公民文化权利，提高了公民素质，增强了社会参与度。让我们想想，

---

① 例如一件文化衫可以书写上任何标语口号，有强烈的表达意味。而一张公共汽车票也可以成为广告媒体。

我国电视业的发展是否大大推进了汉语普通话的普及程度?!人们现在也许开始担心我们的方言会不会过快地消失了。

四、文化的力量和政府的作用

文化产业这种经商业动机中介和刺激的复制传播和展示传播，不仅较经济地配置了资源，而且迅速向传统文化艺术的原创和保存两个基本环节渗透，将商业原则向两个方向推导：一方面是将原创变成不竭的资源和丰厚的知识产权；另一方面将保存变成大规模的展示和单元化切分的多层次文化消费。例如我们看到许多名作家、名演员，他们的创作还没有开始，出场费或版税标准就已经开得高高的了；而在一个知识产权得不到有效保护的地区，当地的原创性活动就必然低迷。应该说，最终一定是（有效）需求的旺盛才可能推动一个产业的迅猛增长。商家最先看清甚至制造出了需求，所以才会向原创订货。但现在有不少理论家对需求提出质疑，认为这种需求档次太低，而商家更是对某些低级趣味曲意迎合。因此对文化的市场化持怀疑态度。

其实，文化自身并不是弱不禁风的，它在市场内也可能发挥影响力。只不过这其间会有一个时差，或者叫时滞。让我们看两项研究成果。

美国学者戴安娜·克兰（Diana Crane）的研究使人们看到一种希望。她将传播媒体分为三类，即全国性核心媒体，包括重要报纸和影视；边缘媒体，包括书刊、广播录像等；以及都市文化，包括音乐会、展览、博览会、戏剧表演等。① 她还注意到：核心媒体的受众尽管最多，但却是“异质性的”，即所谓没有城乡、工农和阶层差异的大众传媒对象，相互间未必有深入的了解与沟通；边缘媒体的受众是以生活方式的近似划分的，具有地方性的特点；都市文化的受众是按阶层划分，甚至是有圈子、相互相识的，相互间沟通较

---

① 参见［美］戴安娜·克兰《文化产业：媒体与都市文化》，赵国新译，译林出版社2001年版，第7页。

为充分。这就使我们想到麦克卢汉对“冷媒介”和“热媒介”所做的分别。[①]麦克卢汉说：“热媒介要求的参与程度低；冷媒介要求的参与程度高，要求接受者完成的信息多。”[②] 克兰实际上揭示了麦克卢汉论点的深层原因。这就是说，尽管传播范围广泛，但大众媒体的传播效果、受众与媒体及受众之间相互理解的深度反而不如都市文化；媒体本身是按照三极结构的模式操作（“克兰模式”）还是按照两极结构的模式操作（“麦克卢汉模式”）还可以继续研究。

克兰还发现：“新思想和新形象往往始自于核心领域之外的边缘和地方领域，其中少数会被核心领域吸收。在核心领域的边界，存在高度的‘喧哗声’，这是大量个体和组织争相进入核心领域的活动的集中体现。”[③] 而在相对精英倾向比较强的都市文化中，最容易产生文化创新。[④] 这就是说，由于有媒体及其受众的分类或分层，市场中的文化创新仍然可能存在并逐步影响整个社会。边缘媒体的影响力未必低于大众传媒，都市文化的影响力还是可能逐步渗透进核心媒体。例如远在广东的《南方周末》，常常会有具相当影响力的报道吸引全国的读者；而央视在早间一些读报栏目中，常常将地方报刊或网络上的某些新闻或观点介绍出来，表现出地方媒体、边缘媒体的影响力。央视靠这些节目也可提高自己的收视率。较为奇特的是，赵本山的小品无论如何说不上是冷媒体，但多次春晚都要靠它压轴，提高收视率。他在2010年春晚的节目本身结构就不算完整，还受到某些方面的指责，但最终优秀节目奖还是颁给了他。毕竟没有收视率的节目就什么也不是。

有另外的材料说：在文化产业当中，创新往往会首先出现在小型企业中。

---

① 参见［加］马歇尔·麦克卢汉《理解媒介：论人的延伸》，何道宽译，商务印书馆2000年版，第51－64页。

② 参见［加］马歇尔·麦克卢汉《理解媒介：论人的延伸》，何道宽译，商务印书馆2000年版，第51－52页。

③ 参见［美］戴安娜·克兰《文化产业：媒体与都市文化》，赵国新译，译林出版社2001年版，第11页。

④ 参见［美］戴安娜·克兰《文化产业：媒体与都市文化》，赵国新译，译林出版社2001年版，第6章。

一位叫奥康纳的研究者说："文化产业主要是由小企业承担的。在英国，文化部门里56%的主要工作人员都受雇于25人以下的公司。"而佩特森和伯格在研究中发现，当大型唱片公司主导市场的时候，产品种类就减少；而当小型公司掌握了主动时，产品种类就增加。他们还发现，当热门唱片的种类由于大型唱片公司控制市场而处于低水平时，有一些新的潮流会在主流的外围出现；继而有冒险勇气的小型唱片公司大量吸纳这些新潮，而当某些新潮作品获得大众喜爱时，热门歌曲的种类就会增加；但当这些新潮流在商业上有利可图的时候，大型唱片公司又将它们吸纳进去，从而创造了一种新的主流，产品种类又渐趋减少；有冒险勇气的小型公司又回到了边缘位置并面临各种不确定因素。这样的周期也是循环往复、不断出现的。①

这里的关键是我们怎样看待市场，尤其是知识经济时代的市场。讲究现实的市场和追求理想的艺术有一定的差距，但市场本身并不是艺术的天敌。人们容易看到的是市场中企业利润最大化的商业目标，而容易忽视的是这个目标背后更根本的目标，即消费者需求。顾客才是上帝。所谓后工业社会就是说企业生产的产品更多的是终极消费品，而不再是另一些企业的生产工具、重型机械等等，因此它必须负载日益增多的人性化设计。这样的目标既是商品设计者的专业理念，也必须成为企业领导人的思考起点。在这样的情况下，艺术与市场有了共同的契合点：一切为了人。同时我们也必须假设总体上说，人是有理性有向上的愿望的。如果不是这样理解人，办任何媒体都是没意义的。历史地看，是市场向艺术靠拢。

我们还可以看到，对高投资回报的追求甚至已经吸引了不少商人或企业进行起艺术投资的尝试。艺术投资不仅属于一般意义上的风险投资，唯因其风险高，获得高额回报才是合理的。而且通常的风险投资只是针对高技术，这里的风险投资针对的却是高文化，是为文化、价值、意义、理想等的历史延伸"下注"。相对地说，技术类风险投资的决策靠计算；而艺术类风险投

① 参见林拓《世界文化产业与城市竞争力》，《马克思主义与现实》2003年第4期。

资的决策拼的只能是思，是想象。当代中国艺术家陈逸飞病逝那年6月，他的《大提琴少女》拍出550万人民币的价格，而此前他的《有阳光的日子》曾拍到过440万元人民币。这些超高价的文化产品恰好是极为严肃的、高雅的、经典的艺术作品。在经济形势较好的年份，中国当代油画价格被炒得很高，显示出较强的投机性；而在金融危机的2008—2009年，中国艺术品投资趋向古代艺术品，可见市场还是识货的。

如果情况是这样，我们就看到了问题的两个方面：一是市场可以出于需求和资源化的要求，向原创提供经济支持；二是真正的原创也可能在市场环境中获得对消费者的影响力。说到底，经济人必然是理性的。经济学家绝不会假定消费者整体上永远缺少判断力、鉴赏力，因而市场上永远只有假货大昌其道。但另一方面说，理性本身的含义是丰富的，绝不仅仅等同于计算，而首先应该是思，是对生活质量和生活意义的感悟和体味。所以经济人的理性是需要在一个更大的文化语境中不断得到培育和滋养的，他也要求把更多的文化因素带到市场内部来流通。尤其是我们还必须看到，文化市场的出现并没有将原先或现在仍然在市场外的文化活动全部取消。反之，通过转移支付的方式，政府还可能继续支持各种非营利组织或个人的艺术创作活动。市场内外将会形成一种互动的格局。如果说，文化由于进入了市场所以难免沾上了几分铜臭的话，那么反过来说，市场由于有文化的进入也会带上些许书香。对于人类迄今的历史而言，这样的结果应该说并不算太坏！历史和文明的进程有它自己的节律。

文化进入市场有一个时滞问题，有一个过程。毕竟文化与市场还需要“磨合”。所以在一定时期里，政府还应以全社会的名义发挥作用。传统的经济学里有市场失灵（市场无效）的说法。所谓市场失灵主要指两种情况：一是短期行为。消费者的消费偏好一时半会儿难以提高，而市场是追求当下的收益，不考虑长远的教育问题、市民素质问题。国内外都有一些学者讲过，文化的社会功能是教化，是对人的塑造，与学校对学生的培养相似。商人与消费者的关系与师生关系还是有些区别的。让小学生自己想学什么就学什么，想学多少就学多少，也许他未必能成才。市场毕竟不等于学校，不承担更多的社会公益责任。市场失灵的第二个方面是顾及不到社会公正，它漠视弱势群体的文化权利。市场只考虑所谓的有效需求，即有货币购买力的需求。但事实上，也许穷人更需要文化。对于西方国家来说，这两方面的失灵往往是前一个方面得到更多的强调。联合国教科文组织《保护和促进文化表现形式多样性公约》中就特别强调文化产品所具有的超出商品价值以外的价值。美国人不大赞成公约的制定，但其有关政策也考虑到文化的特殊性，他们引用加拿大参议员劳里·拉·皮埃尔的话说："文化并不是一种产品。一个国家的文化就是这个国家的灵魂。灵魂当然不是可以被买卖的商品。是的，艺术和文化是一个大的产业。但文化不仅是经济的推动力量，它还有更重大的意义：它是社会进步的推动力量。在地方层次上看，艺术和文化可以通过无数种方式丰富社区的生活。剧院、画廊、博物馆和遗产场所，都是我们社区的心脏。它们吸引志愿者，使古老的市镇中心焕发生机，吸引众多的游客，帮助理解我们的过去，也帮助我们建立各种社区、地区与民族之间的桥梁。"

市场失灵还表现在国际文化贸易方面。文化的过度竞争有可能导致文化多样性的丧失，以及一些国家的所谓"文化安全"问题。其实美国人对此也是心知肚明的，他们说："所有的民主国家都拥有一个共同的目标，即建设一个鼓励自由表达思想和多样性的世界——而且这种目标是有充分的存在理由的。因为只有那些深信自己的文化不会受到威胁的人，才是更加强大、更加自信的公民。这种自信有助于人们树立对他人的宽容与尊重。在我们的一生之中，以前从来没有出现过如此重要的目标。"

于是，这些市场失灵就为政府介入提供了合理性及合法性的基础。那么政府有哪些工作需要做呢？我们觉得下面几件事政府可以做：

第一，以法律的手段规范市场，保护知识产权。几年前文化部曾在贺岁片《英雄》放映前对其进行专项保护，以探索知识产权保护有效执法方式。

第二，以特定的产业政策支持文化产业（尤其与文化多样性相关的本国文化产业）的健康发展。如法国等欧洲国家要求对电影市场实行配额管理；

而不少发达国家包括美国都希望政府与社会对创意产业予以资助，云南省就资助大型民族歌舞《云南映象》的演出。从各国的情况看，创意产业的微观组织通常规模都不大。应重点扶持这种中小型企业。在美国最发达的新英格兰地区，"2000 年，新英格兰委员会发表了有关创造型经济的初步报告，考察了艺术和文化在新英格兰地区经济生活中所处的地位。该报告试图将创造型经济视为一个整体，并着重关注其中的三个关键部分：1. 创造型产业群，指那些直接或间接生产文化产品的企业和个人……2. 创造型劳动者，指那些接受过专业文化与艺术技能培训的思想家和实业家……3. 创造型社区，指那些创造型的工人、企业和文化单位集中的地区"。这里第三个范畴尤其值得关注。

第三，以转移支付的方式提供公共文化产品与服务，对市场失灵进行社会公正上的调节。把不该继续资助的部分，尤其是媒体坚决推向市场，还要向其收税，然后把节约下来的钱，加上税收得到的钱更多地投向文化艺术原创。各国在提供公共文化，帮助弱势群体方面有不少做法值得借鉴，而且正在形成国际合作。例如由法国发起的世界博物馆开放日的活动就得到了包括我国在内的很多国家的响应。我国自 2011 年起出台了博物馆对未成年人、残疾人等免费开放的政策。法国不少博物馆每月的第一个周末是免费向公众开放的。政府除了直接提供公共文化产品或服务外，也支持各类非营利组织向社会提供文化产品和服务。

弥补市场失灵的政府行为并不是市场的对立面。用发展规划、经济政策引导各种投资行为，还鼓励民间资本投入艺术原创。美国"全国州立法会议"2002 年公布的"文化政策工作组报告"——《文化投资：州的政策创新》（*Invest in Culture—Police Innovation of States*）很说明问题。2002 年，该立法会议委托一个工作组起草上述文化政策报告。报告对文化投资可获得的回报予以揭示。如果文化投资会有巨额回报，那么有关各州的政策创新就像是榜样，其他地方政府和企业当然有理由积极效法，而用不着做更多的"政治思想工作"。

报告告诉人们，根据“美国人文”组织2002年6月公布的调查结果：“全国非营利性文化产业（各博物馆、剧院公司、表演艺术中心、管弦乐队、舞蹈公司及文化协会），每年创造的收入高达1340亿元，这个数字比世界上大多数国家一年的国内生产总值还高。此外，这1340亿还提供了总共约485万个全职工作机会，其所占美国从业劳动力的比例，比医生、律师或会计的比例还要高。”更具有吸引力的是：“非营利性文化产业每年为联邦、地区、州及地方创造244亿元的税收。相比之下，联邦、州及地方各级政府每年为支持艺术而投入的资金不足30亿元。政府每年对非营利性文化产业投资的资金回报是8倍多。”

报告还说：一个地区新经济的发展取决于人才的招聘。而社区文化氛围的提高、生活质量的提高会使一份工作对知识人才的吸引力增加33%。如果是这样，经济发展与社会发展就会形成良性循环的态势。

总之，政府对政策允许范围内的文化产业发展，要针对与原创端衔接的文化企业多、规模较小的特点，出台各种适合小的文化企业发展的政策和管理措施，包括金融支持、提前营造好市场环境。应该看到，文化原创的活跃使整个文化市场发展的资源变得丰厚，随着文化体制改革的不断深化，大型文化企业尤其是民营的“纵向一体化”企业才会诞生，文化经济才会做大做强；国家的文化软实力、我国文化产业的国际竞争力才会真正变强。让我们期待这一天的到来。

本文曾发表在深圳市社会科学院主办的《南方论丛》2003年第2期、上海交通大学国家文化产业创新与发展研究基地编的《中国文化产业评论》第1卷（上海人民出版社2003年版）等书刊上，近年来也多次用本文内容在不同场合做过讲座。考虑其中数据的时效性，现以较近的（2012年5月26日）一次讲座内容为基础整理成本文。

解放思想，更新观念，以文化体制改革促文化产业发展

党的十六大报告不仅明确了发展文化产业的目标，更明确提出了文化体制改革的任务，并要求“抓紧制定文化体制改革的总体方案”。在一定意义上说，不进行文化体制改革，文化产业就难以真正做大做强。近两年来，围绕十六大报告这一精神的落实，一批相关单位已经进行了改革试点，正力争实现新的突破。

然而，改革的路从来都是不平坦的，观念的僵化一直是改革的第一道障碍。这里，我想有两种恐惧值得一提，而为了解除这两种恐惧，有两个基本理论问题值得重新一提。

第一种恐惧是对市场化的恐惧。有人说，市场我们不反对，但不能提市场化，说市场化就是让一切都进入市场。有那么简单吗？发达国家搞了多少年的市场，今天也并非一切都在市场里。大部头的公共部门经济学著作的理论前提就是市场失灵。而我们的市场开放程度还远远不够，文化市场还几乎没有真正意义的开放。现在我们说市场化无非是讲改革有一个过程，无非是说改革是市场取向或市场导向的，是以社会主义市场经济制度为方向的，要逐步进入市场。

和它相似的还有所谓产业化的问题，说我们要搞文化产业，但不能提产业化，因为文化有意识形态性质等等。的确，十六大报告在文化领域中区分了文化产业与文化事业，要求两方面的工作都要做好，但这并不等于产业化

的话不能说。今后的文化事业单位更多要承担公共文化发展的使命，在财政上更多依靠转移支付的方式，但同样要面对市场，要讲求效率，要像企业那样运作。因此把这些改革措施统称为产业化也没有什么不可以。

这里“市场导向”的意义是，首先大幅度开放市场，在市场迅速扩大、商业机会不断出现的同时，进行原有文化事业单位的体制和机制改革。否则在旧体制中和旧观念束缚下，部门间保护既得利益，争夺新的“势力范围”的钩心斗角会层出不穷，真正的改革举措难以出台和实现。人们只要认真观察和思考一下，就可以得出一个结论：已经进行了两年来的文化体制改革试点工作，最大的问题就在于改革的目标不清晰，改革的总原则不明确；说到底就是不敢理直气壮地提市场化。

事实上无论是希望改革的人还是惧怕改革的人，无论是真正希望改革的人还是希望在改革过程中渔利的人，都已经看清了自20世纪80年代起进行的农村改革和城市国企改革的历史进程及其中的种种利弊，不过是有人希望趋利避害，有人希望浑水摸鱼。

回顾历史，在20世纪80年代改革启动之初，连党的最高领导集体甚至改革开放的总设计师也不敢贸然说出市场经济的目标，而只能“摸着石头过河”；到了90年代初，改革开放已经取得了明显的成就，已经得到了广大群众的拥护，党的最高领导仍然要求“不争论，大胆试”。这样的政治策略有效地推动了改革举措的实施，但同时也留下了不少的隐患和弊病。比如市场不规范、国有资产流失和官员腐败的问题就是例证。之所以会如此就是因为在中国特殊的历史情境中，一方面实践急切地要求理论指导，另一方面社会现实、各种力量的对峙又不能承受较为超前的理论、观念。这就是中国社会发展、改革的两难处境。这就好比盖房子之前不能有完善的设计，而只能由设计师在施工过程中不断诱导。而由于设计师的意图不宜过早暴露，因而建筑的地基无法满足未来建筑层高的需要，留下诸多遗憾和安全隐患，为不断地改建付出高昂的代价。现代甚至后现代社会必然是复杂的，必然要求充分的先期策划。中国人的思维方式尤其是社会实践方式如果不能发生根本的变化，其发展道路必然充满艰辛。而中国人要转变思维方式，首先就必须承认理论思考的超前性，必须真正从制度上肯定思想解放和理论创新。在文化体制改革过程中，不能明确改革的市场化方向，损失会比前两个阶段的改革更大。反之，我们应该吸取前两个阶段改革的经验和教训，让理论再彻底一些。这样改革会更顺利一些。

包括了文化产业和文化事业两种模式的体制改革的文化市场化究竟会带来什么可怕的后果呢？我们不妨回想农村改革之初，当时有人担心农民会走资本主义道路，开了联产承包制这个口子，来的就是洪水猛兽。结果如何呢？在土地、气候等条件基本未变的情况下，我们的农副产品迅速满足了巨大的市场需求，相当一部分农业人口，尤其是沿海地区的农民们迅速致富，并继而通过开办乡镇企业，踏上了工业化、城镇化的奔小康路程。

也不妨回想20世纪90年代，当时我们将农村改革的成功经验加以推广，全面建设现代市场体系，全面推动国企改革，又有人有了类似的忧虑。一些“理论家”竟然根本不关心人民群众已经得到和将可能进一步得到的实惠，执意要问“姓资姓社”的问题。邓小平同志果断制止了这种无聊的争论，而实践上的结果马上就出来了：我们的GDP和人均可支配收入持续高速增长，国家综合竞争力不断提升，产业结构优化升级，国有大中型企业与各种所有制企业共同成长，更多工业产品打入国际市场，国家现代化进程加速。

现在要进行文化体制改革了，那种被多次证明没有意义的老调会不会换上一些借口再度重弹呢，比如文化市场化会导致“反动腐朽”“色情暴力”的泛滥等？

这些论点的出现以及相关的论争也许不可避免。只要不因此延缓文化体制改革，使我们再度丧失机遇，争论本身是一件好事。但我认为，既然文化体制改革是市场取向的，和先前进行的改革历程一样，人民群众文化权益的落实、先进文化的发展也很可能会是在文化产业发展的推动下实现的。因此在讨论有关文化部门、文化产品市场化的特殊性问题之前，有必要讨论一些基本的经济学问题。

针对第一种恐惧我们希望人们想一想经济学的一个基本假定。所有的经济学都必须假设消费者是理性的、是成年人，他对自己的需求有正确的了解；他的消费偏好是可以引导却不能被包办的。因此假设文化市场放开，只有反动、黄色的东西畅销，实在是不必要也不合逻辑的，除非是你对“反动”“黄色”事物的判定是错误的。

当然市场是一个复杂的构建过程，而不仅是一个撒手不管、自由放任的过程。西方固然有“看不见的手”的理论，但在西方市场首先表现为一套严谨的法律制度，这分明是一只“看得见的手”。重要的是在进行市场化改革的时候必须极其严肃、认真地进行市场建设和市场规范，而这种建设也依赖于极其严肃认真的理论探讨。这样做就叫“开渠放水”，而撒手放任就叫“自由漫灌”。不能将自由漫灌造成的水害说成是放水的罪责，这是一个简单的道理，除非你是别有用心。除了市场建设的技术性措施之外，这里说到底还有一个如何看待人民群众的问题：他们究竟是英雄还是群氓，是成人还是永远长不大因而永远需要监护的孩子、未成年人？我们的“三个代表”中所说的“最广大人民”或“中国最广大人民”是前者还是后者？人民群众从根本上是需要生活与富裕还是需要“黄赌毒”?！市场经济假定人们首先是有正常的文化生活需求的。而商人只是从对消费者有效需求的迎合中赚到钱的。

西方经济学理论在马克思以后已经有了不小的变化，但即使在马克思那里，资本主义与市场也不是一回事。我们那些口口声声要坚持社会主义的马克思主义理论家，对马克思所说的社会主义，尤其其中要保留“资产阶级法权”一事到底是怎么理解的呢？马克思对市场经济的伦理学基础完全是否定的吗？在“建立与社会主义经济相适应、与社会主义法律规范相协调、与中华民族传统美德相承接的社会主义思想道德体系”方面，我们的理论工作者的确还有大量的工作要做。我们应该在文化产业经济学方面有更多的研究和建树。我们不是要用市场外的伦理去要求市场内的主体，而是要发现市场内的伦理从而更好地规范市场。

二

第二种恐惧是对文化内容放松管制的恐惧。文化体制改革意味着这个领域与农村城市的改革一样，要逐步放宽市场准入限制，让不同所有制的生产部门进场竞争。农村集贸市场不开放，联产承包责任制就不会有效；生产资料和工业制品市场不开放，国企改革也还只会在权力收放的怪圈中徘徊。同样，文化体制改革也要以大规模开放市场为前提，尤其是传媒。但有人总以为文化产品与物质产品不同，涉及观念、价值观尤其是意识形态的问题，而意识形态问题放开是要出乱子的。

我觉得这很像是个假问题，除非我们没有真正做到“三个代表”。另外从发达国家的经验看，国家对传媒也总会有某种程度的管制，西方传媒的意识形态属性显示得也很清楚。美国传媒的商业化程度最高，同时它的意识形态性质、民族主义情绪都表现得最突出。发达国家的传媒中不同声音很多，但国家却显得更为团结。这说明并非所有的意识形态都与市场经济与商业相冲突，更不是说文化产品由于有意识形态属性就不可以市场化。这里仅涉及管理的方法和尺度的把握问题。

针对这样的恐惧，我们希望讨论一个基本问题，即要使我们的文化产品满足大多数人的口味和需要，究竟应优先考虑人类文化价值中具有共性的方面，还是其差异的方面？我们的意识形态到底是与最大多数人的价值追求相吻合的，还是只与少数人的“空洞说教”相吻合的？

一个社会大约总会有一些“异端”思想。许多的“异端”的确就是异端，慢慢就会消失，但有时“异端”还可能是未来的“真理”。马克思当时就是西方社会里的“异端”，但他死后思想却传播得很远很远。问题是我们今天讨论文化市场化和放松对文化内容的管制时，我们并不针对“异端”。我们是要让适用于最大多数人的文化消费品丰富起来，要让人民群众的文化权益通过市场化的方式得到落实。市场交换是买卖双方的自愿行为，并且是由消费偏好主导的。因而尽管文化产品或多或少与意识形态问题相关，但其多数内容是符合最大多数消费者的需求偏好的。这一点应该没有什么疑问。如果再考虑让中国文化“走出去”的问题，我们的话题就更明显地指向所谓“共同人性”的问题。

显然，在文化产业发展的起步阶段，国家产业政策应鼓励我国的文化企业迅速形成生产力和出口能力。而要做到这一点就必须放开创作内容方面的不必要限制，首先要鼓励原创作品在共同人性内容方面的创作和出新，而不是要提倡文化个性尤其是意识形态或地域文化的特殊性方面的创作。这当然主要是指文化价值观或作品思想内容而言的。好莱坞或迪斯尼的作品之所以能在中国及世界其他国家的文化市场上大昌其道，主要并不是因为它们宣扬了美国文化或基督教，而是因为它们的作品底层有基本人性甚至传统伦理道德的支撑。有了这个基本内容层面，再加上民族文化形式的表层“包装”，各种文化产品打入世界市场的前景就会相当不错；再能通过拟人化的动画处理，如米老鼠、狮子王这类形象实际已经巧妙地超越了肤色、种族、民族、宗教的差异，真可以说是打遍天下无敌手了。至于用其他民族的文化资源进行再创作，制成文化产品争夺市场，美国人已经用《木兰》的故事替我们做过尝试。

《木兰》再创作的成功可以给我们两点启示。第一，传统文化即使是精华也仅仅是一种文化资源，还不是现成的产品，不经过创新就难以有长久的生命力，也难以让市场买账。我们今天有不少专家希望让孩子们重新“读经”，希望有更多官方的仪式“祭孔”或“拜谒黄帝陵”，希望设立更多传统文化节日。这些主张没有什么不好，但离开了创新，所有这些活动都不会有多大的作用。第二，在传统文化资源的再开发过程中，我们究竟是着眼于价值观的普遍性一面，还是特殊性一面？我们所要求的民族或地方文化特征究竟应该是“内容的”还是更多属于外在形式上的？我以为，后者可能是更主要的。郭沫若先生当年创作了一些历史剧，用他的话说是借几具历史僵尸，重新吹嘘进一些新的精神、新的灵魂。这话固然听上去有些“异类”，而将特殊价值向普遍价值方面解释，并在这一过程中获得新颖、入时的表现形式，这可能是文化创新的一种有益方法。这样的文化发展也才是可以持续的。

当然，长期不开放的市场一下子开放也会有不适应，甚至会引起麻烦。因此开放文化内容市场是一个需要谨慎从事的工作。我们应该建立起文化内容进入市场的各种缓冲环节，让包含了一些争议内容的文化创新产品从小众市场逐步进入大众市场，让市场不仅是一个简单接受的过程，也是一个批评鉴别的过程。在文化市场准入问题上按意识形态性质较强和相对较弱来分类实施也是合乎国情的。重要的是在这个过程中，不仅使社会有个适应的过程，也培养了受众的趣味水准，引导了消费偏好。应该说，20 世纪 90 年代以来我们在文化内容市场开放方面已经进行了谨慎而有成效的尝试，无论是对严肃文学和学术性期刊的管理，还是对大众化互联网的管理都力争给出更高的宽容度。这一点对于营造一个和谐的社会来说是至关重要的，对于发展起我们自己的文化产业来说也是至关重要的。

看来，文化体制改革要求我们在许多理论问题和观念问题上重新思考。我在这里也只是提出问题而没有给出详尽的论证和解答。关键是在新的改革举措到来的时候，我们不要怕否定自己的过去，思想和理论的创新同时就是对自身原有形态的扬弃。十六大报告说：“我们要突破前人，后人也必然会突破我们。这是社会前进的必然规律。”在文化体制改革即将实质性启动的时候，人们有理由希望理论界表现得更前瞻，更自觉。

本文发表于《人文杂志》2005 年第 4 期。

文化市场的空间分析

在加入WTO的今天，我们要发展自己的文化产业，那么我们的市场有多大，在哪些方面可能找到文化消费的商机，这是首先需要考虑的问题。

从国内市场看，文化消费的有效需求正在扩大。所谓有效需求在经济学上是指消费者手中具有消费所需货币的需求，就是说，消费者手中打算用于文化消费的钱正在增加。

根据一些调查统计，近年来反映我国居民消费结构和富裕程度的恩格尔系数发生了明显的变化。其用于吃、穿、取暖等基本生存保障方面的开支已经从前些年的50%左右降到了37%左右。当然保守一些的统计说现在才降到50%左右，那么以前这个比例会高得多。总之这个系数有较大比例的下降是一个不争的事实。根据我们的看法，我国居民尤其城镇居民的灰色收入部分（即难以统计到的数额）较大，所以这个系数实际上会更小。我们可以想一想，居民消费总额中增加的那块是谁的？是哪个行业把这部分钱挣到手了？我想增加的那块就是文化产业的。

当然这个说法比较极端，居民增加了的收入有些会用于投资做股了；有些放进了银行。但无论如何人们对精神享受的需求越来越强，吃的问题、穿的问题解决以后就是要解决文化意义的消费。比如北京市社科院钱光培研究员等人对该市三个区县的调查表明，八大类的文化消费占居民收入总消费的一半以上。又如北京市的一些重要旅游景点，在一个“黄金周”的假日期间，就可以吸引到十几万游客，仅门票收入一项就是几百万元。此外居民对教育和报刊的需求也在增加，上网人数和电话装机数目迅速增加，文艺演出场次和进入演出场所的观众人次都在增加。这一切都反映出文化产业的发展及其收入的增长是很迅速的。

那么我们能不能从一种技术分析的角度，来看一看我们文化产业可能生存的空间在哪儿，发展的条件又是什么呢？我尝试从下面几个方面去理解文化产业生存、发展的必然性。

第一，文化产业的第一个空间和机遇来自原创性艺术作品和消费大众在数目上的巨大反差。一方面是原创性的艺术创作数量很少。艺术家毕竟是可遇而不可求的。甚至是现代的教育手段也很难培养出多少艺术大师。人们经常讲，作家不是中文系可以培养出来的；真正的艺术家是以他们的生命体验创作作品的。但正因为如此，就有了一个数目非常非常大的文学艺术消费大众的队伍，人们崇拜艺术家，对艺术如饥似渴，要求尽可能直接地消费原创性的文化产品。遗憾的是，怎么可能把这非常有限的原创产品提供给所有的消费者呢?！于是文化产业的机会来了，文化产业就是要通过复制手段，尤其是各种高技术的复制手段将少量的艺术作品传播到消费大众那里。文化产业之所以是产业，是一种工业（industry），其根本的含义就是大量制作（manufacture）；而商业的竞争环境则要求其传播速度越来越快。

我们可以看到，印刷技术的出现曾极大地满足过大众的文化消费欲望，同时也创造出更大量的消费大众。电话和影视技术的出现加剧着同样的趋势。今天在这个方向上推波助澜的还有数码和网络技术。

法兰克福学派如本雅明、阿多诺等人批评过“文化产业”和“大众文化”，说这些趋势导致了艺术的堕落；消解了艺术对资本主义社会的批判能力；麻痹了本应争取彻底解放的阶级的斗志；等等。这样一些说法尽管有着合理的部分，但同时也有着过于激进的一面。尤其是像中国这样的社会，在现代化进程中，大量的农民进入城市，进入工业和第三产业，他们的文化需求及文明水准甚至他们的阶级意识，都需要经过这样一些复制品的中介而迅速得到启蒙。以前只有贵族或知识分子才能享用的文化作品今天也成为新的城市居民所向往和渴望的，就连法兰克福学派的各种思想也要经过新闻报刊和出版业的环节才能抵达其读者、听众和信徒。

第二，文化产业的运作和盈利空间在单个产品的成本与消费者的支付能力之间。一件艺术品原作的价格往往是高昂的，那些稀世之作更是无价之宝。这样的杰作只可能是一些皇室和贵族的收藏或城市与教堂的公共陈列。但一件绘画作品或一部小说的印刷复制品的价格就几乎是所有人都可能承受的。音乐和戏剧的演出是时间性的，它们的全部音响在演出完毕就消失在空气当中，因此现场观赏是有限人群的荣幸，因此它的票价也将不菲。而各种音像制品就不同了，它们不仅保存了现场的音响使之随时复现，而且成本低廉。问题仅仅是，我们如何才能合法地拿到原作的复制权，如何拿到一项可以大幅度降低复制成本的高新技术。

第三，文化产业发展的空间来自各种中间形态的产品及其持续的更新换代。我们是发展中国家，我们的社会正在转型，我们居民的观念正在变化，消费趣味正在得到培养。这时居民对文化的需求，不仅有一个一般会很大的需求量，而且有一个不断升级和增长的需求。

面对同一个世界、同一个现象、同一件艺术作品，不同的个人所看到、听到、感受到和理解的并不相同，人们对于艺术作品有着不同的趣味和观赏要求，而且这种趣味和要求是不断变化的，随着观赏者年龄、阅历、教养和欣赏经验的增加而不断提高。所以他们对于艺术制品、复制品的复制水平和逼真度、现场感等会有不断提高的要求。文化产业能抓住消费者这一特点，提供不同水准和不同价位的同类产品，提供不断升级的同系列产品，对别人来说就可以获得相当的产品市场。在这个问题上，游戏软件的开发、上市、销售可以说具有象征意味。在知识经济时代，信息网络技术的发展可以说已经把商品的可升级性变成了一个普遍的原则。这就是所谓的创新。可升级的、不断创新的产品才可能拥有持久的市场。

文化产品可升级性的要求也带来一个相反的效应，即那些抱残守缺、不能升级的产品将被市场所淘汰，而且淘汰的速度会很快。比如我们看到动画片《木兰》及其后电影制品的开发在世界范围里为迪斯尼带来丰厚的利润，但这个古老的中国故事及其各种地方戏剧目在其发源地却不再被很多人所眷顾。这个事例尤其可以说明文化本身是个不断变化、不断进步的现象，变化和发展才是一个文化的生命力所在。我们中国人有丰富的文化遗产，但这种遗产如果不能随着时代的进步得到重新的解说，不能具有新的时代特色，不能经过创新和制作而变成新的文化制品，对别人来说就什么也不是，什么经济效益也产生不了。

在经济全球化和世界一体化的今天，不同文化的冲撞、交流、融合给东西文化双方和世界各种文化都带来新的文化感受和趣味变化、挑战和机遇，对于各种中间文化产品及其不断升级的要求会更强烈。问题是我们的文化企业能否抓住这里的商机。在加入 WTO 以后，在具有成熟商业操作经验的西方商家面前，中国传统文化大约是不会消失的，重要的是这种资源将为谁带来更多的利润，将使谁变得更富裕，因而显得更“文明”。

第四，中国文化产业的市场空间来自思想解放和政府文化政策的调整。在今天的世界上，不同的政府代表不同的社会制度，奉行不同的意识形态。在不同的社会制度与意识形态之间有着许多差异和冲突。这些都是不言而喻的。问题的关键在于，一个政府如何推行自己的意识形态。如果一个政府用行政手段极为严格地垄断推行其意识形态，并将与其对立的意识形态、更为普遍的伦理准则、各种文化差异都彻底封杀，那么显然也就将自己的文化市场封闭了大半；而在一个将有外商及进口产品竞争的国内市场，其本国文化厂商只能眼睁睁地看着外来的商家占领市场。作为信息时代的消费者，恐怕也没有多少人会容忍这种垄断和狭隘。我国电影业界近年来的抱怨显然属于这类情况；而盗版光盘之所以有不小的市场也与这种状况有关。人们始终不能理解，一种先进的意识形态何以会不能与普遍伦理或共同人性相兼容，何以没有与其他文明进行平等对话的能力和自信。

应该看到，人类之间的相互理解，相互同情，对共同人性的体验，对共同未来的关怀，对真善美的追求始终是各文化中精神产品的主流，也只有这样的作品才可能成为千古流传的经典。人类的绝大部分对这类主题的热衷就是他们对自己生存的稳定、安全和幸福的关心。很难设想一部对人类充满敌意和刻毒的作品能够赢得大批的消费者。如果我们对人类有这样的信念，那么，文化市场的控制在大多数时间、场合就会变得不必要，文化市场的开放才会成为现实。

迪斯尼动画片及其他一些美国影片风靡全球的事例是很有启示作用的。

迪斯尼是个商人，他从市场出发进行产品策划。他从一开始就认定，自己的影片不仅是给儿童看的，而且是给儿童和他们的家长一起看的。真不知道这个世界上除了儿童和他们的家长，还有多少人会被排除在外。

但什么题材会让大人和孩子一起着迷呢？迪斯尼的回答是：我要表现的是人类那些最天真的东西。显然，童心是人到死都可能保存着的；在复杂的社会生活中变得同样复杂的人也需要时常地返回到纯真的心境和人际关系中去，使其疲劳与紧张得到缓解。这种算计不仅合逻辑，也绝对符合人性。再加上其艺术上的精益求精，迪斯尼的商业成功才是合情合理的。

其实作为大众艺术一部分的美国电影，许多作品的思想内容都非常简单，无非是人类永恒的爱情和对生命的热爱，但这一主题似乎是可以无穷无尽地演绎下去。可以让我们反思的是，美国、前苏联的不少战争片，例如《拯救大兵瑞恩》《这里的黎明静悄悄》等，都有一个侧面要描写特定历史中人类个体或民族之间的厮杀与存在于影片主要角色心中的永恒人性的冲突；揭示这种冲突正是人们超越特定历史局限的过程与具体方式。而我们近年来的一些“重大战争题材”影片中，似乎看不到这个侧面，我们的视野完全被短暂的历史瞬间挡住了，至今无法超越。这与我们在“文革”中甚至“文革”前后的很长时期里否定普遍人性的意识形态有着直接的关系。如果我们今天在制定应对“入世”的文化政策时，能更进一步地解放思想，以更开放的心态面向世界，那么文化产业的发展就会获得更加广阔的空间。

人们常常说今天的消费欲望、时尚有不少是广告制造出来的。其实这种说法用于文化消费恐怕更为真实。当人们解决了温饱问题之后，有了一些富余的时候，怎样进一步提高生活的质量，怎样更清晰地体会生活的意义与乐趣，就需要有更多的尝试和参与。广大居民在思想、文化、艺术上的参与越多，社会的文明程度就越高。现在要做的不应是限制、禁止人们思考、讲话、获得信息，而是鼓励和吸引更多的人思考、讲话、获得信息，在活跃的社会气氛中，文化产业才有更多施展的机遇。

在结束讨论之前，应做两点声明。首先我不是说文化市场可以放手不管，而是说应该以法治的方式去管。第二，文化进入市场也不是没有弊病。例如，文艺复兴时期的绘画，像达·芬奇、拉斐尔，一层一层的油彩慢慢地抹，画得很透明。19 世纪、20 世纪的绘画就不是这个样子，像印象派、表现主义等等，多是一道颜色上去，泼完了就完成了。这里就有市场的原因。与古典主义绘画相比最大的一个不同就是作品中艺术家的生命含量、时间含量要少得多了。这不是一个画好不好看的问题，而是说在前工业社会和前市场社会，绘画这一活动的社会运作机制与今天不一样，艺术家的生计受教会或贵族的支配。所以即使是在我们的时代画很传统的画，画的技巧也不一样，画家的生计受市场支配。市场似乎使所有的东西，尤其文化产品变得很毛糙很随意，轻飘飘的。市场未必是艺术发展的理想场所。但反过来说，这就是历史，市场造就了艺术各种新的发展，也对艺术的发展、文化的发展造成了一些新的契机。无历史条件的艺术是不可想象的。事实上，就连法兰克福学派那些批评市场和资本主义的书也需要在市场中出售才可以传播。这就是说，在文化市场化的同时，市场也可能文化化。我们既不要希望文化、艺术全部都在市场中找到最好的发展机遇，想象没有政府或企业、各种基金会的资助艺术就可以充分发展，也不要因此对艺术和文化在市场中实现其价值，起码部分实现其价值的前景做过于悲观的预计。我现在关心的仅仅是我们还极其弱小的文化产业怎样在加入全球共同市场之后能迅速崛起，创造出更多的就业机会，拿到应得的利润份额，为中国在知识经济时代的社会发展做出应有的努力。

本文发表于刘玉珠、金一伟主编《WTO 与中国文化产业》，文化艺术出版社 2001 年版，第 86－92 页。

划分文化企事业单位的标准及其意义

一、文化体制改革势必造就大批文化企业

按照党的十六大精神所进行的文化体制改革，应该看作是我们文化领域内一场深刻的革命。这场革命要求我们，要从计划经济体制下形成的传统文化发展观中解放出来，树立与社会主义市场经济体制相适应的新的文化发展观。也只有这样，我们国内的经济发展才会是更加协调、更可持续的，同时也更加适应国际上经济全球化和知识经济以及多元政治文化发展格局的形势要求。因此，正确理解和把握文化体制改革的市场取向或导向，对我们树立新的文化发展观具有重大意义。

文化体制改革的试点工作已经进行了一段时间，并且也在一定范围内进行了经验总结。在这种形势下，我们更应该进行一些理论探讨，使这种改革的方向更明确，措施更可推广。应该承认，市场经济不仅是我们现代化建设实践经过长期探索才找到的有效发展途径，也是在全球化趋势中进行全面国际竞争的必然要求。在历史的现阶段，市场制度具有明显的比较优势，明显有利于资源的合理配置和生产积极性的调动。这是我们党在十一届三中全会以来，尤其是十四大到十六大期间所逐渐确认了的，也是人民群众通过收入的增加和生活质量的提高所实际感受到的。因而它毫无疑问应该成为文化体制改革的基本方向，但现在在这个问题上，许多同志并不愿意承认这一点。

然而更多人甚至期望，文化体制改革不仅笼统说是市场取向的，而且首先应该是市场导向的。这里“市场导向”的意思是，首先大幅度开放市场，在市场迅速扩大、商业机会不断出现的同时，进行原有文化事业单位的体制和机制改革。否则在旧体制中和旧观念束缚下，部门间保护既得利益，争夺

新的“势力范围”的钩心斗角会层出不穷，真正的改革举措难以出台和实现。之所以可以这样要求也是因为人们已经看到了农村改革和城市国企改革的历史进程及其中的种种利弊，人们希望趋利避害。在20世纪80年代改革启动之初，党的最高领导集体甚至改革开放的总设计师也不敢贸然说出市场经济的目标，因而只能“摸着石头过河”；到了90年代初，改革开放已经取得了明显的成就，已经得到了广大群众的拥护，党的最高领导仍然主张“不争论，大胆试”。这样的政治策略有效地推动了改革举措的实施，但同时也留下了不少的隐患和弊病。比如市场不规范、国有资产流失和官员腐败的问题就是例证。实践要求理论的指导，同时社会现实又不能承受较为超前的理论、观念，这就是中国社会发展、改革的两难处境。这就好比盖房子之前不能有完善的设计，而只能由设计师在施工过程中不断诱导。而由于设计师的意图不宜过早暴露，因而建筑的地基无法满足未来建筑层高的需要，留下诸多遗憾和安全隐患。现代甚至后现代社会必然是复杂的，必然要求充分的先期策划。中国人的思维方式尤其是社会实践方式如果不能发生根本的变化，其发展道路必然是充满艰辛和代价高昂的。而中国人要转变思维方式，首先就必须承认理论思考的超前性，必须真正从制度上肯定思想解放和理论创新。

一般说来，在市场经济格局下，我们原有的所有文化事业单位无非面对三种前景或角色定位：政府机构、非政府非营利组织和文化企业即营利组织。如果说前一段的改革已大致上区分了政府机构和其他事业单位的话，那么现在的主要任务就是把应该成为企业的单位从事业部门中划分出来。这里，企业是市场主体，因为只有它可能提供基本税收，支持政府机构及绝大部分非营利组织的公共财政开销。因而让所有可企业化的文化单位都企业化是改革的基本目标。换句话说，让文化企业的比重最大，保留事业性质的单位比重最小应成为其基本目标。剩余的事业单位大约相当于国外的（国有）非营利组织，主要提供公共文化产品。这样大批原来依赖财政供养的部门和单位会在市场竞争中脱颖而出，转而成为国家财政、税收的提供者，并因而使余下那些真正有必要予以财政支持的部门或个人获得最大力度的支持。这时，国家与企业、公民与机构各司其职、各得其所，公共利益和私人收益同时增加，将是一种共赢和可持续发展的局面；而且由于政企事性质分明，运作更规范，社会公正也在增加，效率提高的同时会促进社会的稳定。

二、能够提供文化商品的就是企业

现在，除去了政府部门，原有的文化生产单位尤其是原有的文化事业单位就面临一种选择：事业，还是企业，该何去何从？进而，这种选择是任意的吗，是一个单位的领导或它的上级部门说它是企业就是企业，想让它成为事业就是事业吗？换句话说，一个文化部门究竟应作为事业单位保留还是成为企业有没有一些客观标准呢？

过去十余年国企改革的经验表明：在市场边界规定不清晰，各单位领导人与原行政管理部门有严格的隶属关系的情况下，旧体制里的部门绝大多数不会自觉地选择新的运行机制。路径依赖是一种顽症。现在一些已经进行过部分企业化试点的文化单位还是习惯于“要政策”而不是闯市场，甚至申请回到旧的事业体制就是证明。而另外一些部门既想保留事业单位的好处，又拼命在市场上捞实惠，这种自私自利极大损害了社会公正。所以我们首先有必要讨论一下，究竟什么是我们划分未来企事业单位的基本依据。

笼统地说，营利和大部分非营利的文化组织都是文化生产单位，都可能提供文化产品。但这里还需要有一种区分。市场经济又被叫做商品经济，只有文化产品可以成为私人消费的商品才适宜进行市场交换，提供文化商品而不仅仅是一般文化产品的部门才是文化企业。文化产品成为商品有一些必要条件，如必须有足够的有效私人消费需求，而产品效用要具有足够的可分割性以保证消费是排他和竞争性的。简单地说，文化商品应该是私人品（private goods）而不是公共品（public goods）。私人品才可能在市场上取得回报和利润，才满足企业赢利的本性。如果付不付钱、付多付少都可以得到同样的消费品，那么多数人会选择少付钱或不付钱。在这个意义上说，公共品具有非市场的性质、抑制市场的功能。在一个现代国家中，公共品的提供是一个需要认真考虑、也有了不少有益经验的政策选择问题。总体上说，公共品的种类会越来越少，一些曾作为公共品提供的福利项目也可能转作为私人品供应。

以商品的眼光去打量就会发现，目前的各类文化产品分为两类：一类是原创（原作）；另一类是复制（复制品）。复制品基本上是商品，而原创则难以成为商品，或说很难成交；甚至可以说未能进入复制环节的原创就还不是商品，不能成为普通商品，尤其不会成为畅销商品。原创作品为社会尤其是公众认可、接受是一个复杂而漫长的过程。艺术拒绝模仿要求创新，创新就是超前，超前就有风险。因而原创作品被市场接纳是有概率和时滞的。相对地说，复制产品不同，它是由有市场眼光的商人进行过筛选、主要应用复制技术批量制作出来的文化产品。因而我们可以有一个简单的划分标准：凡是提供复制品的单位就应该是企业，而原创部门（包括个人）在很大程度上需要财政支持。当然会有复杂的情况，一些复制品未必好卖，一些原创未必一定需要支持。我们应该看到的是，正是大批文化复制品的开发与传播使文化市场化趋势日渐明显，也向进一步的理论探索提出了问题。

三、复制是使一般文化产品转变为商品的必要技术环节

复制是什么意思？复制（copy）就是对内容的再编码。人们说艺术拒绝模仿，而复制是不同于模仿的。其一，复制是一种重现技术，尤其是一项便于批量复制的高新技术。它能使某种信息例如一件视听艺术作品高保真地成为一个载体的内容，并以极低的成本将其制作成可分割消费的商品。其二，从艺术原创到复制品的生产，中间经过了知识产权交换的环节；复制是得到授权的。由于这两个特点，建立在复制技术基础上的商业组织才能以极低的单价投放复制品，覆盖市场，也因此锻造了一个巨大的新兴产业——文化产业。严格地说，文化产业本身并不制作内容，而是购买或出资开发内容，复制技术的商业应用实质上主要是完成广义信息的传播，所以所有的文化产业

部门从本质上说都是媒体。

复制技术有多种，印刷、广播和网络是其基本形式（其他还有录音、复印、电报电话等手段），因而新闻出版、广播影视被当作文化产业的核心部门。此外，各种较为传统的展演型、服务型复制手段在高新技术的推动下也被充分调动起来，因此教育、旅游、会展等产业也成了文化产业的组成部门。

复制技术的产生和发展首先未必是简单的商业动机驱动的，其执行公共文化功能的作用是非常明显的。但是随着社会的发展，复制产品商业化的趋势变得十分强劲。虽然市场有利润产生，但毕竟市场是一种具有比较优势的效率制度。市场最大化在很大程度上说就是效率最大化。同时商业媒体也总是会谋求建立各种取费模式，争相为最终消费者提供服务。例如无线传输的公共电视节目原本不具有排他性、竞争性消费的可能，但自从发现了广告的需求，其商业化的模式就清晰地建立起来了，它刻意吸引受众参与、直接为消费者个人服务的动机变得日益强烈。媒体的范畴还在不断扩大，今天连许多传统商品只要具有装饰、包装、交往的功能和需要，相关部位立即就可以被理解为媒体。这时不仅时装是文化传播，公交车的外车身及其车票的背面都可以成为媒体。

这就是说，所有的文化生产部门，只要能看到明显的消费需求，能利用适当的复制技术，生产或提供便于交换、可排他性、竞争性消费的商品或服务，能进行市场化营销的，都能够顺利地成为企业，由国家财政支持的事业单位变为可以通过企业运作创造利润、为国家创造税收、为公民提供就业机会的营利组织。我们的国有核心媒体义不容辞、责无旁贷！

需要说明的是，尽管广电新闻报刊等媒体已经有了恰当的商业模式，但当今世界各国也并没有让全部新闻媒体商业化，在商业媒体的旁边还有公共媒体存在，如最著名的英国 BBC。这就是说，公众和政府对于具有牟利动机的商业组织还是有某些顾忌，怕它们为了一次重大的获利机遇，部分歪曲或片面报道事实，误导公众。毕竟从理论上说，“市场失效”是难以排除的。在今天各发达国家，一般来说都会有绝大部分的商业媒体和少部分的公共媒体，二者相对分工，相互制约，相得益彰，公众也因此利益最大化。而对于中国的情况来说，什么时候出现了真正的商业电视台、广播电台，出现了民办的出版社和报刊，文化体制改革的目标才算达到了。和开办一家餐馆、一家家具厂一样，开办一家报纸或电视台也是每个公民应有的权利。现在的问题不是权利问题，权利早就写在宪法里了，需要谨慎处理的仅仅是这些权利如何可以逐步落实，使社会的改革与发展、稳定相统一。

四、文化原创是资源，原创部门需要国家的保护和扶持

相形之下，原创（及其原创作品保存部门）的情况与复制不同。所谓原创，就是通常所说的创作或创造；相对复制它们被称作原创。虽然一些美术、文学作品创作目前在市场上获利不菲，但绝大多数的原创作品还难以直接在市场上获得充分的回报。同时广义的原创还包括哲学、历史、科学、语言等方面，这些人文成果对日常生活提供重要基础，但并不容易直接从市场取得回报。如果这种生产还是社会的必需，它就应该作为公共品进行生产和提供。

所谓公共品一般认为有两类。一类是无法进行排他性和竞争性消费的产品，经济学家通常会以国防为例。另一类是出于社会公正和市场失灵的考虑向全民或部分人群提供的产品，通常以公共图书馆的服务和社会救济品为例。当然也有出于产业的自然垄断性质或外部性的考虑，人为确定的公共品，例如我们通常说的城市供水、供气等公用事业部门。在文化生产部门，我们也要考虑是否有类似的公共部门。

文化原创严格地说并非作者方面可以完成，社会接受才使创作过程最终完成并进入永无止境的对话、解释过程。而社会接受是一个创造性筛选的过程，尽管只有很少的一部分会被绝大多数人接受，但绝大多数人也无法事先确定它会从哪些人那里产生。因而每个社会为了自身的文化发展，为了在国际交往中具有较多的发言权，总会对原创部门进行公共投入。在一定意义上说，文化原创仅仅是文化产业发展的资源。对文化原创的投入如同资源普查，

我们到处找矿，并不能保证勘探一处就发现一处金矿，有很多时候勘探队是空手而归的。但没有普遍的资源勘察就没有产业的发展。这就是说，原创作品进入市场是有概率的，但对不能进入市场的作品的作者及其创作也不能不进行保护和扶持，而且资助的范围还不宜过小，取舍标准不宜过于急功近利。相对来说，急功近利正是市场行为的特点与弊病所在。从另一方面看，在看不清市场前景的情况下要求企业投资也是不合情理的。但一个民族一个社会没有强劲的文化原创能力，其文化（表现形式）的存在就会受到威胁。不仅其文化遗产会流失，而且其文化的现实态也会消失。这种社会需求、企业或个人又不适宜投入的产品显然属于公共品。

另一方面，文化发展就是人的发展，就是人的素质的不断提高。由于人的发展是一个过程，对作品的选择和判断、欣赏与理解就会是一个过程，有时这个过程还很长。这就是文化产品得到社会接受、认同的时滞性，即时间滞后期特征。历史表明，越是好的作品、创造性极强的作品，社会接受的时滞反而容易更长。例如人们现在公认马克思对20世纪人类生活影响巨大，但他生前却受到了极大的排斥甚至迫害。从上述两个方面看，文化原创都具有公共产品的特征，因此国家有充分理由对其进行有效和充分的扶持。

例如，一个国家有没有独具特色的哲学人文价值观念，在很大程度上关系到它在世界上的形象和地位，关系到它的公民的文化认同及归属感，也在深层次上关系到其国民的生活质量和对生活意义的体验，关系到其经济社会发展的健康与可持续性。但原创尤其是严肃学术原创的有效现实需求不会很大。且不说数理化等自然科学学科，就是哲学等社会科学学术研究的成果在今天任何国家里也不会有普遍的消费需求。这样的文化产品严格地说只有国家而不是许多个人具有直接消费需求。同时，许多有市场需求的产品正是这些基础产品的延伸或衍生产品。因此作为公共需求，这样的文化原创需要政府支持。

又如，文化产品具有精神属性。从文化价值创造的角度来看，它应该具有唯一性，即不可重复的属性。今天人们不认可艺术和思想的重复、模仿。这种原创意义的唯一性在现代社会里被落实到原作意义的唯一性上。这就蕴含了一种矛盾，本来具有普遍性的价值，现在却无法送到每一个人的面前。一件原作本身难以分割，因而也就难以成为满足众人排他性、竞争性需求的商品。这就是说，从文化价值生产的目的来看，它也对被当作公共产品生产提出制度化要求。

再如，思想性的产品缺乏自我保护的手段。一个观念、一个主意、一个策划不说出来就毫无意义，而一旦说出来又一览无余，无险可守、无密可保，尤其无法再进行排他性消费。人类语言交往的经济性特征正好使文化产品的知识产权保护成为问题，越是以内涵丰富而非外在形式细节的丰富取胜的原创，就越难保护自己的知识产权。相对而言，一些用特殊艺术语言表达的艺术作品如绘画和音乐等，唯因其语言的特殊、外在细节的丰富且难以模仿，反而易于被垄断，被排他性、竞争性消费，但新兴的复制技术及相关媒体正在不断突破这种限制。因而在知识产权制度没有完善地建立起来并得到有效执行的情况下，文化原创在很大程度上只能作为公共产品存在。

这样就清楚了，一般说原创意义上的文化生产提供的是公共产品，因而其生产单位往往是非营利性质的，或者说需要作为事业性单位保留和予以扶持；而复制意义上的文化生产即典型的、标准化的文化商品生产提供的是私人产品（或服务），因而其生产单位应该是企业。说到底，可商品化与否就是其间的判别标准。我认为这是在未来进行的文化体制改革中，区分企事业单位的第一个分类标志。

五、文化市场化是一个历史的趋势

尽管我明确地主张文化产品的市场化，但上文也明确地说明我们并不主张“一刀切”。同时，文化市场化势必是一个历史过程，应该审时度势，适时推进。因此在结束讨论之前，还有两个问题应稍加讨论。

第一，在公共产品和私人产品之间，进而在非营利组织（事业单位）和营利组织（企业）之间，有一个历史转换的问题存在，即在知识产权制度和各种商业传播技巧的中介作用下，越来越多的公共文化产品可能成为私人产品，越来越多难以盈利的非商业性文化组织有可能成为盈利的、商业性的。我们尤其看到，随着复制技术的迅猛发展，传播媒体的兴起也迅速遇到了内容瓶颈的问题。因而，各类文化产业组织会有大量吸纳原创性文化资源的强烈动机。换句话说，文化市场化、文化产品商品化会是一个渐进的历史过程。

这里的关键是形成各种合理合法的市场链。如古典音乐的表演团体（包括京剧），虽然他们也像是某种“复制”行业，但一来他们的复制手段是手工艺式的（表演），过于古老，依赖长期的训练，缺少效率；二来他们的“复制”其实是一种解释、再创造（reproduction），是一个原创环节，加之古典艺术的观赏群体在缩小，因而他们自身在市场中盈利的机会微乎其微。但如果他们能借助知识产权手段，使自己的演出与各种“后演出”产品的开发（类似所谓“后电影产品”开发）挂钩起来，和一些传统制造业、新兴广告业的产品开发与经营挂钩起来，其市场状况就会有较大改观。又如传统的文物保护业，如果能与文博会展业、旅游业的经营良性链接，其市场前景也将会光明得多。事实上，像电影这样一种大众艺术形式，在电视的冲击下，也更多地具有一种“仪式”或“节日”的社会活动特征。但同时它又是整个“后电影产业”蓬勃发展的源头活水。因此对于这个产业也有必要加以政策扶持，而最有力的扶持首先就是建立起强有力的知识产权保护体系。文化市场化的进程只能与市场自身规范化的进程相同步。

当然，各类原创性文化生产单位的市场化进程最终只能是与文化消费需求的增加和偏好的高端化相联系的。只有随着社会的发展，人们的收入与闲暇时间同时增加，参与社会事务的热情和程度不断高涨，更多文化原创活动才会直接进入市场的领域。这想必是一个不会太短的历史过程。现在一些理论工作者对文化市场上大众产品的文化品位十分不屑，这固然不错；但同时也应承认，大众欣赏水平的低下不是他们的责任，而是我们公民的文化权利长期得不到有效落实的必然结果。在文化消费基本满足之后，大众的趣味也会逐步提高。这和人们在吃饱肚子之后才会追求美食是一个道理。

第二，在特定的历史条件下，一些本来可能以私人产品方式提供的文化产品也需要以公共产品或准公共产品的形式提供给社会，因而使一些本可能企业化的部门继续整体或部分地保留“事业”身份，作为准公共部门或非营利组织存在。这种情况在文化领域最典型的例子是教育。出于社会公正和整个民族文化素质提高的考虑，国家要对基础教育及部分高等教育产品的提供方式和价格进行限定；与此同时对这些教育部门予以资助，并鼓励其他社会部门对其予以资金上的扶持。同类的例子还有某些与国家利益、国家安全相关的公共媒体等。其道理显而易见。

然而从国际趋势看，这里对国家也有一些限制。国家（政府）与市场是一对矛盾，也是一种特殊的博弈，相互都有一些妥协与退让。国家对一些公共领域进行管制的同时，也要考虑公民的基本权利，包括商业权益，例如不能将所有的电视台和频道都掌控在国家手里，从根本上排斥或独霸市场。此外类似公共事业也不能完全由政府包揽资助，一些管理职能也可交由非政府组织履行，如行业协会或民间基金会等。“国退民进”是一个基本趋势。再有由于公共部门的资金是由税收转移支付提供的，不能用于营利，运作中容易出现缺乏效率的弊病甚至其他寻租等腐败现象，因而需要强调透明和社会监督机制。换句话说，想靠公共部门、公共产品挣钱本来就是不合法的。这是我们在进行文化体制改革和企事业单位划分工作之前就必须说明的。当然，“国退民进”不等于说国家的作用不必要了。这里说的“退”与马克思说的国家的“消亡”不是一个意思。这里的“退”仅仅是说国家更多地是要“管”，而不是亲自去“办”。这时国家或政府的“退”与其进步是一个意思，与制度文明是一个意思。

当我们考虑到文化体制改革和文化产业发展的历史特性时，就不仅会进一步看清文化体制改革和发展文化产业的重大意义，而且也会看到它的复杂性和艰巨性，会要求它的推进稳重些，再稳重些。

本文发表于叶取源、王永章、陈昕主编《中国文化产业评论》第三卷，上海人民出版社2005年版。

扩大市场准入，学会依法监管，稳步有序开放

——文化大发展大繁荣所需要的政策、机制与工作措施

党的十七大向全党提出了文化大发展大繁荣的战略任务①，要求掀起社会主义文化建设的新高潮。之所以提出这一战略任务，对内是要深入贯彻科学发展观，明确进一步改革开放的目标，要让经过30年艰苦努力已经初步形成的社会主义市场经济的基本社会制度逐步向上延伸，使我国尽快建设成为一个富裕、民主、文明、和谐的现代化强国；对外则是要促进世界和平，不断提高全球文化多样性的丰饶度，努力保持经济的可持续发展及与环境的友好关系，使我国能够作为一个负责任的大国参与到更加公平的国际新秩序的规则制定过程中去，与各国人民一道去揭示人类社会在新世纪发展中的新视野新方向。这是在全球化条件下迅速实现我国现代化乃至后现代转型的重要战略思维，也是对全世界空前渴望听到中国的文化表达的积极回应。

要切实落实十七大这一战略任务就不能仅仅满足于一般性的号召和等待，我们不仅要意识到自己和世界文化大国在对人类思想和艺术的贡献上的巨大数量差距，因而必须设定社会主义文化建设新高潮实现的清晰目标，而且必须明确意识到，要让文化实现大发展大繁荣不仅是所有文学家、艺术家、科学家、哲学家、社会科学工作者等个人勤奋工作的事。历史已经说明，只有在文化创作与表达的制度环境经过充分的设计与改革之后，这一战略目标才有可能真正并持久地实现。毋庸讳言，如果不能深刻记取计划经济时期乃至“文化大革命”期间在国家文化管理方面的沉痛教训，文化发展与繁荣就永

① 见胡锦涛同志在中国共产党第十七次全国代表大会上所做的报告《高举中国特色社会主义伟大旗帜，为夺取全面建设小康社会新胜利而奋斗》，载2007年10月15日《人民日报》，主要参见其中的“七、推动社会主义文化大发展大繁荣”。

远是一句空话，世界也永远听不到中国人的道义表达。与此同时，我们还必须充分意识到文化体制改革和政府职能转变的艰巨性、复杂性，意识到文化发展与社会稳定之间的特殊关联，只有敏锐地抓住各种转瞬即逝的历史机遇，采取极为审慎的改革措施，经过艰苦及相对较长时间的努力，文化繁荣的局面才可能慢慢呈现。然而，经过30年的改革开放，经过若干轮的文化体制改革探索，能使我国文化建设形成新高潮的基本要点已经相当明晰。这些基本要点包括一个基本的文化政策取向、一个重要的工作机制创新设想和一条基本实施原则。

一、开放媒体市场，依法监管内容

经过30年的解放思想和改革开放，人民群众的文化创造力和表达愿望空前强烈；世界也从没有像今天这样如此强烈地期盼听到中国人的声音。但是，我们当前的文化管理体制极为严重地束缚着文化生产力的发展。文化的功能在于表达，没有表达就无所谓文化；而表达依赖媒体，没有举办媒体的权利就落实不了表达权，思想、文化就无法充分发展、繁荣。我国现有的文化表达机构绝大部分还直接由国家严格掌控，《宪法》早就赋予每个公民的各项文化表达权利还迟迟未能落实，文化的繁荣很难实现。

为了改善这种体制造成的文化表达稀缺状况，政府曾直接投入进行文化生产。但无论是计划经济时期，还是进行各种文化体制改革试点以后，这一类的努力基本是低效甚至无效的。一个信手拈来的例子是，近两年各级政府在中央的要求下投入数以亿计的资金，兴办数以千计的动漫研发机构[①]，但真正产生影响的产品寥若晨星。人们真有权利追问：这些钱都花到哪里去了？说到底，这仍然是计划经济的老模式。而我们所搞过的计划经济，既不尊重需求，也不考虑效率。这样的模式必须彻底放弃。更有甚者，在我们的经济

① 据说全国已有5400家之多。

部门已经较为充分地市场化了的条件下，在商业机构人员收入较快增加的情况下，这种旧机制还极易成为腐败的温床，给我们的政府带来巨大的道德风险。要解决这样的问题，还是要通过市场化取向的改革。因此，大范围地开放文化市场准入应该成为我国在新世纪掀起文化建设高潮的一项基本政策取向。

屈指算来，国有文化事业单位已进行过多轮市场化取向的改革。应该说，它的方向是正确的，也取得了某些积极的成果。[①] 但由于缺少对文化机构市场化改革的基本分类原则或说适用了不恰当的分类原则（如“经营性文化产业和公益性文化事业”的说法），被推向市场的多是公共服务机构（文化演出团体和公共图书馆、基层文化馆），而保留事业体制、由国家实行行政垄断的行业恰好是本该企业化的商业组织（广播电视、新闻出版）。希望通过这样的改革带来我国文化产业的迅速发展和文化建设的新高潮无异于缘木求鱼：虚假的集团化并没有给那些所谓文化企业带来明显的经济效益；假的企业化也不能使那些垄断组织真的产生市场竞争力。经济体制改革的经验告诉我们，不开放市场，没有真正的竞争，仅仅在国有企业内部进行管理体制改革是没有意义的！文化体制改革首先就应该吸取经济体制改革的经验教训，不要再踌躇蹉跎绕弯路了！30 年的改革开放，使我们切身感受到市场经济的巨大活力。市场制度不仅在资源配置上具有效率优势，而且也是供需之间最为直接的桥梁。让我们承认就这一点而言，文化并不例外。人民群众的文化需求将越来越多地通过市场得到满足。市场是市民社会及其交往的基础平台。

在我们看来，文化体制市场化取向的真正改革只能是从媒体市场的开放起步。尽管已经遇到互联网强力挑战，广电和新闻出版目前仍是“当红”的传播媒体。这些依托在强大的复制技术之上的文化机构最适宜提供各种高质和廉价的文化商品，对于文化表达的繁荣可以提供便利的服务，而广告业的兴起，也使原本只能当作公共产品提供的广电内容播出找到了市场化经营的

---

① 参见张晓明、胡惠林、章建刚主编《文化蓝皮书：中国文化产业发展报告》（2001—2008 年），社会科学文献出版社出版，主要参见各年度的“总报告”。

有效途径。

我们不能假定，文化企业一旦有了谋利动机就必然只会提供低俗产品，只会败坏社会风气。实际上，商业机构是需求导向的。只有在一个本来已经丧失了思想、艺术和理想的社会里，文化商品才只有低俗。之所以如此是因为市场机制也蕴涵着自由、平等等普遍伦理原则。反之行政垄断缺少伦理学支持，至多具有在特定历史条件下的合法性。还是以我国动漫市场为例，尽管有一些动漫企业努力开发出多样化的艺术作品，但由于播出机构依仗行政垄断傲慢地拒绝支付合理的稿酬，因此这些产品几乎无法面对市场的选择。让我们假想这个市场上有三五家民营频道与各级国有电视台进行收视率竞争，这样的局面可能出现吗？事实上在我们的经济部门没有向民营经济开放，即没有形成真正的市场时，国有企业也只是不断向政府要特权要“政策”，在同行间进行钩心斗角；而只有当市场的大门打开后，他们才可能认真地履行起企业的经济职能。

美国文化产业发展的经验也告诉我们，市场竞争是国际文化贸易取胜的基本功。20 世纪上半叶，美国电影市场上是法国片的天下，但经过几十年市场“打拼”而不是靠大量的政府补贴和管制，主动迎合文化多样性的需求，甚至也战胜了电视娱乐方式的挑战，在今天的美国电影市场甚至全球的电影市场，美国影片都拿到了极高的份额。①

诚然，市场不是万能的，有其失灵无效的地方，因此社会需要公共服务。文化领域也是这样。不仅一些具有自然垄断属性的公共文化基础设施需要公共提供，而且由于资本或企业具有保守的性质，对文化创新、对遗产保护往往缺少兴趣和敏感，因此政府有必要向文化原创进行公共投入。而这样做正是为市场培育高品位的文化资源。不仅公共财政最终是来源于市场的，而且这样的公共分配资金最终还是会进入市场，会使市场规模加大。所以不仅公共决策以及预算的形成和执行必须是程序民主的和过程可监督的，而且尤其

---

① 参见［英］泰勒·考恩《创造性破坏——全球化与文化多样性》，王志毅译，上海人民出版社 2007 年版，尤其第四章“好莱坞何以统治世界”。

要处理好与市场经济的关系，绝不要让公共投入在市场上造成“挤出效应”。这就是公共文化服务体制改革、政府文化职能转换的最终目标。

由于市场失灵的存在，有时公共文化服务仍需由一些非营利的国有文化部门承担。但如果我们的市场发育得很成熟，事实上要保留事业体制的文化机构并不会很多。政府通过公共财政工具就可以公正和有效地履行这些公共职能。

这就是说，与文化建设高潮迅速兴起相关的最重要的政策措施应该是媒体市场开放，而随着媒体市场的开放重构一个和市场互动互补的、包括公共媒体在内的公共文化服务体系是其中最重要的配套措施。宏观地看，我国的社会主义市场经济体制正在不断扩大、不断完善。文化市场的准入、形成会壮大我们的市场规模，也将更有力地促进我国社会制度诸方面的现代化转型。

毋庸讳言，文化市场之所以迟迟不能正式开放，最主要原因是我们的宏观文化管理部门对商业化的传媒应该如何进行内容监管还不够熟悉。而对一个现代国家而言，法制本是唯一的选择。因此，与文化建设迅速形成高潮相关的第二项重要政策应该是积极推进文化立法，尤其是对文化内容进行有效监管的立法，并且这些法律法规的建立也一定是通过改革实现的。

即使是世界上最强调民主和自由价值的国家也会对其公共领域中的文化内容进行监控管理，危害国家安全的内容会被禁止，色情、暴力之类的内容会受到有效的控制。而且这些控制都是通过法律的方式实现的。事实上，美国社会公共场合暴露出的色情暴力内容比我们的要少，户外广告更是少得多！反之，由于有效的管理，各种“前卫”文化可以有序存在，传播的同时不造成社会动荡；而由于对电影等文化产品进行分级管理，整个社会的文化多样性更丰饶，特定信息传播范围更深远，更有利于文化的发展繁荣。这些都说明，法律手段对有害文化内容的管理是有效的，而直接行政干预反而是低效的。重要的不是文化产品有没有意识形态属性，而是使用什么样的管理方式对文化产品的内容进行管理。

二、展开文化批评，建立专家机制

文化体制改革是经济体制改革的继续，也是政治体制改革的前导与铺垫。转变政府文化职能和文化管理方式，政治体制改革的内容已经蕴含其间。但是，这种转变也必然是复杂而艰巨的。在文化体制改革政策的实施过程中，还要相应地建立各种配套性的工作机制，以适应新形势下引导我国文化健康发展方向的需要。我认为，一个专门的专家机制的建立和良好运作在这一改革过程中将会发挥积极的作用。

应该看到，近年来我国的舆论环境越来越好，人文社会科学研究的条件不断改善，公民的意见表达越来越充分。同时，近年来党和政府的各项工作也越来越多地引入了专家咨询程序，在文化宣传工作中注意更多发挥知识分子尤其是人文知识分子的专长。这对化解社会矛盾、构建和谐社会起到了十分重要的作用。事实表明，在价值观引导方面，最终是对话与说服发挥作用，仅仅有行政力量是不够的。我们相信这方面的探索和努力还会不断地继续下去。只有在这些对话和说服当中，适合中国社会当下情境的核心价值观才能在认同中浮现出来。

然而，经济建设和市场化改革的迅速推进还是会带来更多更复杂的问题，公民的权利意识也不断增强，而健康持续的经济发展、和谐公正的社会秩序都只能在人们不断的探索、实验和辩论中进行。突发性事件、新的问题会在瞬间产生，引起巨大的社会反响；多种声音会发生碰撞，引发社会纷争。这时，为了引导社会、培养公众形成理性的态度，一个专家机制将可以在发展的常态和突发的非常态事件中发挥重要的分析、解释、批评、引导功能。与一般人文知识分子通常发挥的舆论作用不同的是，这个机制是带有政府背景的；而与此前各种专家咨询机制不同的是，它将直接处于政府和公众之间，而不是在政府的背后。我们可以借鉴国际经验，建立一个专家机制来增加政府行政、决策的弹性，加大其回旋余地和可调节性。简单地说，这个专家机制应该具有下列5种功能：

1. 政策制定和咨询功能

各种关乎国家文化发展的重大政策调整一定要设计充分，具有明确的可操作性，因此应该由这个专家系统事先进行较为完备和充分前瞻的“兵棋推演”。

2. 重要文化内容创新功能

目前国家文化宏观管理部门无暇也不便进行具体的理论创新工作，主要担任公共文化监管工作。而事实上有一些重大理论突破必须从较高层面启动才是可行的，并且对社会稳定有利。例如我们国家的基本经济制度已经是社会主义市场经济，但我们比较权威的意识形态表述中，与市场经济相适应的伦理道德观念基本是一个空白。这里有一些关键问题需要由专家体系进行与决策紧密相关的研究和论证。又如我们希望中国文化能更多地“走出去”，那么我们仅仅强调“中国优秀的传统文化”是否充分？也许首先能够“走出去”的会是那些在文化表达形式上有鲜明的中国特色、而在文化价值内容上说有更高普遍性的文化产品与服务。由于新中国成立以来的种种历史原因，在这种文化普遍性（内容）与表达特殊性（形式）的关系上也有重大理论问题需要从较高层面予以澄清。

3. 社会文化批评功能

文化的发展只能在比较、竞争中实现；分析、评论或批评是不可或缺的。批评也是引导。而中国当代文化格局中像文艺批评一样的广义文化批评基本上没有形成。这是一个重大的缺失。具体地说，一些有重大社会影响的文艺作品或文化事件出现或发生，立即由政府宏观管理部门出面定调子、发禁令不是一个灵活、理性的方式。诸如“超级女声”等现象其实都可以由这个专家机制直接通过公共媒体与社会进行意见多元的互动，以影响、引导社会与舆论。我们的社会迫切需要敏锐、强劲的文化批评。

4. 对公共投入项目进行评估的功能

近年来，国家各级财政对文化基础设施的投入力度在加大，开工和竣工项目逐年增多。但有些项目的社会反响不佳，后期管理与经营更是困难重重。事实上，公共文化设施的规模、类型，乃至风格样式都应该有充分的论证，以体现其自身的公共性。

5. 突发（媒体）事件的应急功能

信息时代媒体的影响越来越大，特定的突发新闻事件甚至可能成为国家安全的隐患。专家机制应该根据国际国内形势的发展，对可能发生的重大媒体事件进行预测，并从容设计、制订应对方案，及时投入妥善应对。

尤其值得设想的是，这个专家机制应是一个公开的论坛。在观点和分析方面有意识保持一定程度的差异与张力。这样它不仅能表明理性分析的结果，更能演示理性分析的方式、技巧和过程。当社会对各种文化创新与差异有了足够成熟的态度后，这个机制将可以发生某些功能变化甚至部分取消。

专家机制的设想借鉴了国际文化政策经验。英国的文化政策实施有“一臂间距”的经验，国家通过文化理事会制定并评估各项文化政策，实施文化投入的分配。美国不仅是一个市场经济发育较充分的国家，也是一个拥有多元文化的国家。国家直接支持任何一种文化都容易涉嫌对其他文化的歧视。因此美国更多通过种种税收减免政策，支持企业等社会机构对文化进行赞助。这都说明，国家处于一个间接的、但又是最终决策的位置更有利。

从上述功能设计上看，这个专家机制具有更多体现政府意图的发言和表达功能；但在内部又具有从理论和公共利益出发，与权威的政府决策机制的事先协商功能。因此这样一个机制不是对西方发达国家文化管理制度的简单模仿，更是出于对转型中中国的特殊国情的考虑进行的制度设计。无论这个机制应如何生成，如何从后台逐渐走上前台，将来如何渐渐退出，仅从构建和谐社会与和谐世界、转变政府职能打造服务型政府、切实增强我国的文化软实力这几个角度说，由政府出面组建这个介乎政府和社会的专家机制并让它尽快投入试运行都是值得考虑的。

三、在稳定的前提下，抓住机遇有序开放

文化发展的过程就是思想解放的过程。毋庸置疑，任何新思想的提出对既定的社会形态都具有一定的震撼力。今天谈论文化建设的高潮或文化的大发展大繁荣都必然是要求文化表达和社会稳定同时实现，要求言论开放与文化管理体制改革同步完成。因此，无论开放文化市场准入也好，依法监管内容也好，都应是一个较为长远的目标，不会一蹴而就。但另一方面，现代化也是时代的要求，也需要只争朝夕。因此，抓住一切机遇，分时间、分场合、分（媒体）行业、分（内容）题材、分地区、分学科，一句话分别轻重缓急是有序开放言路的基本操作原则。

毋庸讳言，无论是出于什么历史条件的限制，目前我们对媒体实行严格管制的原因是希望避免不同意见和公开的批评。而对一个文明的现代化社会来说，这既是不必要的也是不可能的。任何社会都可能面对敌对势力的破坏（如信息战、宣传攻势等），但因此关闭内部的言路与信息通道无异于为渊驱鱼。更何况，互联网技术及其迅猛发展趋势也会令信息渠道封堵变得困难，成本无限增加。毋庸讳言，文化产品具有意识形态属性。但这在任何社会都是一样的，出于意识形态的原因管理文化表达与文化内容有不同的制度和方法。我们要通过制度设计向更文明的方向发展。应该说，近年来的实践已经显露出国家文化管理方式的变化迹象。国家已开始对意识形态属性强的和意识形态属性弱的文化行业进行区分和分类管理，文化产业已在一些对意识形态影响较弱的领域出现。按照同样思路，我们可以设想，印刷媒体的开放应该在广电媒体之前，图书出版的开放应在报刊出版的开放之前，电影或时装频道的开放应该在新闻频道之前，等等。应该说，我们的文化体制改革已经在这方面取得了一些经验。目前，图书发行已经向民营机构开放，并取得了明显的成就；下一步开放的应该是编辑环节。

与外交事业发展相伴随，我国在国际文化合作方面也已经走出了新路。

近年来我们先后参与了联合国教科文组织几个国际公约的制订，已经成为国际关系规则的制订者。但由于行政和宏观管理体制方面的问题，有一些已跻身其中的部门还主要以一种防御的姿态开展工作，而不是更加积极进取。例如《保护和促进文化表现形式多样性公约》以压倒多数票数通过之后，缔约国正积极推进后续行动，探索在文化产业发展和保护文化多样性的合作中，发达国家对发展中国家所可能给予的优惠。中国作为发展较快的发展中国家，正应该在积极交纳有关费用的同时，也利用相关资金，开展与其他发达国家或发展中国家的项目合作。对我们来说，取得资金不是主要的目的，做出典范项目示范各国才与增加我国的文化影响力、软实力息息相关。而有关部门态度的转变也寄希望于国家宏观文化政策的稳健实施和文化体制改革的不断深化。

尤为可喜的是，2008 年，围绕着一系列重大事件（雪灾、西藏事件、火炬传递和汶川地震），我国的新闻报道体制改革已经让世人看到公共文化服务核心领域发生的重要变化：重大突发事件在第一时间由主流媒体进行跟踪报道。为了理解这一事件的必然性，人们可以参照以下几个事例：2001 年美国“9 · 11”事件发生后，中国中央电视台几乎是在 30 小时之后才以极其简短的文字和有限的画面对国内进行报道；而 2003 年伊拉克战争“斩首行动”的第一枚炸弹刚刚震响，中国中央电视台的图文报道就首先从巴格达发往全世界。2003 年“非典”爆发时，国内主要媒体是在这一恶性新型传染病在若干省市呈现爆发趋势之后才予以报道的；而汶川地震发生时，尽管还处在西藏事件、火炬传递事件余波未尽的状况，国内主要媒体迅速报道地震的消息和救灾现场的实况。这些及时、精确的报道迅速提高了政府的公信力，极大凝聚了民心，也迅速逆转了国际舆论对中国的态度，为进一步的改革营造了更为有利的国际国内环境。这说明，中国政府对待新闻传播方式早有改革的冲动，而重要的是一定要抓住可能转瞬即逝的历史机遇让改革举措出台。可以相信，内容管理方面的有效开放一定会进一步推动文化部门的市场开放。也只有市场开放度提高，才会真正促进中国文化持久的大发展大繁荣。

应该说，改革的大势不可逆转，“以人为本”的思想已深入人心，中国作为一个负责任大国的形象开始在世界上呈现，因此中国文化的发展繁荣是必然要到来的。只要我们能抓住国家经济发展较快、国际威望不断提高、国际国内批评意见相对较少的有利时机，以及各种历史事件带来的偶然机遇，坚定不移地解放思想、扩大开放，推进文化体制及文化管理体制改革，我国文化建设的高潮就会很快到来。而中国文化的大发展大繁荣会给世界带来文化多样性状况的极大改善，会让更多中国传统智慧与文化价值造福世界和平和人类的未来。

本文发表于《中国社会科学院研究生院学报》2008 年第 5 期。

中国文化产业发展状况：数字与其结构性缺陷

一、文化产业的概念

迄今各国对文化产业概念还没有完全统一的界定，也没有完全一致的产业统计指标体系；甚至正是其用法的小幅“漂移”（文化产业→创意产业→文化创意产业→创意经济）反映了这个产业渐趋成熟的进程。我的印象中，美国人谈论文化产业可能更多关心版权、媒体与娱乐，而欧洲人谈论文化产业会更多关心艺术原创、文化遗产或者设计。本文坚持认为文化产业是复制技术（尤其数码和网络技术）商业应用的结果，首先是市场经济及市场经济社会发展的结果。这里的关键是相关文化内容复制性地批量生产和商业传播。因此，所有的文化产业本质上都是媒体，即它可以但不必然参与内容原创，主要是对内容的吸纳（购买）和转换（技术性再编码）、负载、销售，从而客观上促进文化传播、对话和更新。同时随着对稀缺内容的竞争不断加剧，它的产业链不断向上游延伸，因此参与对原创内容进行创新（再创造）的可能方式也在增加。这样，文化创意产业的产业结构就不同于制造业，除了以大型传媒面对消费者，它还有一个由大批小微企业构成的产业前端，它们为作为产业后端的传媒提供格式化的（formatted）节目或内容。当然，产业后端的传媒也在不断涌现出一些新的业态，并逐步淘汰旧的业态（如广播、纸本读物）。这些应该是文化产业的核心部门。

考虑到文化产业的兴起是市场发展的结果，市场失灵仍可能存在，所以一定量的公共服务会成为必要的补充，并与市场主体一起构成国民经济统计中文化产业增加值的范畴。而从国家宏观统计的角度看，文化产业增加值中不仅包括公共文化服务产品及服务制造与提供的指标，还会包括国家文化行政方面的财政投入。近年来，国家对文化产业发展不断增加的政策性投入也计入了国民经济统计。这样当我们通过这些数据说明国家文化产业发展的进展时就需要多一些细心的分析。我们不断地感叹这个国家还处于“前统计阶段”，即国家不愿意发布各类社会发展数据——真实的尤其是成系统的、可生成新数据的原始数据。现在这种状况刚刚开始发生改变，但与此同时这些被谨慎地释放出来的数据仍然是可以被追问的。我们希望通过对这些不断变大的数字的分析看到我国文化产业核心部门的实质性进步。

二、中国文化创意产业的成长

（一）数据的生成

中国文化创意产业只有很短的历史，因为市场化取向的改革本身时间很短。自 1978 年算起，市场经济的再次出现只有 30 多年时间。而在媒体领域，实质性的改革步伐迄今没有迈出，即没有向私人部门开放媒体市场。因此中国文创产业的发展几乎还刚刚离开它的出发点。

进入新世纪的时候（2000 年 10 月），中国政府认识到全球化进程在加速，技术经济和服务经济的发展推动世界经济出现新的转型（那时人们关注“第三次浪潮”和 WTO）；与此同时，文化（表达和交往）对全球发展及国际关系的影响日显突出。在国内，居民收入的提高和城市化进程也助长了文化需求的增加；而规模庞大的媒体设施也的确像是一种可能带来巨大市场收益的优良资产。因此在对新的 10 年进行发展规划时，中央政府正面使用了文化产业的概念（而在西方马克思主义传统中，它起初是一个负面概念），正式提出要“建立文化产品生产经营机制”“完善（实际是开始制订）文化产业政策”。这时的中国政府认识到，文化产品不仅具有“意识形态属性”，也具有“商品属性”①；而且有些文化产品的意识形态属性强一些，另一些则弱一些。正是这种认识给了改革以新的空间。于是，建立并管好国内文化市场成了一项具有挑战性的改革举措；而传统上较为单纯的文化行政也被赋予了做大文化市场、贡献GDP的经济职能。当时，国内有关部门请默多克（Keith Rupert Murdoch）来华演讲，他告诉中国人，美国和英国的传媒产业对其国内生产总值（GDP）的贡献率都是5%。这个数字给中国人留下深刻印象，也成为日后中国做大文化创意产业的中期目标。

由于文化产业成为国民经济的组成部分，因此中国的国家统计部门对其也有自己的分类界定。国家统计局在2003年应有关部门的要求开始建立中国国内文化产业统计指标体系，并在既有国民经济统计方法、框架与数据基础上尝试着从中剥离并合成（国内）文化产业统计及其数据。为此，国家统计局开展了两项工作。第一，（于2004年）建立了一个文化产业的行业分类，最终用一个三层的同心圆模型表示。其三个环分别被称作核心层、外围层和相关层（见图1）。

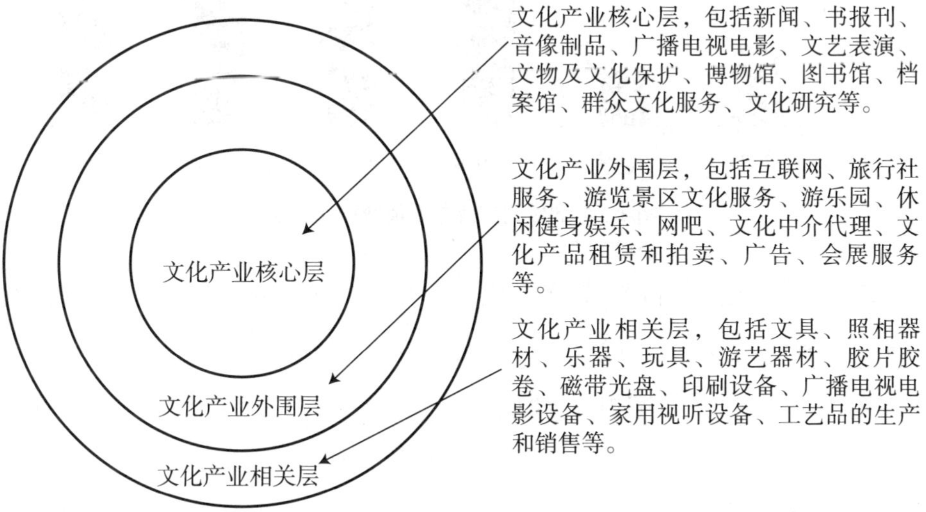

图1　中国文化产业行业分类（2003）

① 参见十五届五中全会《中共中央关于“十五”规划的建议》。

第二，给出了第一个中国文化产业年产值数据：2003 年中国文化产业创造了 3577 亿元的增加值，占当年 GDP 的 3. 1%（见图 2）。到 2012 年，这个连年统计发布的数据已高达 18071 亿元，是 2003 年的 5 倍有余，其年均增幅都在 20% 以上，大大超过 GDP 的增幅。到 2013 年这个数字预计将达 21000 亿元。换个角度也可以说，中国公民人（年）均文化消费达到了 1340 元上下的水平。而其中市场化程度较高的电影产业表现更为突出，中国的年票房收入从 2003 年的 11 亿元迅速攀升到 2013 年的 217 亿元，年均增长幅度超过 30%。进入 2014 年，第一周的国内票房就超过 11 亿元，超过了 2003 年全年的数字。

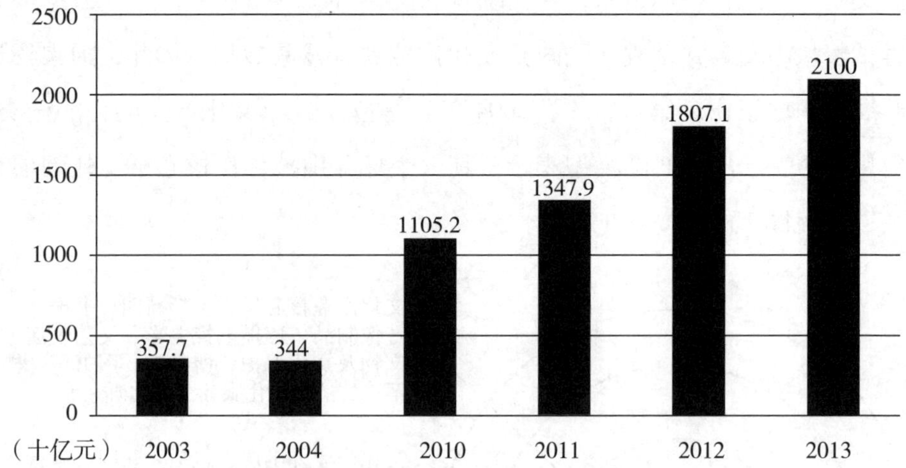

图 2　中国文化产业年产值数据示意图

2012 年，国家统计局修订了文化产业分类。新的分类参照了联合国教科文组织 2009 年《文化统计框架》，并将上述同心圆结构中两个内圈合并，还对原有内容进行了少量增删。按照这个分类，中国文化产业包括了两个部分、10 个大类、50 个中类、120 个小类及一批延伸项。新的分类更多关注了与数字技术及电信服务相关的所谓“文化新业态”；减少了旅行社服务、文教办公用品制造等项目。显然新的分类更符合文化创意产业发展的潮流。

（二）文化体制改革的影响

中国的改革就是要构建起社会主义市场经济及相应的社会体制。文化体制改革也是市场取向的。这个改革应该包括两项任务：第一，逐步开放文化市场（允许私人部门进入）；第二，在原有由财政供养的文化生产部门中进行一次区分，让那些可以提供文化商品的部门转制成为企业（从公共部门变成私人部门，尽管其资本是国有的），作为经营主体进入市场并与私人部门展开竞争。可以想见，改革的成功将打造一个国有及民营企业同台竞争，并有适当公共部门作为补充的充满活力和竞争力、规范有序的文化市场；不断丰富的文化产品满足居民不断增加的文化需求。这样，文化不仅会作为“硬实力”改善中国的经济及产业结构，而且会作为“软实力”促进社会交往，提高市民素质，并在创新中提升自身。

2003 年起开始的为期 3 年的“文化体制改革试点”在上述两个方向上进行了探索。例如民营文化经营企业有了较多较快增加；一些从事图书发行业务的民营机构凭借自己对市场的了解与占有，反过来影响甚至介入国有出版社的编辑业务。尽管文化产业的核心部门（媒体）并未对私人部门开放，但原有的国有文化部门有了一些“预备性变化”：政府的媒体部门将广告业务剥离出去成为了专业公司；一些地方政府的报纸也通过设立报业集团，从而让一些都市类或其他副刊成为其相对独立的子报以占领市场；一些出版社被安排合并成为大型出版企业；一些演艺团体被要求“转企改制”，而其中少数尝试着与其他文化单位进行组合，成为财政上可以自负盈亏的单位；一些剧场和影院成为单独的企业，并组成了院线；等等。这其中一些成功的经验在试点结束后进行了大面积推广。其中最彻底的改革行动发生在出版领域。经过几个批次的操作，目前全行业绝大多数的国有出版机构已经按照“产权清晰、权责明确、政企分开、管理科学”的原则转制成为企业，从体制上说，他们已经可能在市场环境中运营了。其中少数出版企业甚至已经尝试进行了跨地区和跨所有制的兼并。

十多年来，中央政府及地方政府多次出台指导性、规划性、扶持性政策文件推动文化创意产业发展，甚至要求县以上各级行政区域都制定中长期的发展目标，并对其落实情况进行督促检查。近两年，这些改革及支持文创产业发展的方针、政策、措施还在既定的基础上作横向扩张，鼓励其与相关经济部门进行“融合”。例如鼓励金融业以更优惠的条件向文创产业投资；鼓励文创产业向传统的制造业领域渗透，发展中国的设计业；鼓励文创产业与旅游业融合发展；等等。而最新的政策取向还包括鼓励传统媒体与各种形式的新媒体（通常是在线的媒体新业态）相融合。近年来，中国政府也将发展“混合所有制”经济的尝试向文化领域推进，支持有条件的文化企业上市发行股票，并因此实现“资本多元化”。总之，在国家宏观经济部门及一批专家审慎和执著的推动下，中国的文化体制改革仍在小幅深化，中国文化创意产业的规模和业绩也在平稳增长。可以预见未来相当长一段时期，中国的文化创意产业还将以高于国民经济总体增长的速度持续增长。

但自 2004 年、2005 年起，改革的步伐显然放慢。我们是指市场开放度没有显著增加。而在这个条件不变的情况下，很多促进政策（如金融支持的各种政策）及其投入不仅低效，而且可能蕴含潜在的制度风险（扩大社会不公甚至成为腐败的温床）。

三、统计数据的结构缺陷分析

然而，这样的文化创意产业发展方式也带来产业结构问题，在数字中也蕴含结构性缺陷，这和文化体制改革目标中的内在矛盾有直接关联。其实中国“摸着石头过河”的渐进式改革模式总是作为目标含糊的代名词。一般地说，中国政府决策部门对文化体制改革始终抱有疑虑，担心开放的文化市场使言论难以管控。因此中国文化创意产业发展的政策是由不同取向甚至相互冲突的两个目标构成的：（1）把文化产业产值做大，企业做强，并且可以“走出去”（参与国际文化贸易）。（2）继续把住文化内容产品的所有市场入口，在文化产品的生产环节和播出环节设置严厉的审查机制，遇到“问题”时不惜“牺牲”生产部门的经济利益。这就是所谓经济效益与社会效益相统一的问题。其实文化产品的社会效益和经济效益通常是统一的，大多数人消费的文化产品也是符合社会发展方向的。同时在任何市场经济，国家也都有内容管理制度，会对极少数产品内容进行有限度的控制。与之相比我们的行政审查制度要严厉得多。而这样的政策限制了中国文化创意产业发展的空间和速度。在这样的政策管制下，中国国内的文化产品供给既有短缺，又有过剩①；而整个社会的文化消费不强劲，更不优雅。在国际同行业发展及竞争的压力下，连那些政府控制的媒体部门也不断冒险，在政府指令和公众需求之间“走钢丝”，无论他们自身的倾向是保守还是激进。这就是我们所说“一脚踩油门，一脚踩刹车”的政策所造成的必然结果。

我们可以一个图形简要说明中国文化市场的结构性缺陷，并说明中国文化创意产业发展的困境（见图3）。

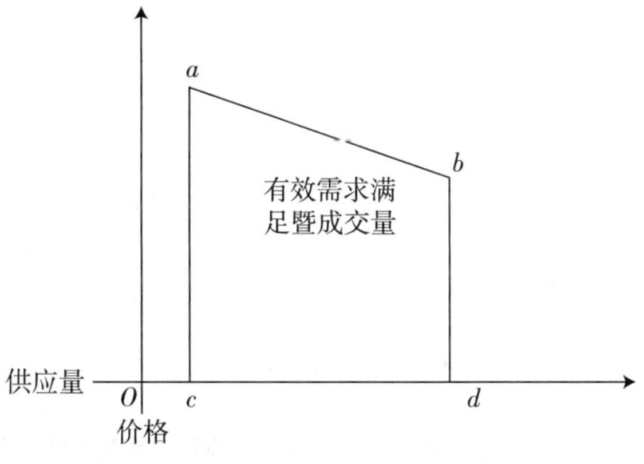

图3　文化产业增加值总量构成示意图

在正常竞争的市场上，文化产品 P 的成交量应是位于供应量（X）与价格（Y）坐标右上方区域中一条向右下方倾斜的曲线 ab 上，其实现总收入

---

① 参见《文化蓝皮书：中国文化产业发展报告（2012～2013）》“总报告”，社会科学文献出版社2013年版。

（或增加值）可以 $abcd$ 四点连线的围合空间表示。

但在内容控制过严的情况下，产品供应品种及数量不足，生产成本增加同时生产商预期盈利水平高导致价格上升，抑制了弹性本来就很大的有效文化需求。于是反映成交量的 $a'e$ 连线、$c'f$ 连线的距离大大短于原本可能的 ab 和 cd 连线（供应量减少），仅剩 $a'efc'$ 围合的面积（总收入减少，但利润率增加。见图4），$a'c'$ 的稍稍左移反映的是供应短缺造成的价格上涨（为少量的产品支出更多的货币）。这时居民的文化选择性不足，消费需求未能全部实现，而不能实现的有效需求或者进入银行或者被用于其他消费。

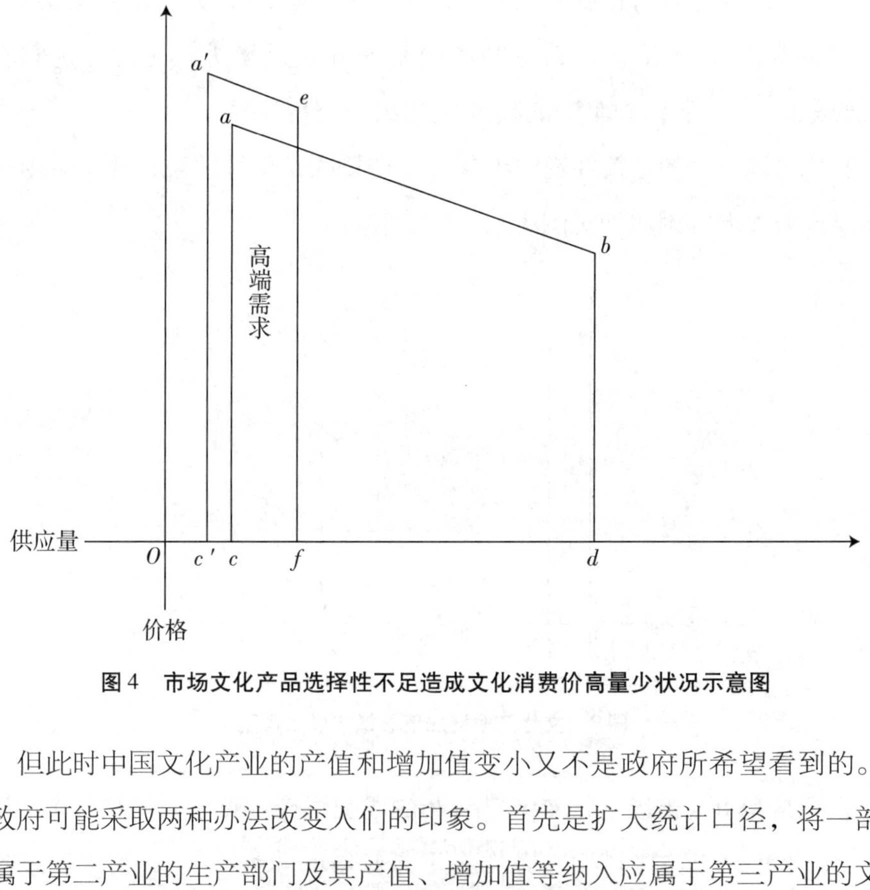

图4　市场文化产品选择性不足造成文化消费价高量少状况示意图

但此时中国文化产业的产值和增加值变小又不是政府所希望看到的。于是政府可能采取两种办法改变人们的印象。首先是扩大统计口径，将一部分本属于第二产业的生产部门及其产值、增加值等纳入应属于第三产业的文化产业范畴中加以统计。在中国当前的统计数据当中，占 GDP 3.48%（2012年）的文化产业增加值当中约有 50% 来自传统的制造业（相关层），如办公用品、玩具[①]、电视机照相器材等。国际比较可以得知，许多国家的文化产业增加值中也可能包括一些行政开支或相关制造业数值，如印刷业或电子设备制造等。在中国，不仅印刷行业创造的增加值占较大的比重（包括广告和包装物印刷）；而且连纸张油墨的生产也列入文化产业统计。这样的统计口径也许是过大了，其结果是使中国文化创意产业产出（四边形 *abcd*）的文化含量被大大“稀释”。

在中国的一些省市，地方政府苦于无能做大自己的传媒和艺术原创，也愿意将最初文化产业的名称改为文化创意产业。“创意”两字的增加正是为了将一些“低内容”的行业如设计等列入统计，做大业绩。而国际上也有某些统计指标体系，依据中国文具、玩具、办公用品等（资源消耗型）产品货物贸易出口数据，将中国视为国际文化产业大国。[②] 这更加深了世人对“Made in China”的负面印象。

其次是增加公共投入，将财政投入直接改写为 GDP 增加值，以使中国文化产业增长值的数字变大。在中国文化创意产业的核心领域，广播电视全行业虽然也是由各地集团公司组成的，但这些全国有公司的运营在很大程度上是由财政拨款支撑的；对基础设施和设备的投入甚至重复投入相当巨大。中国的新闻出版业尽管已完成了全行业的“转企改制”，但由于市场不对民营资本开放，私人部门无权参与编辑业务；同时“书号”成为一种严厉的行政管制手段和有价资源，因此它的盈利水平也是很低的，并且目前政府仍然会通过某些项目的公共财政资助对其进行补贴。

公共文化服务体系的构建是社会现代化的标志之一。世界各国均对公共图书馆（档案部门）、博物馆（文化遗产部门）等予以财政支持。中国政府

---

① 据说自 20 世纪 80 年代起，中国已成世界最大的玩具生产和出口国，2013 年中国玩具出口 247.32 亿美元，约占世界玩具市场 70% 的份额。按马特尔的说法，这里也有统计口径的问题（参见〔法〕弗雷德里克·马特尔《主流——谁将打赢全球文化战争》，刘成富等译，商务印书馆 2012 年版，“序言”第 5 页）。

② 20 世纪 80 年代初新华印刷厂承接国外出版社《圣经》的印制订单是很好的例证，除了 GDP 数字及资源和环境代价，它与中国文化发展没有任何关联。

也在这样做。在改革过程中，中国各地的博物馆已全部免费开放，所有运营经费由财政负担。而向基层社会提供的公共文化服务是中国政府更愿意为人称道的。在县级以下行政单位（包括乡镇和村庄），5 个方面的公共文化服务机构、机制被建立起来，包括广播电视村村通、农家书屋、农村电影放映工程、村文化活动室和信息共享工程村级终端。经过不到 10 年的努力，中国农村居民的（公共）图书拥有率已从 0. 1 册提高到 1 册，迅速增加了 9 倍之多。应该说，在经营管理方面，这些新的制度设计比计划经济时期的做法有许多改进，多少考虑到了运营成本及可持续的问题。但其宏观运行体制在很大程度上仍然是计划经济的。因为其预算程序上并没有出现实质性的变化。更为重要的是，这样的公共产品并不受消费者的欢迎，公共文化部门提供的绝大部分图书和老电影显然不受农村居民的欢迎。因此这部分投入在上述图 3 当中，又制造了一个新的区域 $gb'd'h$（见图 5）。如果不将这部分交易视为完全虚假的，那么就应承认它与 $abcd$ 之间多少有些重叠；而且它的存在也提供了少许就业机会。但它造成的浪费是巨大的。中国文化创意产业增加值中有很大一个部分（约 20%）是极其“不经济”的。

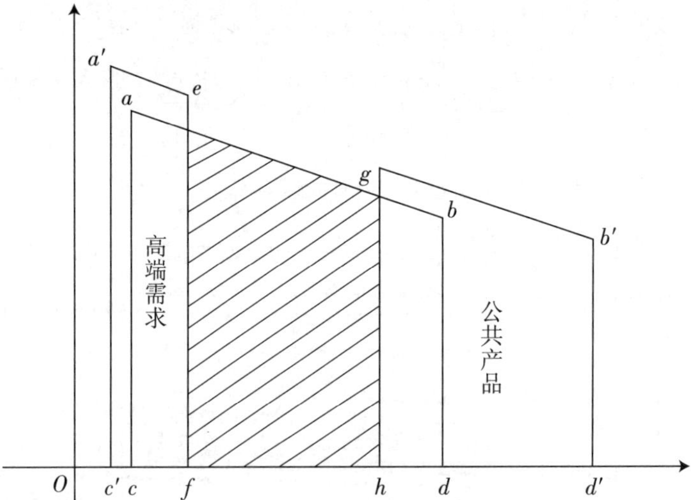

图 5　公共文化产品效益低下及稀缺与过剩共存状况示意图

政府的不当公共投入还造成了新的产能过剩。近年来中国各地政府以支持动漫产业发展为由投入了大量资金，从建设产业园区开始，到开办企业，招聘员工，创作脚本，直至完成动画制作。到2013年止，中国动画片的年生产能力已达到26万分钟。这就是说，这个行业每年制作的新片，需要昼夜连续不停地播出半年才放映完一遍。我想，没有哪个国家会需要这么多的动画片在电视或影院里播出。而这部分政策性投入也包含在文化产业增加值当中。人们现在甚至不知道究竟谁应该为这种不负责任的投资行为负责！

概言之，中国文化产业GDP是由两个四边形 $a'efc'$ 和 $gb'd'h$ 构成的，前者包含了消费者多支出的部分，后者则是包含政府多支出的部分，中间带阴影的四边形 $eghf$ 显示了战略性短缺的存在。这里每个部分都反映出一定程度的不合理。

四、深化改革，推动中国文化创意产业发展的机遇

应该承认，人均1340元（约200多美元）实在是很低的文化消费水平，遑论其中还有“虚构”的成分。从中国人热衷出境游、抢购国际知名奢侈品、不断更换手机和对网络的依恋看，他们的文化消费热情是巨大的。从每年200多亿的电影票房中有40%被少数几部进口大片所夺得、而六成的国产影片根本无缘院线公映看，中国文化创意产业发展的瓶颈在于内容创新（严格地说是内容进入市场机制的创新）。除了继续在规模上做大，中国文化创意产业还需要弥合图5中显示出的消费鸿沟（四边形 $eghf$）。而要做到这一点，只能靠文化体制改革，尤其是大面积开放文化市场。新一届领导集体已经表示出继续全面深化改革的强烈意愿，但他们在该进行决断时仍然显得慎重有余。这里的逻辑是，内容放开导致市场放开。新的领导集体需要尽快建立自己明确的道义表达并获得公众广泛的认同。

改革不应再犹豫。我们知道，中国的改革一直采用“增量改革”的策略，即让新体制下的市场主体显著获益，从而拉动旧体制单位参与市场化转

型。这是一种利益驱动，有一定的合理性和可操作性。但这种方式必然造成“双轨制”并存的现象。而由于文化体制改革的进程过于漫长，持续的“双轨制”就可能带来更多的社会不公及腐败问题。说到底，国有文化单位体制改革的最根本任务“产权清晰”一直没有完成，合理合法的“出资人”仍然无法真正出现，对此我们要有清醒的认识，要有改革的紧迫感。

数码和网络技术的迅猛进步再次构成了挑战，它们已经完全改变了媒体的传播方式。以单向传送、制作播出为特征的广播电视技术已经被互动、实时的网络传播技术所超越。这意味着，每一部电话（终端）都是一个媒体；“消息”是在传播当中形成而不是经过事先编制的。这更像是对文化的对话本质的肯定。在经济全球化乃至已向文化全球化迈进的今天，希望用暴力对信息传输过程进行物理切断，其代价是任何社会都无法承受的。在中国，越来越多的人不是通过电视，而是通过手机、网络了解世界；社会上几乎不再有秘密可言。在这种情况下，对媒体的严密管控只意味着自我放逐。因此，中国政府应该将这样的技术进步浪潮当作推动文化管理体制改革的机遇，更果断地放弃当前文化政策中与第一个方面相冲突的第二个方面，“让市场发挥基础性作用”。

另一方面，中国社会还蕴含着无尽的创造力。国内各类自我就业的艺术家、专业却未经工商注册的文化创意工作室（如录音棚）正大批地涌现出来。他们每年创造的 GDP 并未纳入统计。在世界各国这种现象也不同程度地存在。但这正是引导各国经济实现跨越式、可持续发展的有利机遇。尤其在知识经济、创意经济兴起的今天，如何通过公共政策、公共财政的运用，合理且精明地将那些漏统的部分统合进来，已经成为一种清晰可见的文化经济策略。它昭示了一条在政府助力之下，各国文化创意产业做大做强的根本途径。而对于发展中国家来说，这种策略的使用也必然是与其改革即社会的现代转型相伴随的。作为一个动力强劲的新兴经济体，我们希望中国也能为世界，为其他的新兴经济体提供某些新鲜经验。

本文的一个简要的版本曾在2014年柏林的“文化创意产业论坛”上宣读。

艺术品的价格构成和艺术市场的产业化程度初探

随着经济的持续增长，国内艺术需求渐趋旺盛，艺术品市场日趋活跃。北京、上海、广州等大城市的艺术博览会盛况空前，一批常年经营的画廊渐成气候，国内艺术家的作品价格也一路飙升。如青年画家夏俊娜一幅1.6×1.3米的作品价格可达5万元左右，这让与她签约的上海艺博画廊主持人相当满意，因为这个价格水准比两年前约攀升了20%，而比其1995年学校刚毕业时的作品价格更增长了10倍以上。“上海宽视”签约画家刘令华1999年一幅参展上海艺博会的获奖作品售价是3.8万元，而在2001年上海东方国际拍卖公司春季拍卖会上，他的一幅《贵妃醉酒》已经刷新了100万元的纪录；这里公司举荐新人的作用备受瞩目。而上海起家的著名画家陈逸飞的作品《罂粟花》曾在1998年创下386万港元的纪录，今年又有一幅其于1989年所作的《地毡上的淑女》在“中国嘉德2002年广州春季拍卖会”拍出121万元“天价”；他几乎已经成为当代中国最具国际影响的油画家。

中国艺术市场的发展也引起了有关政府部门的关注。为了摸清世界艺术市场的发展趋势，刺激艺术消费需求，促进国内艺术市场的健康发育，文化部市场司与上海有关方面合作，于去年年底在上海举办了首届“中国艺术产业论坛”。与会的各方专家、批评家、媒体及画商各抒己见，见仁见智，对中国的艺术市场把了一番脉，做了种种展望。而在我们看来，中国的艺术市场显然还处于起步阶段，对这个市场的发育前景还需有更宏观的把握。比如对于艺术品的价格究竟应如何理解和拿捏；整个艺术品市场的产业化进程将如何展开；它与相关行业尤其各传统产业组织的市场连带关系是怎样的；它的规模会发展到多大；等等，这样一些问题都需要有理论的勾画做基础。这里我们仅就艺术品的价格构成和艺术市场的产业化进程问题谈一些还不够成熟的看法，希望得到同行们的指正。

一

我们上面提到的艺术品价格并不是近年来的最高。一般说，著名艺术家一旦故去，其作品会升值，而古代作品因其珍贵，价格更加昂贵。1996年，北宋张詵的《十咏图》曾拍出1800万元的价格；1990年，日本富商斋藤了英更以1.6亿美元的价格买下了印象派画家梵高的《加歇医生肖像》和雷诺阿的《红磨坊街的舞会》。人们可以承认，艺术是无价之宝，但一张画动辄几十万上百万，工薪阶层无可问津，总让人觉得不可思议。还有人认为，艺术品价格是被商业炒作哄抬起来的，这里有许多泡沫成分，是这样吗？

应该说，普遍、旺盛和有效（即有支付能力）的大众艺术消费需求才是艺术品市场红火和艺术品价格飙升的最终原因。人人都需求艺术，而原创性艺术，尤其是精品艺术永远稀少，无法满足所有人的需求，结果只好通过市场竞价解决问题。在拍卖现场，任何一个低价位，都会引来成倍数增长的购买者，最后只能凭实力取胜。和观看著名歌星演唱会一样，那个高得令人咂舌的艺术品价格正是被所有消费者持币待购所“捧”出来的。一个普通消费者也许买不起一件艺术杰作，但你所愿意为之支付的金额也加入到那件作品的价格当中了。买主是以所有识货并知情者所愿支付的“总金额”拍得这件作品的。

反过来说，买主并不吃亏。他是凭借资金优势，以有限的价格拿下了一幅无价之宝。他出的也许只是最低价，因为在现代社会乃至后现代社会，识货的人、知情的人只会不断增加，作品的价格还会走高。所以不少人买画可能只是为了保值或投机，因为这里的确有巨大的升值空间。

这里无疑有大众媒介的功劳，否则偏远地区的居民，怎么会知道西方的艺术好看，怎会知道大城市里的人崇尚艺术？持续的现代化过程带来了普遍的觉醒和普遍的分权，对艺术的权利被越来越多的居民所意识到。持续的现代化还将整个人文教化带给大众，使他们对艺术有了越来越内行的眼光和估价技能。媒体传播不过是落实大众文化权利的一种极为方便的技术。

然而这些艺术品价格中的确也有一块商业利润。商人也像是先知：他知道什么货色有哪些人需求，如果你还没意识到这种需求他会提醒你去意识；他知道你打算付多少钱，知道用怎样的技术去链接供给和需求，怎样在诸多的需求者之间造成竞争的态势。只有这样他才能找到自己的利润空间。我们现在都说“科学技术是第一生产力”，但我们还应该意识到，现代科学技术几乎都是在商业动机的刺激下发展起来的。火车最初引进中国的时候，仅仅是西太后的一件玩物，所以它并没有发挥出巨大的潜力，最终也难免被当作西方人的“奇技淫巧”而拆除的命运。今天的网络也一样，如果我们找不到一种恰当的商业运营模式，再好的技术也无法真正运用，而现在我们需要的媒体其实都是按商业方式在运营。所以商业利润的获得也是合理的。

那么，我们是否除了拼命侃价就没有别的道理可说了呢？不，侃价的基础是知底。艺术品价格的基础在于艺术品的真实价值。“皇帝的新装”很难不被揭穿。

近年来，有关艺术作品价值的理论有多元化的趋势，就是说，艺术品不仅仅有审美价值，还有其他各种价值。这是后现代美学理论对现代美学理论乃至现代派艺术的反拨。让我们看看一件艺术作品究竟可以有哪些价值。

已经有西方理论家开列了艺术作品的若干种价值，包括审美价值、历史价值、精神价值、社会价值等。所谓审美价值最容易理解，就是指作品外观对欣赏者的震撼、抚慰或滋润，当然随着作品风格、流派的不同，作品给人的审美感受也是不同的。总的说，现代派的美术作品就最强调这样的价值。如印象派的作品，只画出一种色彩感觉，形象的轮廓都模模糊糊，让人感到好看、舒服就行了；抽象表现主义的作品也如此。马蒂斯曾说，他的画是提供给知识分子们的休闲摇椅。

然而艺术作品各不相同，鉴赏者、收藏者的要求也多种多样。不少艺术作品中反映的历史内容对欣赏者具有巨大的吸引力，因此这样的作品除了审美价值外还具有历史价值。例如上面提到北宋张訦的《十咏图》，它本身的艺术成就也许并不高，一般的中国绘画史教科书未必讲到其人其画，但北宋至今已900余年，当时的纸制品本身都已难见到，更别说上面还有艺术内容。《十咏图》的历史价值首先是艺术史方面的，我们因此知道北宋的绘画是怎样的；其次则是画面上有对北宋年间的社会生活及建筑物的描绘。

西方人说的精神价值往往指作品具有的宗教意味或某种民俗内容，如米开朗基罗为西斯庭教堂作的画和雕塑曾见证了教徒们恒久的虔诚，并充当了这些宗教仪式的必要道具。当社会发生过巨大的变革后，这些内容也都使作品具有了历史价值。

艺术作品的历史价值并非古代作品专有。2001 年 10 月在上海召开的 APEC 会议会场各处悬挂了刘令华包括“金、银贵妃”在内的 24 幅绘画作品，尤其是 APEC 组织 21 个经济体的 21 位政府首脑曾仪式性地从其中一幅《世纪玫瑰图》前经过。这样的重大历史事件尽管去今不远，却也将巨大的历史价值赋予了刘令华的画作。“金、银贵妃”在 APEC 会议后又不断摆放在上海“贵妃艺术节”和南京“中国京剧节”的演出场所，上面还留下了梅葆玖先生的手迹，因之在一定意义上成为了特定文化盛典的道具。这都使“上海宽视”签约画家刘令华的画负载了更多的历史价值；而在这些民族文化庆典上，这些画就表现出极大的社会价值。

一个稍有不同却也颇有趣的例子是当年中央美院刘春华等人在“文革”中“创作”的《毛主席去安源》。这幅画中所描绘的历史今天并不被人们太当真，但它上面恰好记录了1966—1967年间的某种历史真实。凭这一点，该作品也曾在香港拍出过一个好价钱。

二

上面说的若干种价值都可以称为艺术品的内在价值。除审美价值外的历史价值、精神价值、社会价值等可笼统地都称作历史价值。而与之相对，艺术作品还可能具有某些外在价值。我们不敢要求每幅艺术作品在创作时就一定要追求什么外在价值甚至所有内在价值，但艺术作品可能具有外在价值应该也是无可置疑的。

这里说的艺术作品的外在价值主要是指其各种各样的商业利用价值。艺术作品的商业利用可以分为两类：一是以文化产业的方式进行复制传播；二是让某些艺术形象符号化，与传统产业的设计、制作相结合，搭载传播。

文化产业从本质上说就是建立在大规模复制技术基础上的商业化传播。既然好的艺术人人喜爱，那么为什么不可以用复制品的方式向有消费需求者传达它尽可能多的信息，从普通的印刷品直至数码化的高保真、高仿制品。说到底，就是这种传播工业的发达，才给艺术家带来了广泛的知名度和丰厚的知识产权收益。20 年前有几位中国艺术家能接近真实地想象、估算自己作品的市值呢？

除了复制传播，文化产业还确立了另一种传播模式，即展示传播。既然原创性的作品不可避免地是稀少的，所有的艺术精品原作都是唯一性的，而消费者则日益增多同时还无力全额收购，那么，展示传播就是一个各得其所的方案。对于最大多数的艺术消费者来说，与艺术精品面对面并不以独占为前提，他们只需付出有限的货币，购买与之谋面的短短一段时间。文化产业的兴起已经彻底打开了传统艺术收藏的库房大门。

换一种说法，一个产业化运作的展示部门如博物馆，它斥巨资从拍卖行竞得艺术品也许只是为了购得该艺术品的展示权。它将这一在空间上不可分割的艺术作品按时间单位进行分割然后出售，这不是一个挺好的主意吗？2000 年四五月间，保利集团用约 3000 万港元的“天价”先后自香港克利斯蒂行和索思比行拍回 3 件圆明园流失国宝：青铜牛首、猴首和虎首，此后尽管它的展示活动更多带有公益性质和民族主义色彩，但它却完全具有进行商业展示的权利。

事实上，通过展示换取主办企业在公共关系或公司形象上的收益也是艺术作品商业利用的一种普遍方式。当前国际上不少知名企业都有一定的艺术投资或艺术赞助，其合理性就在这里。上海联洋土地发展有限公司以100万美元的价格从法国购得罗丹的雕像《思想者》的一件翻制品，让其永久落户上海浦东罗丹广场。这件事不仅提升了联洋公司的社会知名度和信誉度，还直接改善了附近住宅小区的居住质量。

搭载传播是指传统产业将艺术形象作为特定的文化符号，经过设计负载在各种日用消费品之上，增加其市场亲和力与消费内涵，进而提高公众的生活质量。比如荷兰画家蒙德里安的作品图案及风格曾不止一次地出现在服装、暖瓶或书籍的封面上。各种工业制品高声标榜人性化设计已经向人们昭示了知识经济时代高科技与高文化联姻的广阔前景。

广告业是对艺术进行商业利用的主要部门，它将各种艺术作品作为音像原料加工成对消费者颇具诱惑的商品广告，比如请一些影星、歌星做产品的形象大使等。比较严肃的艺术家也许难以容忍广告商肆意歪曲自己创造的艺术形象，但对消费者来说，他从商品的消费中似乎也获得了物质产品中本来没有的东西。比如自从万宝路的香烟与西部牛仔的广告形象联系在一起，消费者在吸烟过程中似乎多了某种体验，多了不少自信。

以某些艺术形象直接做成商品品牌的事例也很常见，迪斯尼的米老鼠和唐老鸭就做过不少儿童用品的品牌。

这里各种结合的结局当然是艺术家与商家或文化产业与传统产业双赢的，其效益是1+1>2的。这时艺术作品的价值（功能）又增加了，而且会作为知识产权转移到商品价格中去，这毕竟是一笔买卖。艺术的这种价值就是外在价值，是艺术与其他事物组合所产生的价值。在此我们还不能以为艺术作品的内在价值一定会比外在价值高。这里的计算要从艺术形象的引入给企业带来的新增效益入手。如果愿意购买艺术作品的是一家资金和研发实力都很雄厚、产品市场前景光明甚至有更多社会责任感和远大抱负的企业，那么该艺术作品价格中的这一份额很可能会相当可观。现在很多产品的市场门槛就有几千万乃至更高，如果艺术形象的引入可能大大地降低这个门槛，商家为何不愿将这部分花费转让给艺术作品出让者呢?

三

通过对艺术外在价值的分析我们已经可以清晰地看到当代文化产业发展的广阔前景，看到它可能对产业所具有的拉动作用。一些画廊主持人辛勤经营有不少感慨，说“画廊是在浅滩上干活，总是要搁浅的，等潮水来了，再扬帆，再搁浅，再扬帆”，颇有几分悲壮。的确，画廊是文化产业的上游前沿，不少主持人也像艺术家那样，愿为某些艺术流派的诞生出力，而对消费者的偏好与经济实力较少关心。其实我们不妨看看中国整个艺术产业的发展进程，也许会因此获得更多信心。

让我们用一个 A－B－C 的公式来描述一下整个艺术市场产业化的进程。A 代表艺术（art）、艺术作品（art－work）或艺术家（artist）；C 代表消费或消费者（consume、consumer），尤其是艺术收藏或收藏家（collection、collector）；中间的 B 代表商家和艺术交易（business）。

在前现代社会，艺术品的市场交易环节是不存在的，经典的艺术得不到最广泛的传播；它的保存或收藏也是很封闭的，谈不到大范围展示的可能性。因此我们的公式仅仅是 A－C。而在我们国家的市场化改革开始之初，艺术交易也只是在艺术家和收藏者之间进行的，严格说这是有种种弊病与不便的场外交易，商业环节被掩盖了，所以其公式应当是 A（B）－C。

现代文化产业兴起了，它在传统艺术活动的原创—保存两极结构中插入了一个第三者，或者说一个中项，凭着大规模复制技术和商业传播技巧艺术产业把必然比较稀缺的原创性作品最大限度地传递到尽可能多的消费大众面前；与此同时它不断向两端渗透，把原创的环节变成资源和知识产权，把鉴赏和体验变成经过切分的消费。因此当画廊、拍卖行、艺博会出现以后，这个公式成了完整的 A－B－C。画廊直接签约画家，收购其艺术作品然后卖给收藏家和消费者。画廊是中间人，提供信用服务，收取中介费；他们一方面通过复制（印画册）进行宣传（办展览、做评论），使新人新作迅速得到市场的认可；另一方面可以使画家较早拿到报酬。这里的价位稍低一些，但画家更多凭才气，作品往往更个性化，收藏者也往往独具慧眼或情有独钟。

与画廊相比，拍卖行的价格要高许多，因为它多是拍卖一些名人名作，尤其是一些具有文物价值的力作，其作者很多已经过世，其作品往往已经倒过几道手，因此真伪鉴定是拍卖行的真功夫，而且著名的拍卖行有比地方性画廊更广阔的市场辐射力，能吸引更多收藏家与"神秘"买主。有人将画廊称为低端市场，将拍卖行称为高端市场就是这个意思。

事实上我们已经可以看到，画廊的经营已经是一个较为复杂的市场链：它把出版、印刷、会展等业都牵到一起。由画廊与这些行当打交道要比画家个人与之打交道方便得多，也有效得多。另一方面我们刚才也提到，有些收藏者事实上也是一个企业，它们从拍卖行拍得的是展示和相关的经营权；有些传统产业从艺术经营者那里购得艺术形象使用权，将其负载在日用消费品上提供给最终消费者。这也就是说，在 A 与 C 之间，出现了不止一个 B，A－B－C 成了 A－B－B－C 或 $A-B_1-B_2-C$。这里两个 B 将文化艺术产业的内在扩张趋势和外在拉动作用突显出来。

一种更具影响的艺术生产与交易，不是一个经营规模、范围都有限的企业所可以单独完成的，必须有更多的企业参与，让商业机会成为共享的。这样才会将买卖做大。同时它还表明，专门的艺术产业可以与传统的产业联手，将文化的因素传播到更广的范围里去，而与文化的联姻正是知识经济时代的一种普遍趋势。

所以，这个 A－B－C 的简单公式应扩展为：$A-B-b_1-b_2-b_3\cdots-b_n-B-Cs$，其中每一个小写的 b 代表一个企业或一个商业活动，有一些小写的 b 很可能是媒体（从 broadcast 到 broadband），另一些则是传统产业部门；而 C 后面的 s 表示比 A 大得多的复数，既是指消费者的众多，也是指消费内容的叠加。我们尤其乐于强调的是，其中 B 的无限扩张反映了产业化程度提高的趋势；而 B 的丰富则表明文化产业各部门及相关产业之间有着相互促进、相互烘托的特征。这才是我们愿意通过宽视艺术经营模式的分析向人们展示出的宏观局面。

“上海宽视”的操作远没有结束，在一定意义上说，它已经将刘令华国粹油画的整个原创过程不断拉长，使之成为一个“正在进行时”的文化事件；而刘令华画作的出售也因而变得不仅是一个单纯的商业事件，倒更像是“宽视”在力邀有实力、有抱负的企业与它一起加入一连串的文化经济游戏，共同完成传播中华民族深厚传统文化艺术的使命。这才是我们愿意对其进行追踪研究的理由。

本文发表于《艺术当代》2002年第2期。

宋庄的另类生产

宋庄已有一丝秋意了，因为“廖雯说‘女儿把老栗给废了’”，而老栗（栗宪庭）是宋庄的“教父”①；因为这个庄的实力村民方力均们也迈进了“四张”的门槛；或者是因为铁林口口声声说“‘宋庄现象’是非常需要总结的”，而“总结”这种反思类的事总是要在一定的历史距离形成后才好进行的，正所谓“米涅娃的猫头鹰总是在黄昏才起飞的”。但是秋天也是一个有结果的季节。也许宋庄仍是中国当代美术史上一个终将消失的重要过渡阶段，就像此前的圆明园。

大约有10年的时间，北京边缘的通州区宋庄及附近农庄陆续迁来一些外表与农民近似的人丁，买下或租住农家小院，与农民一样散漫，不拘小节，随处便溺；时而在院里种些瓜菜青鲜，时而做些放浪形骸的事。但他们并不大在意农民或村里的事，小院里的世界也渐渐与外面有了天壤之别。这里进行着另类的生产，一些有世界影响的艺术作品从这些人的生存状态中喷薄或流淌出来，又流传到国外的画廊、展馆或私人收藏中。西方国家、日本乃至台湾、香港地区的一些画廊、美术馆和艺术史家已经把这里当成当代中国美术的一个重镇或全球美术品的一个不可忽视的产地（中国的美术史家也许再过几年也会较多注意它）。

这批新移民与原住民的不同在精神上。宋庄的新人无论成功与否，始终关心着艺术，标榜“前卫”，始终关心着一个内在的世界。尽管老栗称“宋庄也是鱼龙混杂”，但缺少了这种艺术志向与艺术家的身份认同，在宋庄是很难“混”下去的。今天的宋庄仍属乡下，没有基础设施和上下水，没有集中

---

① 栗宪庭（老栗），宋庄艺术家群落中著名艺术理论家、评论家、策展人。廖雯，栗宪庭的妻子。下文方立均、索探、鹿林、片山等，都是宋庄艺术家。

供暖和管道煤气，没有像样的餐馆、超市，没有良好的教育机构及通讯设施，治安状况和人际关系也未见得好。① 但这些人执意扎堆于此，执意构建一种相当夸张、称作艺术的生活方式。现在铁林这支纪实的笔伸到这里，想把一些近似东拉西扯的对话记录下来作为“末日审判”的口供（据说社会学家把这叫口述史）。

铁林的摄影有自己的原则和追求，他的文字注解了他的视野和他对生活的理解，也包括了他对自己一生的评判。在中国社会一个急剧变革的时代，他与某种边缘状态另类人生的亲密接触及深层记录有着极高的历史价值。中国人心理健康，那些刻骨铭心的悲哀和痛苦总是要不了很久就忘得一干二净，整天都乐呵呵的，但也因此不易进步，缺少创新，并因此与艺术的精神尤其是现代艺术的精神相悖逆。想想20年前的中国美术界，连“印象派”“自我表现”这些非常简单的词汇都难以见容，20世纪90年代的“人体艺术大展”更是闹得沸沸扬扬。可一旦这些事物终于被接受了，我们中国人又欣欣然了，爱说我们一贯就是如何如何的，从来就是虚怀若谷的。这似乎是一种事后的宽容。铁林不一样，他现在就宽容，他对那些边缘状态的事物有种判断，以同情的态度去理解它，把一些琐碎而真实的细节收拾到一起，让它们成为摄影镜头的某种注解，从而更多揭示出其在一般社会习俗之下的更基础层面的合理性，比如生命的不竭冲动，等等。而最终世俗的观念发生变迁，人们便发现，铁林还真有点先见之明，而在此之前，不少人注意铁林的镜头和文字仅仅是因为好道听途说，甚至有一点窥视癖（这点我说我自己）。

铁林的个人生活经历使他对生命、文明和自然已经有一种近于固执的感知，我担心他那种“平民情结”和对原始的质朴的过分认同甚至会影响这个题材的采访。我相信他这里仍能揭示出“一般社会习俗之下更基础的、生命的不竭冲动”，在这个层面，海南的小姐（《另类人生》）与宋庄的大师的确是一样的。但在宋庄，“生命的不竭冲动”还有一更高贵的属性，即它是不

① 10年后的宋庄已今非昔比，不仅有了相当一批商业服务设施，而且有了更多的画廊、展馆和居民楼。2012年10月，通州区政府有关部门第一次在这里举办了艺术节。

竭的艺术冲动。在海南，那种冲动的可理解性在于一种经济的动机；而在宋庄，这种冲动有更强烈的牺牲意味。在海南，这种冲动往往是被动的；而在宋庄，这种冲动是积极的、自觉的，因而才是不可遏制的。这个区别能否揭示出来才是本书终极价值能否实现的关键。但毕竟这是一本访谈，铁林于艺术也是有些造诣的，更何况无论铁林说了什么，宋庄新移民的话里话外还是透露出不少关于艺术人生的自白。尽管这不是一本宋庄的作品集，而对艺术家的记述如果去除了作品，他们的确很像是赤裸裸的，但它对于今后人们理解宋庄作品提供了重要的参照。我觉得透过这样一份访谈，我们已经可以触摸到宋庄这批"波希米亚人"的基本生存逻辑。

一、场　所

20 世纪 60 年代开始，国际建筑学界用一个据说取自于海德格的概念场所（place）取代传统的概念空间（space）来定义建筑的理想。1977 年 12 月通过的《马丘比丘宪章》批评 20 世纪 30 年代的《雅典宪章》仅把建筑视为"光照下的体量的巧妙组合和壮丽表演"，它指出："现代建筑的主要问题已不再是纯体积的视觉表演，而是创造人们能在其中生活的空间。要强调的已不再是外壳而是内容。"猜想除了村外的田野和村内特定的院落，宋庄的整体形象会是很丑陋的，但它绝对是一个建筑学意义的场所。

所谓场所有三层意思。第一，人是在场所之内的，场所是人的栖息地，场所中的人就是"到场"（present，being，即存在）。在一定程度上，人会受制于这个场所。第二，场所是由更大环境环绕着的。作为场所的宋庄势必要与周边的城市及历史进行对话；作为场所的宋庄不仅是某种围合的空间，而且也是一个象征。更重要的是第三，场所是可以成长的。由于新人的到场，比如艺术家的麇集，可能构建一个新的场（field）或者群落（community），可能发挥某种新的影响并向城市渗透。与宋庄类似的场所常挂在老栗嘴边的有美国纽约的苏荷、东村和布鲁克林，但他似乎更心仪法国的巴比松。

艺术家们离开城市未必完全心甘情愿，每个“落草”宋庄的艺术家都需有一种跳水的勇气。宋庄就是宋庄。它远离尘嚣，没有带薪的“单位”与“领导”，绝少制度，缺乏消息。艺术家们以都市文明和方便为代价，换取了起初会难以适应的“闲暇和自由”。下面的事全看他们自己的了。

以老栗这把年纪还能“下乡”真让人钦佩，但你看口口声声说“只是想住农家小院”的他折腾了多久才真正住进了所谓的“农家小院”呢?! 起码有过一个时期，他从心底里明白，“宋庄对于我和我的工作是不合适的，我不需要一个大的画室，更不需要离群索居到几十千米以外的郊区，我需要的依然是及时出现在城里的艺术展览上……”其他的宋庄新人也时常趁着夜色潜回城里（好在宋庄也正处在城市化过程中）。

更为麻烦的是，宋庄这批新移民并非来自火星，他们的作品很快就有或早已就有世界影响，而这种影响又是由金钱或商业关系来中介的。在这个意义上说，宋庄的生产方式甚至是处于改革开放前沿的。于是批评家看到，“所有集体中的财富差异在这里也是存在的”（汪民安）；宋庄的艺术家早已分化，“极少的人很富有，大多数人都比较贫穷”（黄笃）；“他们摆脱了现代性的生产模式和生活模式……但是他们摆脱不了资本法则”（汪民安）。

那么这样的场所有什么意义呢？

这里的意义可能是两个。一是宋庄提供了一个特殊的位置。凭着与城市的些许距离，人们能在稍远的地方，稍稍冷静地审视城市化、工业化、商业化和现代化，因而有稍多一点的机遇思考“存在”的真谛，与真理谋面，而不是算计瞬息万变的行市。当然不是抵达这里的每一个人都能抓住这个机遇，这里有悟性的问题。“间离”的另一个意义可能是，这些人远离城市后，他们失去了做“短线”的机会，不得不进行“长线”投资；他们只能下更大的注、冒更大的险和命运赌一把。这是对宋庄艺术家气质的要求。

从铁林和方力均的谈话中可以感到，他的气质似乎符合宋庄的要求，无怪乎他在到宋庄的第一拨之列。在1989年的时候，方力均能判断出“全国的文化人肯定都是在工作室里进行创作的，等两三年之后，文学家、戏剧家、画家，都会拿出自己的作品来，那个时候肯定是最好的、最棒的”。所以他的策略是：“现在这个时间我们是坚决不能卖我们的作品的，只有等两三年之后，我们把自己的作品全都掌握在手里面，这时候我们才会有机会。”于是“坚持不卖自己的作品”，还“不断地劝……朋友说这种形势注定是不能长久的，肯定会发生变化的，时间也只能是两三年。……必须把所有的时间都押在两三年之后的时间上”。形势的确是那样变化的，“两三年之后，很多展览来了……我自己的作品，还在我手里面，所以我就占了最大的便宜”。

方力均的画也是这样。他画上那些乡亲玩伴般的面孔充满了无意义的笑容，他画面上的色彩越是鲜艳你就越觉得无聊、苍白。但他不属于“政治波普”，对他的乡亲或同龄人，他也有“哀其不幸，怒其不争”的意思，但绝没有鲁迅那样激烈，在他那里，怒也罢，哀也罢；不幸也罢，不争也罢，都可用何顿小说中的一句口头禅来概括：“就那么回事!”因而他至多属于比“政治波普”温和得多的“文化波普”，因为他与城市生活有适当的距离，也因为在 1989 年以后的那几年他“非常穷”，“大学刚毕业，没有工作，也没有钱，连饭都没有得吃。冬天的晚上，要去偷煤，偷白菜”。鲁迅还没有到过这步田地。

当然宋庄没有保险制度。有人已经说了：“如果稍加留意，就会发现，村中的成功艺术家已使生活与艺术分离或‘裂变’，享乐主义已战胜了理想主义和批判现实主义的品格，绘画与行为并非一致统一。他们视艺术等同于金钱、荣耀和地位。”（黄笃）真是这样吗？看来，宋庄与城市文明的距离真的不远。

然而重要的是，宋庄已经诞生过一批融于国际文化潮流的艺术作品，并且每时每刻还可能孕育出这样的作品，因而，宋庄与城市之间短暂的距离对于全人类来说都是重要的。

二、方　式

做“长线”不是什么人都适合，反之这些人的做法必有过人之处，或不同寻常之处。宋庄人需有更强的生命力和生存能力，这是所有宋庄艺术家，那些终于脱离了学院或体制的襁褓与庇护的职业艺术家所必备的条件。汪民安说："选择这样一个地方居住，就意味着选择一种特定的生活方式，选择一种闲暇、慵懒、清谈和酒精的生活方式，选择一种平静而又危险的生活方式、一种远离权力但又无法摆脱权力逻辑的生活方式。"我总希望触摸到这话下面的蕴含，这将是他们与"学院派"艺术家及其创作的最大不同。

其实宋庄的主要艺术家与更早的"星星画派"不同，不仅是由于晚出生十多年，而且他们或多或少有过在正规美术院校学习的经历。但那时的学习就有些"另类"。方力均回忆说："上大学的时候画模特，大家都喜欢抢一个好位置，然后就去画。那时候我就觉得这是不对的，但我也不知道为什么不对，我就懒得去抢这个位置。因为所有的同学都要选 2/3 角度，选光线，当同学们都把角度选完之后，我就坐在一个没人要的、离模特最近的位置。这时候我根本看不全这个模特。但是我得到另外一个东西，就是模特的体温能扑到我的脸上，模特的血管和肌肉在动的时候，我也能很贴切地看到。那个时候我是调动我所有的感官来画的，而不仅仅只是'看'。……我努力地画模特身体的体温、皮肤的弹性、血液的流动，那么我跟别人的起点是不一样的，我能够深入到内部去传达这样一个东西，而别人仅仅是画构图，画样式。现在我的创作，和生活，和社会关系都尽可能地按照这样一种想法，一种想象力来总结的。"这是一种"零距离生命体验"。因为零距离，所以无法观察，只能是全身心地感受和体验。因此我们在看方力均的画时永远觉得距离不够，观众不断地后退，而画面里的形象却不断地"欺"上前来。

现在他自己也明白地说了："画家空间的问题一般只考虑到'看'，什么近大远小，避实就虚，实际上画的空间也包括心理空间，画传达的也是一种心理，因为眼睛毕竟是一个通道……你最终的空间是由心理空间派生出来的，那么你的心理空间是由你的社会经验产生的。这个时候你研究你的对象的时候，坚决不能只从眼睛去设想，你必须设想他是有心的。而我们的许多艺术家往往就把我们的观众当作傻 X 看，好像他们只长着眼睛，而没有心一样；

或者他们心里边脆弱得只是今天阳光明媚，或今天下雨的时间段，而没有历史的深度。如果你对观众足够尊重的话，你会从观众的角度去考虑许多问题；如果你自己本身就是观众的话，你做出来的作品给自己，你就会明白其中的奥妙，这样你跟观众就没有隔阂了。所以我们的艺术家有时候，太把自己跟观众分离了。但是我不喜欢这种分离状态。”“我喜欢我始终处在一种非常open 的状态……这样就会有更多的信息，或者更多的生活本身的感受涌进来……现在很多画家画画都用照片了，但照片的来源我始终控制，我几乎不会为自己的作品拍照片。……我认为这样的话，永远都会有一些东西能够触动我，是在我的想象力之外的。但如果我总是为自己的作品拍照片的话，那么所有的照片都是在我的想象力之内的。一幅作品可能是这样想出来的，但长期下去的话，这个东西是致命的。”

铁林记录的是无拘无束的谈话，所以难免出现个别用 XX 标示出来的字。如果这些话都袒露出来虽然更真实，却也有不够文雅的地方。比如鹿林对自己 know how 即技巧的揭示就有这种问题。

鹿林说：“我一般是早上四五点钟爬起来，起来后的第一件事先手淫，这已经是一种习惯了，然后开始画画，画到中午。现在喝酒的时候很少，但昨天喝酒喝多了，喝了好几场酒……”这种说法如果不是夸张，几乎是一种病态，但这里毕竟有真理。艺术家的创造力总要有点生理基础，也多会表现为行为的怪异。略萨的小说中有一位歌手，进录音棚之前也总先上卫生间行事，所以音色柔情、甜美；而他的崇拜者了解了这一隐秘后更感到痴迷。

鹿林与方力均刚好相反，他的画似乎是藏不住的，有买主他就卖，因而什么也没剩下来，况且体力“透支”过大，如何可能持续呢?！铁林的书里说，他已义无反顾地离开宋庄了。

我们今后也许还会看到鹿林的作品，在他的作品中多少也可以找到他生命的痕迹。不少美学理论是将艺术作品与艺术家及其生活、创作、行为方式分别对待的，因而艺术家就更像是一些道具、供奉或牺牲。这种美学理论未免过于无情，它使艺术鉴赏变得很残酷，因为你是在观看艺术家真实生命消逝的过程，你的观看还没有过瘾、解恨，那些艺术家却已经老了、废了、残了。但真正的艺术毕竟是用艺术家的生命换来的。真所谓“红颜薄命”，一个伟大艺术家一生能留下几件永恒的作品呢？思想家又何尝不是如此呢？福柯为什么要混迹于同性恋者的社区之中？为什么要到人迹罕至的山上去体验致幻剂的药效呢？又为什么能从不幸车祸中体验到赴死的快感呢？所以我们不能占了便宜还卖乖，一边因艺术作品的存在而得以与真理谋面，一边却谴责艺术家的行为不端。也许我们对其生活及创作方式有更多的了解才能更深地体会其作品的意义。

三、作　品

在文明高度发展的时代，没有人可能拒绝高等教育，艺术这个行当也是这样。中国的现代艺术教育尤其是西方式的艺术教育，曾长时间地保存或限定在高等艺术院校里。但学习与学习不同，有些学习就学僵了，只注重技巧、形式，而忽略了内容和生命的创造。宋庄的艺术家们从美术院校里出来，却保持着强烈的探索心态。我们可以注意到方力均的一种说法：“画家有互相提意见的习惯，比如在我的工作室里面，有的人会说，方力钧，我觉得你应该这样好一点，我都会毫不客气地对他说，你不能给我提意见，这是我自己的事情。这个事情我必须要懂，如果我做好了，是我自己的事情，如果我没有做好，也是我自己能力不行。”这好像与谦逊的品质问题无关。

艺术行业本来就是残酷的。新艺术的诞生并不会把旧的艺术挤出局，相反传统的艺术作为一种不可企及的典范永远催生着新的形象，因为艺术就是创造性本身，她拒绝模仿，拒绝重复。不创新，毋宁死。

艺术的创新还要经历公众认可的程序，按照伽达默尔的说法，它是在一个比形象创造更为基础的游戏结构中存在的；艺术家的巨额投入是在没有与观众签约的情况下进行的，因而它就像一局豪赌。而在现代商业社会中，尽管取巧的可能是存在的，但另一方面说，即使真正抓住了生活的意义，由于公众认同过程来得太慢或过晚，艺术家饿死的可能也同时存在。对于标榜“前卫”的艺术家，这就是风险所在。有多少人会愿意在刀锋上讨生活呢？

创作还并非单纯的形式，艺术家如果不能更深一层地揭示出生存的意义，那他注定会是一个失败者。在这个意义上我曾更多地注意西方现代派中超现实主义的绘画，而在近年的宋庄也许可以关注一下所谓的行为艺术。

国内近年的行为艺术受到许多批评，但我常常感到那些批评不是艺术的。由于行为艺术有强烈的干预生活的企图，因而那些受到批评的艺术家与其说是挑战了艺术，不如说是挑战了传统的伦理。比如成都一位艺术家的作品甚至引起了西方同行的愤怒，并欲阻止作品的继续完成。我的确没有听说国内有什么太成功的行为艺术作品曾短暂地问世又消逝了，但我还是把这里的原因归之于思想传统的羸弱，尤其是对人、对存在问题缺乏深刻的思索。因此人们至多是从各自的立场出发，批评了某些行为艺术作品或尝试，而无法否定行为艺术的完整方式。同时我们还缺少对这样一种较为极端的艺术活动及其作品的艺术批评。

宋庄的片山做过一个行为艺术：“2000 年的时候，我在怀来做了个活动。我在一个两米见方的黑箱子里，困了七天，我的表哥住在帐篷里负责我的食宿。2000 年 1 月 1 日那天早晨，我用斧头劈开箱子，出来迎接新世纪的第一个太阳。可以说，这件事的最初想法也是观念的，我自以为是地想在 2000 年之际代表什么真正的思想者、孤独者和承担人类命运者，又想起人们对环境的关注，对人类命运的提醒，于是我带着某种悲壮的感觉进去，出来才发现压根儿就没有人对我的观念感兴趣，当地的农民除了好奇，还被我们这群疯子弄得很混乱。他们才不理会什么环保啊，什么人类命运啊这类屁事儿！在回城的车上，一个朋友问我在里面都悟到些什么，我说，就觉得空气最重要。朋友大笑说我失败了，还以为我悟到了什么呢。是啊！我应该悟到些什么，可我什么也没有悟到，倒是现在感慨良多，朋友怎么会知道我关在里面的滋味呢！在车上，我真是百感交集，深感思想观念的虚幻，我无法传递，因为这是我独自体验到的。”看来，这个“行为”该如何评价的确还是个问题。

但我们是否应该为行为艺术的创作提供一种较为宽松的环境呢?

行为艺术本想突破传统美术作品的永恒性，因此让其成为一场表演。一旦表演结束，作品便不复存在。但现在的行为艺术都留有摄影或录像资料（尽管表演的当时都有见证人即观众），可见其不能真的放弃“流芳百世”的追求。行为艺术有偶发性，一些情节是即兴的，甚至参与者也是不确定的（有时观众也是参与者）。这与早期的戏剧有相似性，只有个大致的“幕表”（情节规定了），演员们跟着感觉走，台词想怎么说就怎么说。行为艺术最大的“问题”来自于其以“身体”为媒介，而这个身体在较多情况下是暴露的。很多批评者的意思是说行为艺术家有裸露癖或窥视癖，而安全地实现这种欲望只有打出艺术的招牌。严格说，身体不等于裸体，裸体也不等于色情，这里还有相当一段“政策”距离。在西方，从古希腊开始就有裸体的雕塑存在，并且无限美好。而在我们的文化环境中，当年杭州艺专刘海粟们画模特引起过轩然大波；20 世纪 90 年代人体艺术大展也闹得沸沸扬扬。在这类事件中其实都不是艺术有错误，而是我们的艺术观念有差距。所以我们这种“国情”能与时俱进才真正有助于行为艺术的健康发展。

然而说到底，行为艺术的要害是艺术，作为艺术作品，其形象（“身体”或“事件”）背后一定要有某种寓意或蕴含，要表达对生活的特定评价；哪怕你是某种“苦闷的象征”。所以网上有一个说法我很赞成：“两位性感女郎与 888 条蟒蛇同眠一周，压根就是商业性的竞技娱乐。”（岛子）该文提到一个表达极端反抗的恐怖个案是一位维也纳艺术家，“他为自己的艺术而殉难；一寸寸地连续切割自己的阳具，为此死于 1969 年，享年 29 岁（1972 年卡塞尔的‘第五届纪录片大展’以艺术事件的录影带方式，展示了这种疯狂的恐怖）。”这在一个有殉难传统的宗教文化和弗洛伊德理论的环境中，其作品的意义不难理解，艺术鉴赏的残酷性也被公开了。

在若干年后反省温州地区经济发展的历程时，人们说温州是一个“自费改革”的典型：国家没有给什么特殊优惠政策，还顶着各种政治风险。宋庄大概也是这样一个自费启动文化体制改革的特区。我以为从上述三方面看，这个特区的确是有特色甚至取得某些成就的。铁林的镜头已经在不太晚的时候，将这里的实验部分地记录下来了。

将宋庄当作一个特区，而且是一个自费改革的特区，就是希望人们以一种新的眼光去审视它。比如说，我们能不能试着以20年以后的眼光来打量它，评价它。悲剧是一种艺术，有时艺术必然有一种悲剧命运。用恩格斯的话说是“历史的必然要求和这个要求的实际上不可能实现之间的……冲突”。印象派的作品在西方最初也是不为人们所接受的，今天却都价值连城。因而人们对艺术创作应该有格外的宽容。

比如我们考虑到艺术作品与艺术家可以相对区分，那么我们是否更应该反省我们对艺术的态度，而不是挑剔艺术家的生活小节？我们是否没有必要直到画家把他与其模特的关系洗刷得特别白以后才接纳那些美的原型呢？

比如国内的艺术批评家常把现代主义仅仅视为形形色色的形式主义流派，将国内各种现代主义思潮的追随者仅仅视为西方艺术形式的模仿者。而现在宋庄诞生的许多画作就是从本土的生活出发的，他们绘画形象的创新不再是对西方某种艺术派别及绘画技巧的简单模仿，而是从自己的生命中感受、体味出来的。那么宋庄的艺术不正是纯粹中国的吗，尽管它们还可能漂泊海外，面临“再区域化”的命运？

比如我们考虑到宋庄有激烈的生存竞争，有与学院的悠闲所不同的环境，而中国的现代艺术就从这里开始，充满艰辛地向世俗的生活中生根，那么我们就不能容忍他们在这种很极端、很刺激的生存状态下有几分醉生梦死，不时来点“高峰体验”吗？不然人人都很小资，都很中产阶级，都很平庸，如何会有艺术产生呢？

又比如我们考虑他们与城市的“间离”，考虑他们对“自然”的回归愿望，那么能不能对其有点返祖、有点野性的行为艺术予以宽宥呢？等等。

从黑格尔的时代起，美学家们就受到一种煎熬：艺术的地位越来越高，艺术品市场越来越大，艺术品的价格越来越高，而艺术即将终结的焦虑始终困扰着他们。一方面他们控诉商业时代对艺术的亵渎和伤害；一方面他们毫无自信地站在艺术界的大门口，想招徕更多的艺术家，又唯恐把骗子放进来令自己蒙羞。令他们游移的可能是艺术标准的朦胧和对时代变化的不敏。全球化是艺术存在的一个新的环境和新的时期，也是艺术的一个新的问题与对话对象。21 世纪能让艺术从容面对吗？会让美学家免除对艺术终结的焦虑吗？中国的艺术又应该如何呢？所有这一切现在都还仅仅是个开始。相信这次中国人会比以前聪明，会让宋庄的实验继续下去。

把眼光调到 20 年后，这样焦距更清晰。这是我当着铁林的面说的一句外行话。

本文是为赵铁林纪实性摄影作品《黑白宋庄》作的“序”，该书于 2003 年 10 月由海南出版社出版。宋庄在北京市通州区东北部，这个乡镇的若干自然村住有大批艺术家，形成当代中国著名的艺术家集聚现象。人们可在搜索引擎上输入“中国宋庄”进行检索。赵铁林是当代中国摄影师，除了《黑白宋庄》，还有《另类人生》等作品。本文中很多没有注明出处的引文均引自《黑白宋庄》；书中除有大批黑白照片，还有一些艺术家的访谈录。

也是一种想象

——知识经济时代的艺术投资和“宽视现象”的启示

想象，如果用它来说明艺术创作的重要过程，似乎已没有多少新意，但如果用想象来说明艺术投资者的商业决策就多少令人惊诧。让我们试着做做看。

一、企业投资比个人投资更具意味

随着中国经济的持续增长、国内居民富裕程度的提高，艺术品消费日渐引得人们瞩目。北京、上海、广州及西部的西安、成都等城市以原创艺术作品销售为目的的艺术博览会、双年展此起彼伏，艺术品销售火爆。山东等地的中国画市场也声名远播，吸引了全国各地的购买者。在国际艺术品市场，中国艺术家风格多样的作品也逐渐成了气候，占据了显著的地位。在国际著名拍卖公司如嘉德、索思比的拍卖会上，中国艺术品的价格屡创新高。中国文化在艺术不断创新的过程中，在“走出去”闯荡国际市场的过程中，逐渐树立起自身鲜活的形象。

在这个潮流中最使我们关注的是，参与艺术品交易的不仅是那些收藏者个人，而且有越来越多的企业组织。如北京保利集团2000年就在香港市场上，以近3000万港元的巨资收购了清乾隆年间放置在圆明园中的铜牛首、铜猴首和铜虎首；而上海一家房地产公司也以100万美元的价格从法国方面购得罗丹雕像《思想者》的一件翻制品，让其永久落户浦东罗丹广场。拥有雄厚实力的企业的加入使艺术品市场竞争更加激烈，甚至令一些收藏者个人或小型画廊主持人望洋兴叹。

在这种情况下，有不少的行家里手开始在媒体上谈论“收藏经验”，诸如“投资新兴领域”，即正在崛起的中国油画；“投资明日之星”，即今日仅小有名气的艺术家；“投资前卫艺术”；“投资健在的著名老画家作品”或“投资写实功底深厚的绘画、雕塑等艺术品”等。其他还有所谓“以空间差价经营获利”，即利用各地之间信息或政策上的差异，低价进高价出；“以时间差价投资获利”，即靠“捂”把价格熬上来；以及“时间差价和地区差价结合经营获利”等。这类经验除了是建立在对艺术品乃至艺术史的深入了解基础之上以外，实际上已经和金融投资即“炒股”没有太多分别。而这里没有谈到的正是个人投资与企业投资的重要差异。

其实，将“炒股”经验用于艺术投资也提示人们，今天的市场已经不是昔日的集市，现代金融业及各种金融手段的发展标志了整个经济增长的阶段性特征：人类已经跨越了农业经济（第一产业）、工业经济（第二产业）的阶段，并逐步从服务经济（第三产业）、信息经济（“第四产业”）向内容经济（“第五产业”）的时代过渡。这时，艺术投资已经不仅仅与少数个人的趣味或雅好相关，而是与一个社区、一个地区、一个国家乃至一个区域性市场的经济活力、增长后劲，以及可持续性等重大问题紧密相关。发达国家在20世纪90年代以后，纷纷出台国家文化产业、创意产业政策，就是为了在新世纪的经济竞争中立于不败之地。

美国是一个市场经济制度最彻底的国家，它竟然连文化部都没有。可即便如此，成为其“准政府文化政策”的文件就叫做《文化投资：州的政策创新》。这里所谓文化投资当然比我们说的艺术投资内容稍稍广泛一些。但我们应该关注它的内容，如果它揭示出文化艺术投资可获得巨额经济回报，那么不仅对美国各州具有示范作用，而且也应会让我们的企业和各级政府心动。

报告告诉人们：“非营利性文化产业每年为联邦、地区、州及地方创造244亿元的税收。相比之下，联邦、州及地方各级政府每年为支持艺术而投入的资金不足30亿元。政府每年对非营利性文化产业投资的资金回报是8倍多。”另一个事例同样引人瞩目：“1980年以来，‘国家重点街区保护中心’……项目启动以来……共获得公共及私人的重新投资达161亿元，平均每个社区970万元。而社区用于重点街区保护的每一个美元，则带来了40美元的再投资。”报告还说，社区文化氛围的提高、生活质量的提高会使一份工作对知识人才的吸引力增加33%。这就是美国人眼里的文化、艺术。而我们觉得，中国人在讨论艺术投资的时候，也应该考虑这样一个基础性的问题域。我们如果仅仅像那些个人投资者、画廊老板那样考虑问题，对中国刚刚预热状态下的艺术投资热就会缺乏真正的敏感，就会“近视”，就会聚焦于菜市场里那种锱铢计较式的讨价还价，或仅仅热衷于某几次“吃仙丹”[①] 的奇迹。

因而，随着像宽视、保利这样的一批企业大举加入艺术投资领域，我们看到的不仅是对于艺术家的某些利好消息，而且首先是中国经济健康发展的一个新契机。多元资金大笔大笔地投向艺术，这是一个新时代的标记。

二、企业投资艺术的创新模式比传统模式更具优势

人们关心个人艺术品消费，相信能够以几十万乃至一百万的价格购买商品房的消费者会愿意以几万元或十几万元的价格购买艺术品；而我们更关心企业的艺术投入，比如在今天已经有些“泡沫”的房地产市场上，开发商提高在建项目竞争力的手段恐怕最终会是艺术投资。个人收藏仅仅意味着终极消费；而企业艺术投资则意味着商品附加值的提高。

不仅如此，我们还更关注一些新型文化企业的艺术投资模式。一般说，企业介入艺术投资的优势在于资金的雄厚，通常说，它是吃“批零差价”。画商、画廊的做法就是这样的。然而在知识经济时代，新型文化企业的经营模式比它们棋高一着。

---

① 业内说“吃仙丹”指的是在市场里某些真品被人们视作赝品低价出售，高手独具慧眼，断然买下，接下去查找其为真品的依据，揭诸于世；投资者恍然大悟，争相高价收进。如此，投资者获利百倍，短期内就实现了成功的投资。

这样我们就可以看到两种类型的企业化艺术投资模式：传统的如画商、画廊，以及新兴的，比如说“宽视模式”。所谓“宽视模式”是指上海宽视公司在1999年正式签约西安画家刘令华，并且共同锁定中国传统戏曲题材，迅速推出一批颇具影响力的“国粹油画”的商业操作探索。[①] 根据公司负责人的介绍，宽视公司的探索有几个基本特征：一是“深度介入艺术创作”，即“国粹油画”的主题创意是公司主导的。艺术家刘令华在签约前的作品题材并不显著地聚焦在传统戏剧方面，但公司看好艺术家的某些创作潜能。公司的提前介入，使宽视与艺术家共同拥有系列作品的知识产权，于是为各种后续操作奠立了一个便利的基础。二是“组合各种社会资源，以社会效益主导经济效益；让历史价值融入艺术作品”。宽视公司在推介艺术家刘令华作品的过程中，努力把握各种历史机遇和文化题材，让刘令华的绘画作品出现在上海APEC会议的会场里，以及各地京剧艺术节演出场所的醒目位置，甚至让他的画作上还留下了京剧表演大师梅葆玖先生的题词。油画作品因此也成了民族文化庆典活动中的美好道具和重大国际性历史事件的可靠见证。三是继续打造艺术作品的价值链条。宽视公司不仅让刘令华的绘画有机会赴日本、法国、香港等地展示，而且还让其作品形象变成电信卡之类的金融衍生产品，还努力使之成为系列商品的品牌，希望开展授权经营，等等。在这个方面，人们还可以拭目以待。

将宽视公司的艺术投资操作称为模式在很大程度上有点理想化色彩，它毕竟只是一个个案。但通过它我们已经可以清楚地比较出一个不同于画商、画廊那种传统艺术投资模式的新型模式。我们曾为描述艺术产业发展对行业内以及行业外的巨大拉动作用做过一个“A－B－C”的模型。[②] 其中A代表艺术（art）或艺术作品（artist work），泛指一切文化产品；C代表收藏家

---

① 参见朱建民《介入文化产业，投身艺术市场运作》，载《2001－2002年中国文化产业蓝皮书》，社会科学文献出版社2002年版，第297－304页。

② 参见拙作《艺术品的价格构成和艺术市场的产业化程度》，载《艺术当代》2002年第2期。

（collector），也泛指所有消费者（consumer）；而 B 则代表商业环节（business）。这里重要的是 B 这个环节的拓展：文化企业的艺术投资不仅会拉动文化产业内部各个环节（以 bn 表示）的发展，还会向其他传统制造业或传统服务业（以 bn 表示）扩张。最终这个扩展了的 B 环节使整个公式成为了：

$$A - B\ (b_1^1 - b_2^1 - b_3^1 \cdots - b_n^1 - b_1^2 - b_2^2 - b_3^2 \cdots - b_n^2 \cdots b_1^n - b_2^n - b_3^n \cdots b_n^n)\ - C。$$

现在让我们运用这个公式，分析一下传统的商业性艺术投资模式和新型的商业性艺术投资模式有哪些不同。

这种不同主要有两个方面：首先，传统的画商、画廊方式仅向下游方向（C）做工作，即向收藏者、消费者推销自己收购的艺术作品，而对上游方向（A）无所作为；新型的艺术投资不仅向下游方向做工作，也对上游方向，对创意、题材等有所干预。用商业术语说，前者是做销售的工作（sale），而后者是做营销（marketing）。第二，传统的艺术投资方式仅仅对行业内的不同环节有一定的拉动效应，如画廊出资为艺术家印画册、办个展、登广告等；新型的艺术投资则不仅拉动文化产业内部各部门（bn 表示的部门）的发展，也拉动传统产业（bn 表示的部门）的发展。日本一家动画公司的卡通形象凯蒂猫（Hello Kitty）据说已经被负载在 1.5 万～2 万种商品上，所有这些商品都要向那位形象拥有人支付知识产权费用。这已经非常清晰地向人们展示出艺术投资的巨额回报前景。

简单地说，传统艺术投资模式是单纯的、线性的、一元的、窄带的；创新的艺术投资模式则是复合的、全方位的、多元的、宽带的。在市场竞争中这两种模式的力量对比是显而易见的。

三、艺术投资对想象力的要求更高

在不少西方现代思想家那里，艺术与市场似乎是水火不相容的：艺术追求真理，而市场仅仅追求利润最大化。同时，艺术家个人的创作自由是神圣不可侵犯的，艺术那种前卫的表达永远不可能在追求均质化的市场上得到认同。在不少中国学者看来，商业因素对艺术创作的干预就像若干年前政治因素对艺术创作的干预一样，结果注定是不幸的。这些在一定程度上有事实依据，体现了学者某种终极关怀或人文理想。[①] 但历史正在发展，一些新的趋势会慢慢改变人们的成见。

这些新的趋势或许可以从市场和艺术两个方面来描述。

人们谈论“后工业社会”“后现代主义”等已经有很长一段时间，但这种用“后”字定义的概念一直是靠它后面的关键词界定的：人们只有知道什么是工业社会和现代主义，才会对后工业社会、后现代主义有所感悟。但从20世纪70年代起，尤其是到了90年代，“知识经济”这个概念的产生开始改变这种局面，它给予“后工业社会”以及特定语境下使用的“后现代主义”以某种正面的规定。而知识经济自身的发展轨迹正是从法兰克福学派否定性使用的“文化工业”一词开始，向晚近逐渐成为中性用语甚至褒义词的“信息产业”“内容产业”“创意工业”方向靠拢的。Knowledge-based economy眼见着向Art-based economy转化。除了我们上述关于市场推动文化传播的讨论外，麦克卢汉、戴安娜·克兰等人的研究实际上也揭示了文化穿透市场的长远趋势。[②] 我们说，如果文化因为进入市场不免沾染几分铜臭的话，那么市场也由于文化的进入而带上些许书香。

这里的关键是我们怎样看待市场，尤其是知识经济时代的市场。讲究现实的市场和追求理想的艺术有一定的差距，但市场本身并不是艺术的天敌。人们容易看到的是市场中企业利润最大化的商业目标，而容易忽视的是这个目标背后更根本的目标，即消费者需求。顾客才是上帝。所谓后工业社会就是说企业生产的产品更多的是终极消费品，而不再是另一些企业的生产工具、

① 参见［英］F. A. 哈耶克、［美］罗伯特·诺齐克等《知识分子为什么反对市场》，秋风编译，吉林人民出版社2003年版。

② 参见［加］马歇尔·麦克卢汉《理解媒体：论人的延伸》，何道宽译，商务印书馆2000年版；［美］戴安娜·克兰《文化产业：媒体与都市文化》，赵国新译，译林出版社2001年版；章建刚《文化产业发展的几个基本逻辑》，载《中国文化产业评论》第一卷，上海人民出版社2003年版，第64－79页。

重型机械等等，因此它必须负载日益增多的人性化设计。这样的目标既是商品设计者的专业理念，也必须成为企业领导人的思考起点。在这样的情况下，艺术与市场有了共同的契合点：一切为了人。历史地看，这是市场向艺术靠拢。

按照海德格尔的看法，思想和计算是两种不同的生存方式，前者是根本性的，后者是现代社会或者商业社会的弊端。可到了知识经济时代，企业家也不得不去思，而不仅仅是算。我们曾经说，艺术作为人文学科的代表，最终关心着生活的意义问题。而对生活意义的体验、理解既不是靠观察、实验等自然科学的方法去发现的，也不是靠计算这种商业方式揭示的，因为那个意义本不是现成存在或一成不变的。它是思的构建，是持久的想象，是一种希望。现实中无定的人总对永恒怀有一分形而上的执着。凭着这种想象，他把明天做成了现实。这个意义上的思等于想象，想象等于创造，而思与在同一，因此，存在就是被想象（To be is to be imagined）①。现在我们说，想象，而不仅是计算，已经成为对知识经济时代的文化企业领导人的素质要求。

应该指出，虽然文化产业在本质上说都是传媒，但其市场竞争最终是靠产品的内容或服务给人的体验取胜。艺术投资不仅属于一般意义上的风险投资，唯因其风险高，获得高额回报才是合理的。而且通常的风险投资只是针对高技术，这里的风险投资针对的却是高文化，是为文化、价值、意义、理想等的历史延伸“下注”。相对地说，技术类风险投资的决策靠计算；而艺术类风险投资的决策拼的只能是思，是想象。

如果是这样，那么宽视公司的决策就是富于想象力的。它不仅使刘令华的绘画艺术作品中同时负载了传统戏剧艺术的价值，也让它负载了中国现代化进程的各种历史价值。它还希望这些价值能负载在其他类型的产品和服务当中。它要让更多的消费者而不仅仅是绘画艺术或油画艺术爱好者对其进行货币投票。

---

① 参见聂振斌、章建刚等《思辨的想象》“前言”，云南大学出版社2003年版。

当然，这是一种理想主义或理论的态度。我们没有说宽视公司的艺术投资已经获得了成功，相反我们看得到宽视公司投资艺术的巨大风险，尤其是当公司采取的是“投资明日之星”以及“深度介入艺术创作”的策略时就更是这样。现实永远都具有成功和失败两种前景。但是起码，如果我们也对艺术创作的自由有某种担忧，对艺术作品被商业炒作的结果有某种担忧时，我们仅仅是担心企业在计算和想象之间能不能把握好分寸，两种技巧搭配能不能获得乘法效益。严格地说，企业的长期行为也不应是无限遥远的。人们要求企业想象的只能是有限历史时期内人对生活意义的理解、判断和构建。而它手里把握着的艺术品什么时候该果断出手靠的是精微的操作技巧和计算。艺术是一种游戏，商业也是一种游戏；而现在，商业与艺术联手，玩的是一种更高超的游戏。胜负转换往往在一瞬间就颠倒了。问题是我们到底关心什么。

四、企业投资艺术给美学家留下的艺术问题

企业趋向艺术投资，必将给艺术市场带来巨大的资金注入，带来一些令“散户”瞩目、追随的“大户”。那么，这会对艺术自身的发展产生怎样的影响呢？艺术是否会因而变得粗俗呢？

市场无疑不是万能的，失效是难以完全避免的。好在艺术还不至于完全被装进市场。西方各发达国家政府明确制定文化产业政策就是要扶持艺术原创，甚至包括以转移支付的手段来校正市场偏好。但是，方向性缺失似乎是各种标榜“后现代主义”的艺术流派的共同特征。“投资明日之星”“投资前卫艺术”的风险就在这里。如果真像福山说的，民主制度的普遍实现意味着“历史的终结”，于是满大街走着的都是“没有胸膛的人”，人们还会有对艺术的渴望吗？对这种问题的疑惑同样是“后现代状况”的特征。

一位被划入“后现代”范畴的思想家伽达默尔，曾经敏锐地批评了近代以来那种从审美心理经验进入艺术研究的方式。他不接受康德审美无利害的

观点，对黑格尔在《美学》中对各种艺术门类进行的排序也进行了某种反拨。他说：“那些由体验艺术观点来看处于边缘的艺术形式反倒成了中心；这里就是指所有那些其自身固有的内容超出它们本身而指向了某种由它们并为它们所规定的关系整体的艺术形式。这些艺术形式中的最伟大和最出色的就是建筑艺术。”①

黑格尔曾将建筑视为艺术的初阶，它仅仅为神的出场“建立起庙宇”。艺术的第二个演进阶段，雕塑出现了，神“自己走进这所庙宇，以个性的闪电似的光芒照耀着并且渗透到那无生气的物质堆里”。第三阶段是“从神本身进到信士群众的虔诚膜拜”，先后通过绘画、音乐和诗歌，“原来在雕刻里神所具有的那种坚定的统一就分裂成为许多个人的内在生活，而这许多个人的内在生活的统一却不是感性的而是观念性的”②。于是艺术“终结”，被散文和哲学所取代。“我们尽管可以希望艺术还会蒸蒸日上，日趋于完善，但是艺术的形式已不复是心灵的最高需要了，我们尽管觉得希腊神像还很优美，天父、基督和玛丽亚在艺术里也表现得很庄严完美，但是这都是徒然的，我们不再屈膝膜拜了。”③ 但伽达默尔的话使我们感到，艺术史仿佛开始了新的一圈轮回。这很像是一个新的时代的开始。

无论是对于黑格尔，还是伽达默尔，我们都需要继续理解。但伽达默尔的哲学思考已经提示我们，再沿着现代主义各种派别运动的轨迹向前瞻望也许是不够的；再梦魇般地被诸如杜尚《泉》之类的作品所纠缠也许是不合时宜的。艺术创作自由当然是不可缺少的，但艺术家完全主观的一意孤行也许不行了。人们需要更多的交流。市场虽然不是完全真诚，却是最有效的交流。文化产业的发展不仅带来了包括粗俗的大众文化，也历史地落实了公民的文化权利。对于美学家来说，也许不仅要从审美回到艺术，而且要从艺术创作

---

① ［德］伽达默尔：《真理与方法》，台湾时报文化出版企业有限公司 1993 年版，第 221 页。

② ［德］黑格尔：《美学》第一卷，商务印书馆 1979 年版，第 105、108 等页。

③ 转引自朱光潜《西方美学史》下卷，人民文学出版社 1964 年版，第 148 页。

回到包括鉴赏和社会生活在内的完整的艺术活动。人们也许会看到，无论流行艺术形式，还是艺术风格，在文化产业发展的潮流中，都会受到相应的拉动，都会形成一些新的特征。美学家不仅要继续关注所谓“精英艺术”“高雅艺术”或“古典艺术”，而且同时应关注“大众艺术”，即大众传媒时代的艺术，关注那些与文化工业相关的、综合的设计艺术。一个简单的例子就是，像本雅明那样对电影这种“机械复制时代的艺术”抱有成见并没有更多的道理，而这种诞生在文化产业发展初期的新的艺术门类的主创人员似乎更知道主动争取大笔商业投资，而且不让它影响自己的创作自由。我们可以想象，电影《一个都不能少》（张艺谋）中“有点麻”三个字就足以让特定的饮料商欣然解囊。这里的确有一种双赢局面可以去争取。大众传媒时代的艺术家本不应忽视对传播效果的追求。而理解未来，继续澄清艺术的命运，这是我们所有围着艺术打转的人应该拓展想象力的领域。

本文原载《文艺研究》2004 年第 2 期，后为中国人民大学复印资料《造型艺术》2004 年第 4 期转载，并被《新华文摘》2004 年第 12 期摘登。

浮现中的生活、艺术与市场

——九棵树数字音乐产业集聚区调研纪实

我们最初获得的信息很简单：北京通州九棵树这个区域聚居着3000音乐人，有500个音乐工作室、50余个录音棚。但这里已经是对全国数字音乐产品市场有着重要影响和吸引力的产业集聚区。我们从这里开始进行调研，并试着进行初步的经济学分析。

这里有两个市场：音乐表演市场和原创数字音乐作品制作市场。两个市场相互连接，形成环环相扣的市场链。北音的存在对这个群落的发展起着引领的作用。“原创数字音乐作品制作”是一个较为含混的说法，指通俗音乐作品原创，同时是数字技术编码的介入。在这一点上它和电影有点儿像，而且它本身就是在为影视作品提供音乐及音响服务的，是其中的一个组成部分。在这个行业中，“编曲”是核心环节。

一、浮现着的生活

通州九棵树有一座民办的北京现代音乐学院（在当地被简称为“北音”），已有10年左右的办学历史。据说每年从这里毕业的学生中约有40%继续从事音乐专业工作，其中多数人选择在九棵树聚居（租房或购房）。这些20多岁年轻人的音乐人生就从这里起步。每年毕业1000人，那么10年间就会在这个区域留下约3000位音乐人。我们上面那个数字背后的推算公式可能就这么简单。

年轻的音乐人们是自我就业，属于“北漂”一类。很多音乐人一开始也不是全职做音乐，还要兼做别样（例如开黑车、开饭馆或者卖保险）；也有很多人都是“入行不入业”，即从事音乐创作和制作、音乐产品开发但不是经营一个企业（不进行工商注册）；还有一些合伙人只是像朋友那样共同创业。在创业期间，家庭（父辈）的经济支持也许是不可缺少的。所幸这些音乐人的家庭条件通常还可以，所以最终支持子女从事这种风险比较高的职业（波西米亚）。要搞音乐，毕竟在这里抱团打拼成功的希望要大一些。一般说他们的住房状况、生活状况或叫进入社会的“初始状态”也许会比海淀唐家岭的“蚁族”要好许多。

最普通的音乐人只是一些歌手或乐手。他们会在市内一些宾馆、酒吧、各类娱乐场所进行非正式的音乐表演，如在宾馆大堂弹奏钢琴，或在后海的音乐咖啡馆里为客人助兴演唱。据说一场演出大约是1小时（计时单位），有300~500元的收入（根据演出效果、上座率确定，也会涉及技巧、风格、个性等）。他们每周可能有3个晚上去“上班”，有时一个晚上会有一两次“转场”（从一个地点转移到另一个地点）。歌手或乐手的组合可能是商家建议的，而他们自己形成组合也是可能的。一位做了录音棚的音乐人的妻子是著名女生三重唱组合“黑鸭子”的歌手之一。如果工作合同比较饱满，那么一周下来，他们在通州租房的月租金就到手了，后几周的收入就是可自由支配的收益了，既可用于生活成本开支，也可作为再生产的投入（如乐器、设备甚至录音棚建设的投入）。要感谢通州的房价，感谢大量小产权房对通州房价的拉低作用，还有通州到北京市中心的交通便利。而且这些在表演时不乏疯狂的音乐人回到家里并不扰民，多数十分沉静甚至内向。于是我们偶尔会看到一些背着乐器的年轻人在九棵树地区行走。

与瞄准西洋音乐教育的中央音乐学院及瞄准中国传统音乐提高的中国音乐学院不同，北京现代音乐学院寻求差异化发展道路。他们的发展定位是通俗音乐及数字音乐制作。学院里使用电脑软件进行音乐处理合成是一门基本课程。所以如果一个歌手或乐手除了乐器还有一台可以编辑音乐作品的电脑，那么现在这些毕业生的居所就可以被称为音乐工作室。而如果除了电脑还有更多的录音设备和一小间专门的录音室，可以因此接受委托制作一些大众音乐产品并逐步获得声誉，那么这里就可以被称为录音棚。当然，即便这些录音棚就蛰伏在居民区里，音乐人的理想是让家与工作室分开。工作室或录音棚就像是“单位”。小区的居民听不到喧闹，因为这些录音棚经过极为专业的隔音处理，外面的声音传不进去，里面的声音也毫不外泄。毕竟这是一件靠耳朵进行的工作。在这种密闭的空间里，音乐人那个重要的感官功能被充分调动。（歌手们的耳朵都很好，能准确地分辨声音，然后唱出来、弹出来。）而使用软件、操作设备的技巧大多都是通过“百度”搜索得到训练。

歌手乐手的表演活动也需要有一些记录。也许他们在“谋职”时也需要经过“面试”，要提供“简历”。所以许多歌手乐手会对自己的表演进行有伴奏的、较正式的录音，制作成一个光碟。而如果录制不是自己动手做的，那么别人的录音棚就有了“生意”。更何况，还会有很多具有出版发行权的唱片公司会找上门来委托他们制作一些音乐产品。据说当前音乐录制的价格在走低，从以前上万元录制一首压到了每首只有五六千元。另外每年有上万部电视剧被创作完成，尽管不是所有的电视剧最后都在电视台播映过，但其音乐制作是不可缺少的。据说一部 20～30 集构成的电视剧在音乐制作上要花费 10 万元。这里有一些主题歌，有几段主题音乐及不同情境下的变奏，大约需要有总长一个小时的音乐素材在剪辑中使用。而一个录音棚大约要花一个半月的时间完成这项工作。这样的活儿能接上几单，一年的收入就有点儿可观了。当然这里有设备的成本，也需要支付请乐手歌手乐队来录音的费用。而通常情况下，每月能有 5～6 个小活儿，工作也就够紧张了。这样我们大致可以想象这个市场的规模和音乐人们的收入水平。音乐人们觉得周围他们的同行很多，需要的人手打个电话就“招之即来”，不必约到几天之后，因此干起活儿来很方便。我们向一些音乐人询问当地有 3000 音乐人这个数字是否准确，他们感到这个数字过于保守，从进入通州的八里桥过来一直到城区东南部张家湾一带，说有 1 万音乐人集聚他们也愿相信。据说这两年过来的人很多，有从市里（将录音棚）迁过来的；也有从南方比如广州过来的；还有台湾来的。他们认为在中国，九棵树地区是最大的数字音乐制作基地。

二、浮现着的艺术

通俗音乐当然是大众文化的范畴。但它们是当代活着的艺术，是当代人生活最直接也最新鲜的表达与流露。2013 年初，大雾笼罩北京，当晚就有一首旧歌被翻唱，表达人们生活在雾霾中的感受。我觉得这首歌很可能就是在九棵树制作完成。当代的艺术和古代的艺术不同，无论和传统的民间音乐比还是和西方 19 世纪的古典音乐比。这种不同有三个方面：一是在通俗音乐中，生活和艺术分离得不是很开，因此不成熟成了它们的特征。二是在网络时代，新的、以互动游戏为范型的、即时创作的艺术种类正在草创和形成当中。三是技术、机械（器材、设备）对创作过程的参与很彻底，没有这些物的因素，作曲家几乎没法展开想象。但是它们仍是原创的艺术，仍然追求着完美和希望。

每个稍具影响的录音棚里都会在显著位置陈列他们的作品（哪怕他们只是在这个作品生产的某些环节参与过），例如有 20 张左右的光盘连同它们的封面被展示着。这是他们的光荣，也是他们的广告！重要的是你是否知道这些作品的影响力，包括它们的演唱者是谁，出品人是谁，曾在哪些电视台播出，等等！我们看着那些作品的封套，就会识别出熟悉的电视剧或流行歌曲，脑海里就有了旋律（比如“老鼠爱大米”）。

每位棚主也会很自豪地对你介绍自己的设备。有些是从西方国家买的二手货，经港台等地转口进来，这样关税会低一些。但他们认为 20 世纪 80 年代的音响器材质量相当好，光凭分量就可以知道，为此他们愿意投两倍以上于今天新产品的价格。这样的设备如果再被设置在一个做过悬浮处理的工作间里，那感觉可就好极了，这就意味着作品的品质是上乘的。平时人们只知道在家里听音乐的发烧友会炫耀设备，原来制作音乐的设备更是可以“发烧”的。一位棚主告诉我们，为了录制吉他曲，他所使用的麦克风及从录音室到制作间的传输线都是专用的。另一位棚主身兼多种职业，除了制作音乐也参与演出，甚至还开着一家餐厅。他说“生活不太如意的时候也会悲观、灰心”，但一回到自己的工作室，拨弄着那些可以推上推下的机键，心情就会好起来：“我毕竟已经置办了这么好的一套设备啊！”谁能说这样的事业心及感受与学院派的音乐家有本质上的区别呢?！这是很多年轻音乐人多年的梦想，只是并非所有的音乐人都能梦想成真。

曾有棚主略带悲哀地说：“人们知道一首歌的词作者是谁，曲作者是谁，歌手是谁，乐队是谁，但有谁知道作品的编曲是谁呢?！”编曲，这个称呼在数字音乐制作行当中意味着太多太多。一首歌如果没有经过编曲，那么它就可能什么也不是。传统的民歌是在长期的传唱中慢慢成熟起来的。即使没有伴奏，仍然可以唱得非常感人。古典音乐作品在作曲家手里不仅有了旋律、乐章、和声、配器……而且已经有了全部演出总谱。这里没有什么工作要留给编曲去做。但通俗音乐很不同。很可能会有一个歌手走进门来，说“我要录几首歌”，于是他就百无禁忌地唱起来。但这可能与一张专辑相隔十万八千里。这时编曲要对他的歌唱做全部音乐分析、改编和配器，然后给他做伴奏，完成整个音乐形象的织体，再分别录制各个乐器的不同音部，最后“缩混”合成。最终，丑小鸭出落成白天鹅。据说甚至有一个歌手走进门来说“我有一个动机”。连旋律都没有，仅仅是一个动机，这样的“作品”也能生成吗?！这取决于编曲！事实上，数字音乐制作之所以可以发展成为一个相当规模的产业原因也在这里。从歌手的表演冲动到一个曲子的流行，这属于编曲的工作空间就是这个产业发展的空间。一般来说，棚主首先是一个作曲家，而他通常也会雇用一位优秀的录音师。

三、浮现着的市场

我们开始时说这是一个环环相扣的市场链，这话多少有些夸大其词，因为这个市场还基本处于半地下状态。这里所有上述音乐委托创作、编曲、录制活动都不是完全的市场行为，而只是自然人之间偶然的交易，哪怕它要经过好几个交易环节（公司或剧组委托创作或制作一个产品要把钱付给录音棚，录音棚又找到恰当的乐人或歌手来录制，还可能要向其他工作室或机构租用设备，这些环节都需要从前一款项中向后者支付报酬）。就像我们到乡间的小餐馆吃饭，然后向饭店索要发票。那会是很可笑的事。混迹于居民区或农民房里的工作室或者录音棚都不挂招牌，也根本没有经过工商注册。圈内的人口耳相传可以找到他们需要的合作者；朋友们也可能通过电话联络。相信这些个人间的交易也大致会有信用的存在，因为没听说有太多的官司。当然这里也不会有税收的事情发生。国家只注意规模以上的工业企业，对于这些自然人之间的经济行为睁一只眼闭一只眼。国家大就是不在乎这些！

但今天是一个知识经济的时代，文化创意产业正在世界各地兴起。文化产业也是一个巨大的产业群，一般说它包括两类规模不等的公司。文化产业是广义的媒体，通常它是依靠强势复制技术和巨大商业网络，通过知识产权交易购买作品或内容，然后开发成廉价的复制性产品展开营销。但这个产业的竞争使文化企业也希望尽可能控制处于产业链上游的文化原创资源，尽可能早地将原创的因素纳入自己的商业组织。但原创作品的市场化前景是有风险的，只有更加内行的商家才敢于做最初的商业投资，而普通的商家只希望拿到市场前景比较明朗的产品薄利多销。于是文化企业分成了两类，并构成进一步的上下游关系。处于上游的往往是一些小微企业，它们尽可能靠前地接触原创，然后取得开发授权。然后他们的产品出售给下游大规模的复制企业、有品牌的大公司，让它们去经营和开拓市场。两类商业组织中小企业的数量非常多，而大企业的数量比较少。通州九棵树地区这些工作室或录音棚就具有与原创环节最接近的小公司、小企业的特征。它们的位置甚至介乎于影视产品制作、音像制品出版机构和纯粹的艺术家之间；而它们的下家还要将自己的产品出售给播出或发行机构。在通州，这些小机构通常只有1～3人。

全球文化产业发展的一个主要趋势就是“纵向非一体化”。大的文化传媒期望做全媒体经营，这叫“横向一体化”。一个传媒集团，既经营广播电视，也发行报刊书籍。但原创产品的高风险要靠许许多多的小公司靠专业知识去规避，去分担。而数码技术的应用是这种分散化经营得以实现的条件。当然还有“纵向一体化”。所谓“纵向一体化”指的是一个产品的所有生产环节都在一个商业组织内部完成。但我们会在每部电影结尾的字幕上看到一大串机构的名称。原来今天一个作品的原创很少再是由一个单独的创作主体从头到尾完成的，每一个环节都是有一个独立的、专业的商业公司完成的。这就是所谓“纵向非一体化”。在文化产业发展过程中，由少数大的传媒公司和大批小的原创公司匹配而成的产业结构格局必然形成；而且人们还经常会感受到“媒体过剩、内容稀缺”的窘迫。

因此在发达国家，要发展创意产业就要支持原创，要关注、支持、发展这类小微企业。正所谓源远才会流长。政府的许多优惠政策都是针对艺术家和这些小企业的。但是中国的文化体制改革还没有走到这一步，文化市场在很大程度上还没有开放，还没有出台这类优惠政策的紧迫感。反之它更愿意给那些靠行政垄断地位已经获利甚丰的大型播出或出版机构以更大的资助。这样的文化产业政策是灾难性的。为了不被世界更远地抛在后面，这样的政策必须尽快改变。

那么为什么不愿意让这些小的艺术生产机构、小的商业组织浮出水面进行工商登记，让数字音乐制作的市场在阳光下运行，从而尽快做大做强呢？有人以为是这些艺术家很难管理，说他们本能地倾向避税。而我们听到的声音是他们并不太计较纳税，并且他们知道在发达国家税收优惠通常是针对小型原创企业的；同时他们还知道自己如果进行工商登记成为企业，就应该拥有独立的出版发行权。这样做更可以保护自己的知识产权。这和我们从一些管理部门听到的说法有出入。我们还听到，棚主们多对前不久通过的音乐作品著作权使用的法律表示难以理解，认为这是对原作者创作的不尊重，认为这会伤害艺术家的创作积极性。这一点也令我们有几分惊讶。我们听到较多的是国外的企业对我们的知识产权保护现状不满，对于这些甚至还没有进入市场的音乐人的不满我们估计不足。看来，不愿意市场化的不是艺术家、音乐人或编曲们。当然，目前这种半地下状态的活动并没有被严厉禁止，因此生活和创作可以继续，只是说起来不太有尊严，从事文化创作的音乐人如同沿街叫卖的小商小贩。

发展、培育并有效管理艺术品市场是国家的责任，在全球化与知识经济的条件下，这项工作变得更加迫切。文化市场开放是必然的趋势，而且届时政府还需采取强有力的措施使这个市场的规模迅速变大，管理迅速变得有效。或许对于这些小型文化企业的成长来说，集聚区的搭建会是一个很好的举措。我们应该使音乐人们在九棵树周边地区的集聚现象变成九棵树数字音乐产业集聚区的建设。

集聚区不仅是一个街区的建设，后续工作也不仅是物业管理。重要的是这里有政府的优惠政策，它表明政府在以具体的措施支持这些产业。如果草根性的音乐工作室或者隐藏在居民区中的棚主身份很难辨识，因此政策的受惠人（beneficiary）无法确定，那么进入集聚区像是一种资格认定。行业行政管理者可以知道这些业主在干什么。集聚区通常也是创意产品的孵化器。一些年轻的音乐人头脑里产生了旋律或者动机（motif），但他暂时没有设备实现它，于是他们可以向集聚区有关机构申请使用这里的设备。同时可能他们还没有足够的资金，那么集聚区可以经过对他们最初创意的审查，帮他们垫付资金。甚至有些创作最后失败了，或还需要一段时间的酝酿，集聚区先将其成本负担起来。这些政策性经济扶植是政府的举措，看上去政府可能有损失，但同时政府也可以因此拥有未来一定份额的知识产权。一个有政府机构参与的版权结构，或许在需要维权时使事情变得简单。当然政府并不需要每一次都投入或者资助，集聚区里可以有金融机构开展贷款服务；也可以引入一些创投机构、一些唱片公司在此寻找机会。这时集聚区对当事人的资格认定或许可以起到一定的担保作用。政策、金融、设备与技术的支持，这些才是集聚区真正的功能。

音乐人在集聚区的集聚更有利于他们之间开展的合作，他们休息时的小聚也许就会碰撞出新的音乐火花。尤其重要的是，当代音乐的创作的确由于音响及数字制作技术的发展变成“集体进行的”。这里强调的是更加细腻的专业分工，而且是在明晰的知识产权框架下进行的分工。对此法兰克福思想家是有忧虑的，但从影视这种艺术门类产生之日起，以前潜伏在交响乐作品创作中的原作－解释、创作－再创作不断循环的构造在市场条件下被发展起来。推敲起来，早期的神话或史诗都是特定文明共同体的“集体”创作，只是我们难以辨明其作者，更没有什么知识产权含义。似乎是这样：没有知识产权制度，艺术的创作最终变成了个人行为；有了知识产权制度，创作重新成为集体行动。

这时，北京现代音乐学院的作用也再次显现。北音是这里许多音乐人的母校。这里有他们许多的老师、同学或校友。由于共同的音乐人生涯和在九棵树集聚的便利，他们会频繁地再聚首。毕业生离开了学校，但学校对他们有着持久的吸引力。学校就是潮流。在不断增加的交往当中，音乐及其风格的传承才表现出来。难能可贵的是，北音的教育管理者们对当代音乐产业的发展趋势有敏锐的认识，他们的办学理念就是要精确瞄准两个市场：通俗音乐表演市场和数字音乐制作市场。通俗音乐的流行表现出当代社会生活中的旺盛文化需求；而数字音乐制作技术同时可以应用于古典音乐与传统的民间音乐。北音现有包括流行演唱、爵士乐、音乐传媒、音乐教育、新媒体艺术设计等在内的 8 个二级学院及流行音乐、电子音乐、影视传媒、音乐录制 4 个研究所，20 个专业学科、45 个培养方向，1000 余名教职工，9000 名在校生（含蓟县分校）。同时它不仅有 4000 平方米的演播大厅、350 间标准琴房，还有 8 个音频工作站、6 个视频工作站、16 个 MIDI 工作室及双排键工作室；拥有独立、完善的影视节目制作中心、动画制作中心和网络管理中心。学校注重与当地社会发展的互动，自 2010 年起开始举办“北京·九棵树数字音乐节”。它的社会影响力正逐步显示出来。

音乐节不仅是表演和创作的展示。利用学院西校区建成的数字音乐及多媒体设备、产品交易大厅，音乐节包含了乐器及音响设备展销；接续通俗音乐作品大赛，学院开展原创作品知识产权拍卖。学校还正在筹办中国现代音乐博物馆，打造北京数字音乐在线交互网络平台等。学校既希望做长产业链，也希望做全与社会方方面面的联络。学校计划建设音乐厅与音乐剧剧场，希望将位于市内的音乐消费市场引向通州，引向九棵树。因此，北音也给正在打造国际新城和创意通州的当地政府一个机遇：九棵树数字音乐产业集聚区可以依托北音加以实现。这样通州的本地音乐艺术市场可以就地浮现出来。

应该说，创意城市的理念比一般文化创意产业或创意经济的概念更胜一筹。它不仅彰显了文化经济化的产业前景，而且烘托出整个社会创造力的激发，文化、教育、市场、公共部门及社会第三社会部门共同参与，营造出极易点燃创意的城市氛围，吸引更多的人才到这里创业的美好前景。九棵树音乐人的集聚对于通州来说已经是第二例，它北部的宋庄已经成为中国当代美术家集聚的重镇。未来的创意通州将如同礼花绽放，而现在积极打造九棵树数字音乐产业集聚区只是它又一个“引爆”装置。

本文发表于《上海文化》2013年六月号，与宋革新合作。

中国“舞”台原创与市场的突破点

一

2004年上半年，中国的“舞”台似乎形成了一个小的繁荣期。不仅像《大河之舞》这样的“国际品牌”在中国造成轰动，连连加演，并给演出中介公司带来丰厚利润，而且像《云南映象》这样土生土长的舞蹈佳作也闪亮登场、脱颖而出，在北京、上海等地博得一片喝彩。更有在厦门举办的第六届全国舞蹈比赛异彩纷呈，美不胜收。据统计“仅这一次舞赛进入复赛的作品就有164个之多”，除了专家，厦门的舞蹈爱好者、观众恐怕也享尽了眼福。难怪北京舞协主席吕艺生先生要重提20世纪50年代中国舞蹈界领导人欧阳予倩先生的话说：“中国即将出现的舞蹈繁荣，将超越历史最辉煌的唐代。”并补充说：“特别是近20多年，中国舞蹈艺术发展的规模与速度，恐怕已远远超越欧阳老的预测。……就是横向比较，也不会落在其他国家后面。”他认为中国舞蹈已经站在了一个很高的“历史结点”上。①

“历史结点”说合情合理，且相当含蓄。一方面从一位资深舞蹈教育家的眼光看，中国舞蹈人才的成长、编舞表演技巧的进步有目共睹，不能不令行内人欣慰；另一方面，吕先生的赞扬较之欧阳老的欢呼也有分寸。一个结点并不说明更多的东西，只是具有了一种可能性、一个好的势头、一种可期待的希望！因为吕先生不仅看到了希望，也看到了一些缺憾。人们对中国足球常叹息其“临门一脚”的无力，因而迟迟不能冲出亚洲，走向世界；如今又是亚洲杯的赛季，人们希望这一次的结局能好一些。中国舞蹈的局面其实

---

① 见《舞蹈》2004年第7期《历史结点上的中国舞蹈》一文。

与足球很相似：似乎又有了一次机遇，但“临门一脚”我们准备好了吗？而舞蹈与足球相比还有一个弱项：它缺乏那么多的球迷助阵、喝彩。我们的观众似乎远没意识中国舞蹈繁荣期将要到来。

中国舞蹈尤其是“舞”台（舞蹈市场）真的会繁荣、红火吗？

对这个问题可以从三个方面展开讨论。一是大环境；二是舞蹈作品的原创；三是市场营销。

二

大的环境应该说是相当好的，50 年来没有比这时更好的了。近两年来，文化体制改革和文化产业发展已经提上了党和政府工作的日程。而事实上，国内演出市场的开放可以说是所有文化领域中最明确的，其开放程度也是最高的；至于演出院团的各种单项改革更是已有近 20 年的历史了。据有关统计，至 2002 年止，个体演员已经由 1997 年的 19446 人增加到 39872 人，演出经纪机构已经由 1997 年的 49 家发展到近 600 家。

从中国经济社会发展的历程看，虽然其工业化的进程并没有完成，实质性的金融改革刚刚开始，但其经济总量的增长还是非常迅速的，东部、城市地区居民人均 GDP 增长及文化需求增长非常迅速。中国经济的进一步增长、其产业结构的优化需要文化产业发展的支持与补充；她的和平崛起尤其需要道义上、国家文化形象上的提升予以支持；对她的公民更高质量的文化产品和服务的巨大需求应给予满足。更由于世界经济一体化的进程正在加剧，中国已经加入了世界贸易组织（WTO），因而可以说中国经济及其社会的健康、可持续发展首先已经走到了一个历史结点上。我们还可以看到人们对物质产品上附加的设计因素、文化因素、审美因素有了明确的需求：频频举行的时装发布引起了对高素质服装模特的需求；周期性举办的国际车展不仅要求豪华新车甚至概念的登场，而且也要求“美腿少女”的陪伴。在这样的时代，如果说居然没有对舞台舞蹈表演的充分有效需求，几乎是让人难以置信的。

美国舞蹈美学家杰伊·弗里曼在1976年的一段文字中说："十多年以前，有些舞者和作者就预见到了舞蹈团的数量、基金会的资助和来自政府的兴趣会日益增长。……如今的事实已经给予了证明。"[①] 美国与欧洲各发达国家都是在20世纪70年代前后进入知识经济时代的，在这个时期，文化产品的生产和出口、文化制品与服务的消费迅速膨胀。美国就是从60年代起才有了舞蹈的繁荣。这样的趋势和机遇如今已经与中国人尤其中国的舞者们面对面了。

三

需求和大环境有了，重要的就是作品了。从中国的情况看，保留的舞蹈节目不多，国外的经典芭蕾舞剧也不全部适合国人的趣味，因此丰富、源源不断的舞蹈原创、新作品的诞生才是舞台繁荣的关键。

而原创对于我们来说是一个明显的弱项。"20世纪华人音乐经典"就不是很多，舞蹈经典相对音乐则更为匮乏。《红色娘子军》仍不时上演，但艺术上远未臻完美。这里深层的原因不在艺术，而在思想。我们这样一个有过长农业文明传统的民族也有同样过长的思想禁锢传统。甚至由于我们这个民族的思想家受到过太多的禁锢，以至于她的文学传统也是以小作品如诗词歌赋为主的，所谓"此中有真意，欲辩已忘言"。这些诗作尽管非常含蓄、微言大义耐人寻味，但毕竟展不开，缺少复杂多变的作品结构；作者构思和深入开掘的能力得不到锻炼，只停留在情绪性的表现层面。而长篇小说在古代中国文学史上寥若晨星。

中国的历史和民族生活中并不绝对缺乏舞蹈，无论是汉族还是少数民族，无论是宫廷还是坊间。这里之所以要把"20世纪"拿出来说事不仅是说20世纪是中国现代化最初的进程，也是说我们的文学艺术进入了现代的范畴。黑格尔有一种思路，认为艺术史是精神或者真理不断表出来的过程。例如人

---

① ［美］杰伊·弗里曼：《当代西方舞蹈美学》，欧建平、宁玲译，光明日报出版社1995年版，第4页。

类最早的艺术门类、象征性艺术的代表建筑仅仅是为神的出场提供了空间，人类对神的想象最初只可能是神庙的样式。只有到了古典型艺术的时期，雕塑才将神的模样想象出来。而到了浪漫型艺术时期，信众们不再仅仅是膜拜，而是要调动绘画、音乐和诗歌的形式倾诉对神的衷肠，艺术成了个性化的。黑格尔讨论的就是一个艺术现代化的问题，只不过他使用了一种隐喻的手法。①

如果我们真的读懂了马克思的书，那么就可能解读出黑格尔话中的真意。这里隐藏的含义一是所谓神无非就是颠倒着出生的人自身；二是艺术的发生发展无非是一个不断自我解构的过程，即内容不断通过形式表出，旧形式不断被打碎并重组，成为新内容的新的形式构成要素；三是艺术史也就是精神的历史，是思想和思想家的历史。

黑格尔思想的力量在于其预见性。所有艺术惊世骇俗的现代转变都是在黑格尔身后发生的。简单地说，各种现代派艺术都是将传统的艺术表达形式进行解构，使其成为更加深入的个性化思考的表达手段。原来的视觉表象单元如人物或风景，原来的听觉表象单元如旋律，甚至原来的想象表象单元如故事、语句和词都被进一步粉碎了。人们在现代的视觉表象中首先感受到的是一些线条和色块；在现代的听觉表象中首先感知的是一些乐音和对比；在现代诗歌乃至长篇小说的表象中首先感觉到的是一些音响和字段的造型。但是，在这些似乎破碎的要素之间新的艺术形象整体构成了，在这些破碎的音色之间一种深层的意义被娓娓道出。这些失去了对称格局的整体看上去更有序，更多维，因而更深刻，如荷兰抽象派画家蒙德里安那些用三原色、黑白灰构成的几何方块。这是一种城市文明的产物，不同于农业文明、封建宫廷的东西，但又不是城市中贫困者和新来者本能的无聊、困顿，它也是一种精神性的、内在的探索和反思（尽管它们经常能思及城市中的堕落与窘迫）。历史已经证明这些艺术确实比哲学或人文科学更早地揭示出人的现代境遇、

① 参见［德］黑格尔《美学》，商务印书馆1979年版。

命运、勇气和尊严。

舞蹈界的同行可能很容易地就会想到现代派的舞蹈，会大致赞同说这样的讨论也适用于现代舞的情况：现代舞蹈中演员的躯体甚至连抽象的人都不代表，原来舞者的形体、人体、人性的符号观念都被打破了。他或她仅仅是一种舞动的视觉表象的构成因素。这些形体有如一支疾书不已的斗笔长锋，在舞台上与这个相对封闭的空间进行着对话，与观众进行着无言的交谈。但我想说的意思可能更宽泛，因为我所说的现代艺术不仅只是舞蹈界现在从技术上所区分出来的现代舞，作为一种舞蹈创作的思想性深化它也适用于古典舞（含芭蕾舞）、民族舞的创新。当我们把一种个性化的思想视为现代艺术的根本特征时，连所谓后现代艺术也未能例外。比如一些后现代主义的建筑作品，像美国建筑师文丘里（Robert Venturi）的“胡应湘堂”（1981—1983年）和摩尔（Charles Moore）的“意大利喷泉广场”（1974—1978 年），均能将现代的、古典的、民族的（地方的）、通俗的建筑要素混合编码，既有复杂的构思，又有精致的细节。

打碎重组，这只是对艺术创新的一种外在的、形式化的描述。它的完整叙述应该是打碎重组，释放真理。释放真理才是目的，那真理仿佛原先是被禁闭在相对混沌、坚硬的先前形式中的。近年来我国舞坛有了不少艺术创新，尤其是在个性化的舞蹈艺术语汇方面的创新，如张继刚、杨丽萍等舞蹈艺术家、表演家的可贵探索。但从美学的角度看，这种探索的更重大的结果还未能显示出来。或者这种舞蹈语汇的探索还未能被用于一种完整思想的表达；或者这种新的舞蹈语汇仍然被用于对旧主题的叙说。

《一个扭秧歌的人》通过对一位民间老艺人逝去、灵魂正在出窍状态的想象和描述，把舞蹈艺术家尤其是作者和编舞对秧歌这种艺术形式及其所蕴含着的民族生活形态、情感的热爱、体味和怀念表现得如痴如醉、如梦如幻。这在当年的中国舞蹈舞台上就是一个上好的原创作品。这里实际上已经有了一个文化人对传统文化的反思于其中，它表达的也已经是一个现代人、一个人文知识分子的秧歌情怀。然而，这毕竟是借助一个农民艺人的叙事情节表达的。工业化、城市化、市场化的现代生活还没有出现在艺术思考的视野中。杨丽萍从孔雀舞开始的个性化舞蹈语汇探索走到《云南映象》显然是更成熟了，而且这出大型歌舞集成的最终推出充分体现了这位舞蹈艺术家的执着与献身精神。但是这种深层上说以彝族民间歌舞为核心的云南歌舞集成表现得还是一种前现代社会少数民族生活中比较原初的血缘联系和“生命意识”。集成的前半场让大规模的“原生态民族歌舞”和更加精致、经过反思的杨丽萍个人独舞反复交替出现，让两种审美趣味相互呼应，并具有一种恰切的节奏。于是杨丽萍的独舞就成了一个经过现代城市文明熏陶的人文知识分子对前面一段群舞的艺术解释。然而由于比较有意识地强调“原汁原味”，就需要在内容上较多地保持在前现代状态，甚至保持在一种比较“生命”的情绪状态上，以至于后半场中“转山”“雀之灵”等内容反而显得不能被兼容，给集成的最后创作成功留下了不小的改进空间。这些都说明，现代生活的深层内容还没有被我们的舞蹈艺术家所触及。

从表面上看，第六届全国舞蹈比赛也有一些作品与城市和现代生活有关，比如获双人舞创作二等奖的作品《日子》。《日子》在一定程度上说也捕捉到某种现代城市生活给家庭生活带来的尴尬；女主角手中道具（一块抹布）的运用很有意味，男主角那种“挑剔（指责）”的动作语汇很有概括力；但毕竟，对这种平庸的生活仅仅有表层的揭示是不够的。我们还需要有对深层评判尺度的发掘。同样是缺少对生活深层意义的开掘，获双人舞创作一等奖的《鸟仔》在内容上也流于所谓童趣、拟人或滑稽，让人联想起口技般的民乐曲《百鸟朝凤》，而与卡夫卡《变形记》的思想深度相差甚远。

中国一个多世纪以来的现代化进程是不平衡的，一些方面快一些，另一些方面相对滞后，甚至迈不开步。在艺术方面，我们的现代艺术基本上是被限制、保留在艺术教育机构中的。而在艺术教育机构中，创作过程一个人即可完成的门类发展得要快一些，比如美术；而创作过程环节较多的艺术门类发展就慢一些，比如交响音乐。因而更具现代感的原创不足并非舞蹈界独有的问题，只是在整个舞台演出节目更少的情况下才显得更为突出。

我们对原创舞蹈作品的讨论显然不是针对通俗舞蹈表演提出的。在现代、后现代的艺术演出市场上显然有这两种不同层次的舞蹈，一种要满足的是人们的精神需求；另一种仅仅满足人们的一般心理需求。精神和心理是两个不同的层面。前者要深刻得多，创作起来也难得多，它要求创作者有思想的深度。只有这一类的舞蹈作品在舞台上多起来，并得到越来越多的观众的赏识，舞苑的繁荣才是名副其实的。

四

最后我们还要考虑市场。这是一个现实问题，同时市场还不是万能的，它有无效（失灵）的现象。经验表明，市场对精致艺术的反应往往是迟疑的。因而政府及民间机构都有责任扶植、资助严肃艺术的创作。我们的文化体制改革也是为了理顺这种关系。一般说，所谓文化产业主要是指建立在现代复制技术基础之上的传媒，而传统的艺术生产（原创）在今天尤其应该得到资助。传统的艺术表演看似是一种“复制”传播，其实是包含着再创作因素在内的，是特定艺术门类的作品最后完成的组成部分，也应作为原创部门得到全社会的支持。这是发达国家在20世纪末的时候都普遍以国家文化政策的形式明确了的做法。

然而，这不等于说我们的严肃艺术生产部门不需要改革，不需要考虑市场。市场就是需求，是有效的直接交往。市场是由消费者的消费偏好决定的。消费偏好不够高雅不是消费者的错，而正是需要人文知识分子包括舞蹈艺术家做工作的地方。从理论上说，比较精致、高深的舞蹈（艺术）和通俗的舞蹈（艺术）在现实生活以及市场中的关系是一个值得深入探索的问题。因而我们也需要考虑如何让舞蹈在更大程度上打入文化市场。

舞蹈进市场、搞营销有许多问题需要考虑，的确需要智慧。艺术营销在西方的教育体系中也有一席之地，需要我们去了解。对于中国的舞蹈市场，我认为有一个最迫切的问题需要认识，即舞蹈演出市场需要由小规模的演出团体去突破。

计划经济体制实行的时间长了，人们习惯于好大喜功、贪大求洋，总想搞大工程。《大河之舞》规模是不小，而且运作也成功了，但它毕竟不是太深刻的东西，在很大程度上是通俗作品的集成。《云南映象》据报道演出8个月，累计票房达2000万，已开始盈利。但其整个创作过程还是太悲壮，商业门槛太高，还要从经济相对落后的西部地区走出来，市场链条太多太长。相对地说，《霸王别姬》在上海的商业运营要更成熟一些。投资400万元已在5个月的演出中收回。目前海外演出订单已排到2006年3月，将在欧亚北美演出240场。除舞团食宿行费用、津贴，每场演出国外演出商还将给付1.2万美元。① 这个演出团队比《云南映象》要小得多。事实上，国外的演出团体尤其商业演出团体都很精干。大型景观歌剧《阿依达》2001年在上海体育馆演出，除了几名主要歌唱演员是从国外来的，数以千计的群众演员是当地的士兵或学生。

其实，高雅的舞蹈闯市场用小作品组合的形式比整台的大型舞剧更容易。我们不是正缺少高水准的“独双三”吗？有十几个独舞、双人舞，十多位有实力的年轻演员就可以凑出一台很好的戏。舞蹈与音乐的情况还不同，交响音乐需要一个庞大的乐队，而室内乐的表演效果又显得过于单薄。而“独双三”舞蹈的表演可以借助音乐（录音、音响设备）烘托出比较浑厚、宏大的场面、气氛，这是一个有利的因素。②

横向比较，一些类似的艺术表演团体近年的市场化改革探索也多是这样做的。空政歌舞团的《江姐》改编成清唱剧到各地巡演，只有几位主要演员和乐队指挥出行，一般群众演员和乐队都在当地聘请。这样演出的成本门槛大大降下来，艺术家们才敢于进行实验，经得起一定的风险。20多年前北京京剧团赵燕侠承包演出队的示范意义就在这里。

① 参见《舞蹈》2004年第7期，第13页。

② 据说“舞不足音乐补”已经成为一种时弊，但这并不是绝对的错误，处理得当确实可以锦上添花。

船小好掉头，在开放了的演出市场上，会出现一批规模不是很大的民营演出团体。这里既有营利性的商业演出团体，也会有一些非营利的艺术演出团体。但这也不是说要把所有现有艺术团体一律解散了，而是说应多有一些灵活的组合，一个院团可能同时会有多台节目在上演中。这样做肯定会带来管理上的一系列新问题，但正是在这个过程中，我们的职业艺术经纪人才会涌现出来，而让我们的舞者各个都直接去谈合同显然是不应该的。

在演出市场化的今天，严肃的舞蹈及其表演也不应该完全拒绝与通俗的表演进行组合。记得杭州的主题公园“宋城”中有一台为旅游者设计的大型歌舞表演。这种用现代声光电手段烘托的歌舞节目总的说当然是比较注重感官刺激的，金戈铁马、真刀真枪。但其中也不乏一些很优美、抒情的舞蹈段落。在近年的改革试点中，杭州市文化部门就在与宋城集团就有关合作进行深入探讨，让专业演员有条件地参与到这种旅游演出当中去。这会是一种双赢的局面。同样，在舞蹈艺术市场化初期，舞蹈节目也可以考虑与其他表演如音乐、戏曲、诗词朗诵等组合，在市场中找到促进严肃艺术发展的有效途径。

说到这里，我们也会有一种感触，即当今的大中城市，尤其北京、上海及东南部沿海的省会城市还是太缺少中小型的展演场所。没有中小型演出场所，我们的中小型演出活动往哪里放？现在经济发展了，政府财政收入多了，动不动就要盖大剧院。其实，没有一定数量、比例的中小型剧院场馆做基础，大剧院往往是难以经营好的，往往最终是国有资产闲置，成为一个摆设。北京多个大型商品房小区成为了“睡城”，其中没有影剧院，没有文化活动场所。这样的发展、富裕很难说是健康的、可持续的。其实，建设规划中本应该设计有艺术设施，而中小型设施不仅经营起来比较方便，而且吸引民间投资也比较容易。一个1000平方米的场馆，按5000元的建筑成本计也不过500万。在京沪穗这样的城市中，现在市民购买一处私房也往往要投100万元以上。政府如果不愿意做中小型展演场所的话完全应该出政策鼓励民间资本进入。

当然，情况也还是在出现变化。北京一些公共文化事业单位从对自身工作的性质、改革经验的反思出发，已经意识到“小剧场”会是一项有发展潜力的事业。因而据说朝阳文化馆就正在筹划建设一个“9 个小剧场”的项目。如果是这样，舞蹈艺术市场化的前景在北京就有了很好的机遇。老百姓讲生儿育女的事是“有小不愁大”。的确，如果我们有一批中小型的展演场所，有一批精心策划选编出来的节目上演，那么在这个过程中，就不仅可能培养出好的演员、好的编舞，也能培养出优秀的节目制作人、艺术经纪人，尤其是能培养起多层次的、不断增加的观众群和艺术消费者，培养起一个良好的价格形成机制、稳定而理性的价格水准。

上述讨论希望说明，中国舞蹈艺术的发展的确是处于一个历史的结点上，然而关键的突破还没有出现。这需要方方面面的人们共同努力，包括政府的文化政策与文化体制改革、舞者们的创意灵感和献身精神、艺术市场经营者的奋力开拓、消费者的文化自觉等等。同时，这里的讨论都非常有限，只涉及相关问题中的某个我认为还没有引起人们足够注意的侧面，而且这只是一个外行人的浅见。希望这些讨论能引起舞蹈艺术界的专家们、我们那些年轻有为的舞者们的关注，并给予真诚的回应和批评。

本文发表在《思想战线》2004 年第 6 期上，更早一些的讨论以《历史结点上的中国舞蹈如何取得关键性突破》为题发表于《首都舞苑》2004 年第 2 期。

创新合作模式，资源涌流，财富激增

——什么是 R&V 非竞争性战略联盟模式

在杭州，一家文化企业和一家食品企业宣布结盟，引起巨大市场效益和连锁经济反应，也促发了经济学家的思考。实践给学者一个机会，剖析经济领域的自主创新是怎样发生的？文化产业的兴起将给实物经济的增长带来怎样的机遇？人们可以看到，文化不仅是俗话所说的软实力，而且正通过产业环节迅速表现为显著的硬实力。

一、联盟带来的“爆炸式增长”

天畅科技，是一家从事三维网络游戏开发的高科技企业；绿盛集团，是一家生产牛肉干等休闲食品的传统企业。两家企业在 2005 年 12 月 12 日宣布结成战略联盟，他们要让各自的产品相互实质性地嵌入对方的产品之中。

结盟的成效匪夷所思。12 月 12 日当天，绿盛将一款名为“绿盛 QQ 能量枣”的肉干制品投放市场，此后一个月内出货量达 2700 万元人民币；而去年同期投放市场的一个新品出货量仅有 300 万元。绿盛公司近几年的产值一直在翻番，但这个产品能比去年同期推出的产品出货高 8 倍是其老总也始料不及的。

天畅的门庭也喧闹起来。三维网络游戏《大唐风云》还未正式投放市场，产品还在研发和测试，可玩家不断打电话甚至从外省亲自登门询问其上市时间；更有若干家名牌企业、旅游景区、连锁超市、物流配送企业前来打探尽快加盟的可能性。据说“在 Google 搜索中，有高达 152 万项符合《大唐风云》的查询结果，而其官网注册的游戏公会会员就已经达到了近 10 万人”。

可见，天畅公司的无形资产已大幅增值。

有商业敏感的人嗅出了其间的商机；专家也将其合作模式锁定为“实物经济与虚拟经济的非竞争性联盟”（缩写为“R & V”，代表 reality and virtuality，即现实世界和网络虚拟世界）。耐人寻味的是，双方除了前期的几次闭门磋商，两家公司都没有为这巨大的收益多投一分钱。这巨大的财富原来是隐藏在哪里的呢？

二、潜在资源的创造性激活

不增加投入，仅凭企业间的一种关联就创造出巨额财富，这听上去像神话。那么两家公司到底是怎么结盟的呢？原来通过结盟，绿盛公司正式推出了自己的销售理念——网络食品，而根据商定，它在自己出品的“绿盛 QQ 能量枣”的包装袋上全部印上了天畅游戏产品的形象大使“太平公主”的形象，为《大唐风云》的面世大做广告。同时，天畅公司在《大唐风云》的游戏设计中，为“绿盛 QQ 能量枣”设定了具体的“食用”功能，玩家在网上点击“购食”这种不同级别的虚拟肉枣便能迅速“恢复体力”，同时这种真实的网络食品也可能通过物流配送系统送到玩家的门口。就这样，两家公司的产品实质性地嵌入了对方的产品。

这是一个极富想象的市场案例。人们该如何认识其间的经济学规律呢？

起初，人们会认为，这两家公司相互具有正的外部性。外部性的经济学定义是：“对他人产生有利或不利的影响，但不需要他人对此支付报酬或进行补偿的活动。当私人成本或收益不等于社会成本或收益时，就会产生外部性。”外部性又称溢出效应。外部性有正负两种。典型的负的外部性的例子就是企业随意排污，降低了自己的生产成本，把成本转嫁给社会。而经济学家解释正的外部性的典型事例就是养蜂场和苹果园：苹果花为蜜蜂提供了蜜源，蜜蜂为苹果授了粉；双方各得其所同时不需要专门的成本投入。显然，天畅和绿盛的情况和这很相似：绿盛将自己的包装袋做成了天畅的宣传品，而天畅将自己的游戏场景做成了绿盛的卖场。

然而经济学家也认为，所谓外部性指的是企业或个人向市场之外的其他人所施加的收益或成本，而现在情况涉及的是两家企业。这种互利关系不发生在市场之外，而是就在市场之中。况且两家公司有自觉的合作意图，进行的应该是一次公平、合理的交易。因此用正的外部性说明这个案例似乎是不充分的。

的确，苹果园和养蜂场的互惠关系值得深挖。果园希望获得苹果而不是苹果花，苹果花本身是"没用的"；而养蜂人着眼于采蜜，为苹果树授粉是蜜蜂多余的付出，是"不经济"。但养蜂场和苹果园进行了一次精明的交换，他们将各自本来没有用处的"副产品"甚至"废品"交换给了有巨大渴求的对方。他们以对方为邻的选择是战略性的。这样他们也将相互的正外部性变成了完全的内部性（即市场交换关系）。

分析还应该继续，深入分析就会发现，现有的各种产品中，可能还潜藏着一些经济资源，而粗放的经营不是将其流失了，就是将其闲置着。事物总是复杂的，商品也不例外。一个产品的包装袋写着本产品的名称与特色不被人再当成广告，因此，包装一般不被当作媒体看待；质言之，包装作为潜在媒体的资源是闲置着的，而现在，当它被用来做一个同盟产品的信息传递媒介时，情况就完全不同了。同样，网络游戏中的虚拟场景也可以兼作现实的卖场商厦，这也是一笔潜在的资源。在今天这个资源变得越来越稀缺的世界上，能找到新的资源是多令人振奋的一件事啊！问题是这些潜在的资源怎样可能被激活，成为在手的资本。现在，天畅和绿盛的联盟做到了，他们各自看到了在对方产品中闲置着的、己方所迫切需要的资源。绿盛每年顺便为天畅做推广宣传的包装袋就有4000万个；绿盛的巨幅户外广告现在"套裁"了天畅的信息。而天畅的游戏设计将为绿盛提供一批连锁店铺，并使绿盛的肉枣别有一番文化滋味。靠着企业间经济合作模式的创新，大量潜在的资源被激活了。显然，绿盛和天畅两个公司获得的丰厚回报并非无源之水、不义之财。难怪在2005年12月12日以后，意欲加盟者、跟风如法炮制者甚众。这样一种经营理念和操作模式已经引起国内不少经济学家的关注；作为一个全新案例，天畅和绿盛的联盟已经成为国内外一些 MBA 课堂教学的案例；而这样的模式如果具有普遍意义，会给中国经济和企业的增长方式带来巨大的影响。其结果必然是：资源涌流，财富激增。

三、企业发展过程中政府的责任

天畅和绿盛的联盟是一个创新，但也是企业之间的市场行为。现在，这一联盟的结果不断地显现出来。尤其是在网络游戏这个平台上，衍生产品的开发正方兴未艾。《大唐风云》不仅早就有过文学本的小说出版，现在又要开发同名的动画片，并有部分内容准备进入手机游戏领域。除了多种媒体齐头并进，“R & V”模式也正寻找新的突破。

天畅绿盛联盟案例已经引起了杭州市政府的高度关注，有关部门已经对两家企业进行过表彰。两家公司对政府提供的帮助是非常感激的。这使我们意识到，在企业发展的过程中，政府提供及时的政策性、法律性服务甚至比这种额外的表彰更为重要。近年来，浙江省和杭州市的经济发展与文化体制改革引人瞩目，这其间政府管理方式的转变尤为突出。尽管如此我们还是发现，相关的服务工作，有的已经提供，有的仍需努力。结合天畅绿盛案例我们可以举几个例子：

其一，已经有专家分析说，文化产业和传统产业的结盟出现在中国、出现在杭州有一定的必然性。西方国家的发展使新兴的高科技企业看不起夕阳西下的制造业，而中国这两类产业都蒸蒸日上，正携手并进；杭州要打造休闲之都，在产业上要避免大规模的制造业，发展 IT、动漫产业，发展以高科技为基础的休闲小食品业和服务业，这样的经济结构和产业政策孕育了天畅和绿盛的结盟。专家还分析说，浙江人特有的“浙江精神”和浙江地方打造服务型政府、提供良好政务环境的实践也是这一成功结盟的文化与制度背景。① 显然，地方发展战略的制定和精确实施、地方政府工作方式的转变对市场和企业的发展具有托举之功。

其二，天畅公司有具独立知识产权的先进的三维网络游戏专用引擎技术，是一家典型的软件企业。但由于天畅的游戏产品将是通过计时卡取费的，杭州的有关管理部门将其定位为服务业，这样天畅将不能享有软件业的相关待遇。这说明，政府各部门的管理制度有相互不衔接，甚至矛盾冲突的地方，还不能完全落实地方相关产业政策。据说这一问题已经引起浙江省信息产业厅的关注，他们正在会商有关横向部门，研究相关的解决方案。企业对问题的解决很有信心。

其三，天畅的老总提到，一位美国企业家了解了他们结盟的情况后说，如果在美国，他们的合作模式本身就可以申请专利，可以为他们这一天才构想取得应得的经济利益。对此，我们的企业家只是笑笑，表示很愿意为其他企业的发展做点贡献。我们觉得，这里就反映出我们的经济立法、知识产权制度的建立还相对滞后。这不是涉及少数几家企业的利益问题，而是涉及我国经济尤其文化创意产业发展、涉及我们民族文化产业的创意能力培育的大问题。国际上，凡是知识产权立法严格的国家就一定是文化产业大国；反之，知识产权保护程度低、立法程序迟缓的就必然是文化产业小国、弱国。其内在的逻辑是：不是因为文化产业弱，所以知识产权保护程度低；而是因为知识产权保护程度低，创新得不到鼓励，侵权得不到惩处，所以文化产业做不大。

凡此种种都清楚地表明，如果我们的相关政策、制度创新能走在企业创新、科技创新的前面，整个国家的发展就将会更快、更健康。自主创新的第一个环节是制度和机制的创新。而在政策与制度创新方面我们的各级政府还大有可为。我们面对国际文化市场激烈的竞争压力，同时面对一个20年左右

---

① 参见陈劲等《正在爆炸》，浙江大学出版社2006年版。

的战略机遇期，能否敏锐识别并抓住产业发展的特殊契机，及时提供更多的政策支持，鼓励企业自主创新，让更多的企业乘势而上，让中国新兴的文化产业携手方兴未艾的传统部门，让中国经济在高位上健康运行，这些都是对我们各级政府能否在新形势下迅速转换职能，提供高质高效服务的实际考验。

本文发表于张晓明、胡惠林、章建刚主编《2007 年文化蓝皮书·中国文化产业发展报告》，社会科学文献出版社 2007 年版。

文化遗产的真确性价值与遗产产业可持续发展的三重目标

序言　文化遗产保护与开发利用的两难处境

（一）文化遗产的价值及我们对文化遗产的伦理关系

本文所谓（有形）文化遗产包括已经出土的和尚埋藏地下的各种可移动的文物（历史上的典籍、艺术品及其他各类器物）及不可迁移的历史遗迹、遗址（建筑及壁画、居落和刻石）；其中部分器物或建筑至今在用或由民间收藏。

对于今人而言，所有的文物或遗址都属于特定历史文明的意义整体，都是后者的词语片段。它们存在的意义更多是精神上的，是我们每个活着的人理解自己的文化根源的启示和依据所在，是我们思考自身未来的教训和参照，因而具有极高的价值。由它们所构成和呈现的意义整体原则上说是属于全人类的。应该强调的是，文化遗产中一个很大的部分并非前人有意流传，尤其没有现代意义上个人之间明确的财产遗留、赠与及归属关系；今天在世的所有几代人甚至还不是它们的全部遗赠对象，因为我们的子孙后代同样具有对它们的继承权。于是面对它们时，我们就处于一种伦理境况之下：尽可能完好地将它们传递下去是一种责任，而对它们的损坏或者浪费则是不道德的。

进而言之，在今日中国，市场化的进程也势必影响文化遗产的存在命运。在文化产业兴起的过程中，各种文化遗产将不可避免地被当作文化资源看待，将不可避免地面临被开发、利用的局面。在这种情况下，对它们合乎道德的继承、开发和利用就必须是可持续的。

（二）遗产产业化的窘境及本文的理论目标

遗憾的是，在遗产变产业的最初阶段，我们面对一种特殊的尴尬。

一方面，大众旅游时尚的流行和现代人的文化觉醒反映为文化产业的兴起和文化消费需求的旺盛，导致了稀缺文物价格腾涨、热点文化遗址人满为患，造成了对珍贵文物无可挽回的损害，也令文化旅游资源迅速退化。在这种风气的带动下，文物犯罪猖獗，各类文化遗产被盗、流失严重，由于任何的保护都要以特定公共机构设置和财政拨款为前提，许多遗迹遗址实际上是处于没有任何保护的状态之下。在加速进行的城市改造和其他大型工程建设过程中，文化遗产遗址的保护更像是一句空话。像自然界的物种每一天都在迅速地消失一样，我们祖先千百万年来的文化创造遗迹也在一天天地消逝着；有专家认为，中国近 30 年的文物破坏程度甚至超过“文化大革命”时期。这可以说是遗产产业发展不可持续的第一个类型，即文化资源消耗和供给的不可持续。

另一方面，为了充分发展旅游业，一些地方和部门也走出了另一条道路，那就是避开文物或遗址，在毫无资源基础的空地上复制甚至毫无根据地滥建各种“古迹”“文化景观”或（历史与神话题材的）“主题公园”。这是一些注定没有信誉的赝品，这是景观信誉和客源的不可持续。像全国各地多处建造的《西游记宫》、北京昌平十三陵附近的《明皇蜡像宫》等，最终都是门可罗雀，毫无经济效益可言；而在急功近利的驱使下，还不时会看到“拆除真迹建假景”的双重不智之举。

遗产问题的紧迫性还表现在这样一种局面上：注重经济效益的一方高举着“发展是硬道理”的大旗，而强调文物保护的一方则拒绝考虑任何产业化的合理方案。我们真的已经进退维谷，无法两全其美了吗？问题恐怕不是这样绝望，我们就是要在保护与利用之间找到足够的空间供其周旋。而且文化遗产开发利用显然要在现代文化产业的框架之内予以考虑。人们已经把这样的开发利用称为遗产产业（heritage industry）。

目前国际通行的文化产业定义是联合国教科文组织给出的，即“按照工业标准生产、再生产、储存以及分配文化产品和服务的一系列活动”。这里需要注重的一是大规模的复制技术；二是商业化的传播服务。简单地说，文化产业就是应用复制技术完成文化传播的商业活动的总和。文化产业可能迅速取得商业成功的秘密在于其产品可重复消费的符号特征及高容量、高保真、低磨损、低能耗、低成本复制品的不断推出。但是这样的定义是否也适用于遗产产业呢？文化遗产的不可复制性不是它的根本特征吗？或者反过来问，文化遗产产业化的特殊途径何在呢？这才是本文要从理论上进行探讨的问题。我把问题分为两部分：第一是要说明，文化遗产可资利用的独特价值是什么、一件文物或一处遗址复杂的价值构成是怎样的；第二是要讨论文化遗产可持续的开发利用模式是怎样的。与上述文化遗产开发利用的两种不可持续的模式相反，我们将努力寻找遗产产业可持续发展的理论基点，并力争描绘出这个产业所能达到的最高境界。

一、文化遗产作为符号能指所具有的真确性价值

（一）作为符号的文物与遗址

我们是从符号学的角度理解文化遗产的，将所有的文物或遗址都视为与其他艺术作品、文字等相同的符号。当然这里有些符号本身可能就是一个复杂的系统，相当于一个文本甚至一个多卷本的巨著。这就是说，我们是将文物、遗址作为理解（understanding）与体验（experience）的对象而非一般物质消费的对象看待的。我们说这是文物或文化遗产可能成为文化产业基础资源的基本特征。按照符号学的观点，一个符号A本身其实主要是为了指示着或说明另一事物B而设立的。这是就规范的符号而言的。我们知道，许多文物最初并不是作为专门的文化符号被制造出来的，但因其不可避免地负载了多重历史信息而在今天被当成了完全的符号，并废止了当初它们可能被当作

普通日用品消费的功能。在历史的演进过程中，当我们把文物当作符号来看待的时候，文物的使用价值发生了一次重要的转换。

作为一个符号，每个文物或遗址都可能被分析为能指（signifier）和所指（signified）两个方面。用罗兰·巴尔特（Roland Barthes，1915—1980年）的话说："能指面构成表达面，所指面则构成内容面。"① 只不过这时原本为实用目的制造出来的器物或建筑等成了它携带、蕴含的历史和文化信息的专门载体。另外从巴尔特等人的符号学研究我们也可以知道，符号及其意义总是一个相对复杂的系统；符号的"所指"有"直接所指"和"含蓄所指"（"间接所指"）之分，如汉字"羊"指示着被人类驯养及未被驯养的各种羊，又在人类文明和汉字词汇的历史发展中含蓄地携带了一种"善良""吉祥"的含义。如符号"能指"的建立不仅映射出一个对等的世界（包括它的意义），而且也标志了一个语法系统的技术性编制成功；能指还可能不断地被"能指化"（"元语言化"），即被用另一层次（级别）的代码所注释或标记，人们可以通过对一本汉语字典的解析理解这种符号的解说与自解说属性。又如能指与所指之间的关系更可能发生极为复杂的互换等。这就是说，当文物或遗址被当作符号看待的时候，我们更强调其作为文明或文化整体的组成因素与自解说系统的相互关联方面。这样才能充分理解作为文化资源的文物或遗址的全部价值。

一切文化制品的符号属性使以意义传播为主要形式的现代文化产业的发展成为可能。在一件文化制品上要消费的主要是其所负载的内容（content）或意义（meaning），满足于对其意义的理解体验，其载体的物质损耗反而微不足道。用符号学的话说，文化符号的所指内容消费并不同时或等比例地消耗其能指载体，例如一张音乐CD可以几乎无差别地反复播放同一段音乐演出的"实况"。用经济学的话说，文化产品总是有可能实现非排他性消费的。这样就为一种能耗注定要有所减少（或相对减少）的现代生活因不断提高质

① ［法］罗兰·巴尔特：《符号学原理》，李幼蒸译，生活·读书·新知三联书店1988年版，第134页。

量和精神内含从而变得更丰富提供了可能。我们完全可以从这个意义上去理解生态主义者的著名口号“手段俭朴，目的丰富”（“Simple in means，rich in ends”）或者现代主义建筑师的著名口号“少就是多”（“Less is more”，Mies Van Der Rohe 语①）。文化产业的兴起使人的艺术性、鉴赏性生活时间增加，高物质耗费性活动时间相对减少，因而在降低能耗的前提下提高生活质量，这就与生态主义或环境保护主义的可持续发展思路正好可以互补。所以大力发展文化产业成了 21 世纪的方向。

但是这个主张面对文化遗产时似乎受到了挑战：人们就是不满足于对文物或遗址的复制品（即对文物或遗址这种符号能指的再能指化复制）的观赏，而执意当面礼拜那个“现场”，观赏那个“原物”，看那原汁原味的历史上“第一个”能指，因而在举手投足间造成了文化遗产的损坏甚至毁灭。在这种情况下，作为文化产业一个分支的遗产产业发展的根据何在呢？

（二）文物或遗址符号的价值结构

文化学者通常同意说文化的核心是一组价值观念，那么我们就可以说，整个符号系统所指向的意义就是对这组价值观念的描述和表达。符号的所指、意义与文化价值大致是同义的。离开了符号系统就没有价值系统可言。

对于文化产品（如一件艺术作品或文物）的价值已经有不少理论给予说明。澳大利亚学者戴维·思罗斯比（David Throsby）在其 2001 年新著《经济学与文化》② 一书中提到了 6 种，分别是：审美价值（aesthetic value）、精神价值（spiritual value）、社会价值（social value）、历史价值（historical value）、符号价值（symbolic value）和真确性价值（authenticity value）。作者罗列这诸多价值意在表明一种多元化的主张，或表示非如此多角度的概括便不

---

① 参见王受之《世界现代建筑史》，中国建工出版社 1999 年版，第 142 页。

② David Throsby，*Economics and Culture*，Cambridge University Press，London. 这本书有中译本（中国人民大学出版社 2011 年），并已引起中国文化学界尤其不少文化产业研究者的注意。下面所涉及的内容请参见该书第 2 章，尤其第 28－29 页及前后。

足以充分反映人们对于艺术作品的种种寄托与需求。这样做说明了价值在文化产品上表现出来的多角度多侧面的特征，也表达了研究者对这些价值的细致分辨。我赞成他的观点并且认为这样的罗列已经足够了，但我觉得这些价值未必应罗列在同一层面上。不同的价值是分属符号的不同层面的。

在我看来，一件文化产品或文化符号的社会价值就是指其可能作用于社会生活及人际关系而言的，狭义上尤其是指其具有某种道德教化功能（精神价值或说宗教价值）。它们既是存在论的，同时也是认识论的。它诉诸社会成员的感知、理解与同情，作用于现实的人际关系，也揭示出人类存在过去－现在－未来共存的庞杂结构。这时当你关注其共时结构时，发现它具有表层的审美价值、观赏价值和深层的意义蕴含即符号价值；而当你注意其历时结构时，它就具有了历史价值和普遍价值，前者是人类已往的种种经验教训，后者是人类的憧憬和理想。我给出的这个文化符号的价值构造可以将思罗斯比所提到的各种价值大体含括了，唯独他所说的最后一种价值即真确性价值还需要单独讨论。这时我们应关注符号结构与价值结构的对应关系：上述的价值结构对应于符号结构中的所指层面，而真确性价值对应于符号结构的能指层（见图1）。

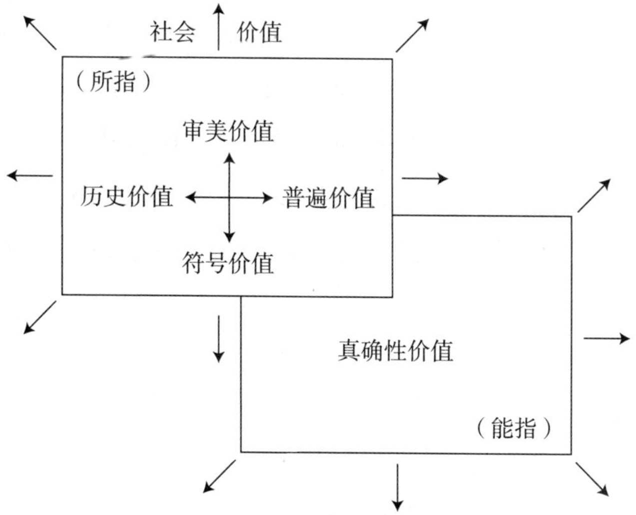

图1　文化产品价值结构与符号结构对位图

（三）真确性的含义

真确性一词的英文 authenticity 通常翻译为真实、真实性和权威、权威性两种。[①] 在中文中这两个意思有时并不一样。Authenticity 的反义词是 counterfeit 或 fake 即赝品，因而它的本义是“原件”或“真货”。思罗斯比对真确性的定义是：“这种价值与一件艺术作品被真实、原本、唯一地表现出来的事实相关。毫无疑问，这种真确和完整是作品附加于上述种种价值之上的可辨认性价值本身。”[②] 是这样吗？

这里，有两对概念应该加以区分。一对是复制品与赝品、模仿与造假；另一对是真理性价值与真确性价值。

首先，自然界是无所谓赝品的，只有人会造假。但造假与模仿是两回事，人的文明在很大程度上是学习的结果。复制品与赝品也是两回事，现代文化产业本来就是以复制技术和复制传播为基础的。几乎百分之百的小说读者读的都是出版物、印刷品或译本，而没人去读作家的手稿；音乐爱好者也是在音乐厅里听乐团的演奏而不读作曲家的曲谱手稿，在一定程序监督下精致的仿制品已经被不含贬义地叫做“高仿”。这里的关键是符号所指与能指之间存在某种任意性关系。

符号学创始人，瑞士语言学家索绪尔（Ferdinand de Saussure，1857—1913 年）就注意到，语言能指（词形、语音）与所指（词义、概念）之间有一种任意性关系，尽管这种任意性不属于语言使用者个体。[③] 最易理解的例子就是同样是指“牛”的意思在各国语言的发音和字形上存在明显的区别。正是二者间这种任意性的存在才使语言具有了灵活性：一样的意思可以

---

① 《新英汉词典》中 authenticity 词条的释文为：“可靠性，可信性；真实性”。同词根的形容词 authentic 的释文为：“①可靠的，可信的；权威性的；有根据的……②真的，真正的……”（见第 73 页）。

② ［澳］戴维·思罗斯比：《经济学与文化》，王志林、张峥嵘译，中国人民大学出版社 2011 年版，第 29 页。

③ 参见［法］罗兰·巴尔特《符号学原理》，李幼蒸译，生活·读书·新知三联书店 1988 年版，第 142 页。

用不同的语音、词汇表达；表示唯一事物的语词可以无限重复。符号的可复制性就是建立在符号能指与所指的相对可区分性和任意性之上的，它们也是今天的文化产业得以成立的基本条件：人们用复制品传达原件上负载的各类信息包括真理，其逼真度几乎可以达到100%。为了传递信息、真理和价值而复制种种符号在原则上是没有错误的。①

而所谓赝品是指那种明明是模仿他人却不承认自己是仿制品的制品，是被错冠作者名的作品，通常是诞生于自己标榜的生日之后的作品。赝品也被不很严格地意指那些粗劣的仿制品，但严格地说，赝品往往是作品的创作者及创作年代受到特别注意之后的用法。赝品的说法尤其适用于学术性的文化史研究。文化史上的纷争太多，人人都以真理自居。而符号所指与能指的相对分别使能指的年代鉴定为所指蕴含的各类文化逻辑的理解与排序提供了另一侧面的参照。

相对于符号能指与所指的区分，真理性价值与真确性价值也相对可分。真理性价值通常存在于上述普遍价值之中，属于符号所指的范畴；而真确性价值是针对各种文化符号尤其史迹的能指或载体的。真确性价值是个别的作品或文物即原创物作为文化载体被实际地制作出来这一历史事实或事件所具有的价值；是原创物的编年史价值；是符号能指独具的价值。属于文化遗产能指的真确性价值不仅保证了符号所指的历史存在的真实性，即某些观念、意义在特定历史时期或时刻的现时性（actuality），标示了它与特定时段文化语境的崎岖却又明确的边界，而且在这一物质载体上还保留了与同时代其他存在物或载体的千丝万缕的相互联系。这就是真确性价值不同于其他各种价值也无可取代的独特意义。

于是就可以承认这样的可能性：所指中含有非真理性内容的符号仍然可能具有百分之百的能指上的真确性价值，例如历史上一本格调低下、内容荒唐的市井小说；而今天市场上非法出版物作为载体或能指是无理因而需被查

① 但在市场经济条件下，以谋利为目的的复制必须遵守相应的法规。这与真理的传达是两个层面上的问题。

处的，但其内容很可能充满真理。人们总爱充当历史的审判者，评说历史的千秋功罪，而有趣的是历史上那些伟大诗人或作曲家涂鸦似的零散手稿总是在拍卖行里拍出个好价钱；这时那些已难以辨识的古代陈迹像明智的法官，反过来从程序上、资格上判别着纷繁人世上的是非真伪。历史像一场当事人与法官法庭相互审判的诉讼：后人鉴定前人的真理性，而前人则鉴定后人的真诚。这就是真确性的价值。

（四）人之于真确性价值

这里显示出人们对于各种原物（即文物）的嗜好与热衷是一个颇值得深入探讨的哲学人类学问题。这里简单地讨论它的三种指向。

1. 指向能指诞生的历史时刻

前文说过，许多文物最初并不是作为专门的文化符号被制造出来的，因其不可避免地负载了多重历史信息而在今天被当成了完全的符号，这时我们废止了其原有的使用功能，而专门关注其负载的文化内容。这是一些与历史相关的符号或能指。这时符号可任意复制特性的终止是由人类的历史属性给它带来的。历史是不可重复的，而人对它这一属性有了清醒的意识，对它的历史性有足够的尊敬，人们要用一些特殊的符号标记那个失而不可复得的历史踪迹。

主要是由遗产所负载着的真确性价值应该说是普遍有效的，即对所有人是有益的。但是这种价值首先更多是由人文学者尤其是历史学家代理的。今天恐怕所有的人都会认为对未来的预测和展望是必要的，而历史往往被人忽视。但实际上有效的前瞻并不是对尚未显露的未来的“观察”，而是靠对历史与现状的观察和比较，从差异和变化中看出发展的方向，甚至可能从回顾所引起的惊愕中预见到未来一些重大事件的发生。因此对各种历史坐标的准确定位就是对未来的丈量。

现代符号学和解释学哲学的工作在一定意义上也是“灾难性”的，符号所指的表层意义与深层意义的区分及解释的无限可能性几乎使所有符号的说明都成为相对的。因而历史学家需要找到一个相对可固定的尺度以使符号那种不断要向未来延伸、迅跑的理想之矢固定住，锚在一个特定的历史时刻上，并进而明确它们与其同时代别的符号相互联系，将该文化瞬间的意义或历史逻辑勾画出来。这部分能指并非专门或有意识地作为能指被制造出来，而是首先被作为一种器物制造出来，它们是那个曾经存在的一个时代现实的组成部分，是那个时代的遗物与延伸。它们的持存揭示了我们人类社会的历史属性，即它是一个由过去、现在和未来共同组成的特殊时间序列。就像我们的现实中不能没有未来的到场一样，也不能缺少历史的遗存。因此我们符号系统中这部分代表了人类生活的历史向度的能指确实可以说是后来各种复制物的底本，具有特殊的权威性。人们把与它们的会面也看成直面真理的神圣时刻。

历史学家和考古学家找到了许多种技术对所有历史遗迹进行相对和绝对的年代测定。仿佛我们符号系统中每个能指都曾被铭刻了一个特殊的胎记，即被作为一样器具所制作出来的历史时刻的标记；就像一件工业制品暗中总有一个绝不重复的出厂序号。尽管不是每一个符号的真确性都值得认真关注，但它确实是所有文化制品所具有的重要的时间属性。通过能指方面的时间定位来研究所指方面的区分与差异。所有同时代能指构成的语境（context）使文本（text）的准确含义得以确定。应用这种技术，各种符号的历史价值与普遍价值成为可区分的，它们普遍价值的具体历史形式被确认并得到评估；甚至只有在这个基础上，对文物或遗址的观赏价值也可能做出历史差异与流变的分辨。尤其大批文物或遗址最初并不是作为专用符号开发的，这种非专门的能指上往往携带了多侧面的信息，特别是在应用和损耗中还积累了偶然信息和个性化信息，这都使历史研究得以进入细节。这就是文化遗产真确性价值的所在，而相对于此，赝品则是一种干扰。

2. 指向创造性

然而在今天的旅游与文物博览收藏的热潮中，这种对历史遗迹的甄别嗜好几乎成为了每个个体的普遍要求，一旦意识到面对的仅仅是一件复制品时，所有的人都会产生受骗感。对此作为一种历史哲学的存在主义可以给出某种启示性的解释。

在深刻而阴郁的哲学家海德格尔（M. Heidegger，1889—1976年）晚期思想中，世界被看成天地人神这“四方纯一”或“四重整体”（das Geviert）在时间中的存在或持存；人这种“终有一死者”在其间的存在被叫做“栖居”，在栖居中，人“拯救大地”“接受天空之为天空”“期待着作为诸神的诸神”……而“诗意的栖居”（Wohnen）就是“筑造”（buan，Bau）。“筑造”既是指培育、保养，也是指建立和制造，将存在的真理开显出来。[①] 简单地说，人类文明中那些与自然和谐的创造就是筑造。在筑造中，人超越了他终有一死的命运，成就了“四方纯一”的持久和本真的存在，因而成为了持久的、不断的Dasein[②]，而不再是普通的生命或作为物种的人（man）。

如果是这样，我们在历史中就看到了一连串的创造及创造物，这不断的创造使真理或存在（Sein）被开显出来，是所谓“让在”（Seinlassen）即让真理显现出来，而所有被创造物呈现的那个瞬间正好就是Dasein中的那个Da－[③]或to exist中的前缀ex－[④]。它们是我们的本真存在及其确证，是使我们的存在成为可肯定可坚信不移的东西。海德格尔是这样讨论人的自由的：

---

① 参见《筑·居·思》，载孙国兴选编《海德格尔选集》下卷，生活·读书·新知上海三联书店1996年版，第1188－1204页。

② 通常译为“此在”或“亲在”，它的意思是“此时此地的存在”。笔者理解海德格尔是以此表示历史中具体的人的存在，而人的生物学意义上的生命被他称为“终有一死的东西”。

③ “da”是德语中的一个副词，表示“（在）这儿”“（在）那儿”“这时”“那时”“在这种情况下”等义，还可做连词用，可以与其他词做固定搭配，可以用作一个构词成分与其他词组合成为一个新词，是个十分灵活、微妙的小词。参见《汉德词典》，上海译文出版社1983年版，第247页。

④ “ex－”是英语中的一个前缀，表示“出（自）”“向外”“向上”“超过”“离开”等义。见《新英汉词典》，上海译文出版社1978年版，第417页。在《论真理的本质》一文中，海德格尔专门与（insistiert，即英文to insist）对举讨论过ek－sistiert（即英文to exist）的问题，并以此解说Existenz或existentia即“生存”。中译者将前者译为“固执地持存”，后者译为“绽出地生存”（见《海德格尔选集》上卷，第224、229页）。细心的读者会注意到这两个词中共有的构词成分“－ist－”，即系动词“sein”（德语）或“to be”（英语）的变形。西文中“是”也即“存在”。

“自由乃是参与到存在者本身的解蔽过程中去。被解蔽状态本身被保存于绽出的参与之中，由于这种参与，敞开之境的敞开状态，即这个‘此’（Da）才是其所是。”① 这些 Da－或 ex－就是真确性价值历史定位下面的本质特征。这种 Da－的瞬间连接起来就构成了与物理时间相对的人文时间，即历史。它是意义的生成史，是平庸生活中的节日时刻，是其中的庆典、仪式与供奉。这也才是文化或文明的本来含义。

这些 Da－是筑造者与其造物的合一。但筑造者的生命是短暂的，在其造物还幸存着的时候，他或他们自己却已经回归大地，只是凭借这些“物”的持存，筑造者才成为不朽。用海德格尔的话说就是：“栖居把四重整体保藏在终有一死者所逗留的东西中，即物（Dingen）中。……终有一死者爱护和保养着生长的物，并特别地建立那些不生长的物。”② 这些“不生长的物”就是“文物”。“文物”的长期“逗留”使它们成为我们这些“终有一死者”所接受的文化遗产。所有的这些“物”向我们昭示着本真的存在即栖居的使命与实现的可能性。这就是说，真确性价值是倾向创造性或创造活动本身的，表达了对创造的崇尚。

3. 指向活生生的创造性个人

对于文化遗产的真确性价值，种种以“后现代”相标榜的理论给我们另一方面的提示：由于现代性及传统形而上学的瓦解，文化分享的迅速实现，人的历史意识普遍觉醒，因而历史叙事变得精致，语气重新变得和蔼。

前现代和早期现代的历史意识都曾是个性化的，如 F. 培根就说：“历史应自然而正当地关注个体——受时空限定的个体。”③ 笛卡尔说：“历史上值得纪念的英雄事迹在被人读到的时候则提高人的心灵……读好书就像与过去

① 参见孙国兴选编《海德格尔选集》上卷，生活·读书·新知上海三联书店 1996 年版，第 223 页。

② 参见孙国兴选编《海德格尔选集》下卷，生活·读书·新知上海三联书店 1996 年版，第 1194 页。

③ 《学问的进步》，转引自何兆武主编《历史理论与史学理论——近现代西方史学著作选》，商务印书馆 1999 年版，第 13 页。

时代里最杰出的人谈话——实际上是一次不断重复的谈话。”[①] 但其谈论范围极小，很少有人听到。由于技术以及传播技术对能量的巨大控制能力，现代社会的历史学嗓门提高，变成了宏大叙事，但它的分辨率相对极低。因而它诉诸集合名词“人民群众”或极为宏观的“历史规律”，抽象的“力”或“权力”取代了具体的“意”（“主意”或“意志”），而人物或事件的面目都因“像素”低而模糊不清，“英雄”被抹成了大花脸。

后现代则要求深入细节，重返个性化。这时的关注对象从“英雄”及其业绩、帝王及其政治军事行动扩大到普通人或下层人的社会关系、文化创造、深层心理或日常琐事。后现代的历史学要求那个 Da - 即创造过程成为范围广泛、每时每刻、事事处处发生的，能给普通人的生活以印证或参照。所以海德格尔谈到的“物”包括石桥、黑森林的小木屋，还有凡高画上的农鞋，也都是些平凡之物，是平凡的创造与发现。后现代的深刻和大局观是体现在丰富的细节背后的。

在后现代的社会中，一方面是艺术创造的个人属性被充分强调，并刻意以立法加以保护；另一方面历史关注活动的主体无限扩大，因而有了广泛而持久的国际旅游和文化旅游，有了对古迹古物的巨大发现热情；博物馆成了世俗宗教的庆典场所，在这里度过的就是让真理显现让人们直面真理的神圣时刻。尽管我们可以看到的史迹当中真正属于普通人的还不多，但现在人们是在与历史上具体的文化创造者（Dasein）窃窃私语，进行私人间的沟通。这时的 authenticity 即真确性价值强调了对创造者的个性和以个体生命为基础的特殊创造过程的尊重，这里也有我们对真理和美的一种不懈追求和坚定信念。

这里我们又一次看到价值的某种独特性：任何事物的价值都是在评价中获得其数值的。希望观赏的人数增加了，文物的价值水涨船高。尤其正是在这些“物”的持存和人的持续关注当中，那个 Da -、ex - 或 to be 的瞬间也

---

① 《论方法》，转引自何兆武主编《历史理论与史学理论——近现代西方史学著作选》，商务印书馆 1999 年版，第 25 页。

变成了过程，成为了 being。

当然，符号的能指即其物质载体也会在岁月中磨损、流逝，因此，越是古老的符号能指就越珍贵，也就具有越高的真确性价值。于是对 Da－或 ex－的尊崇使真确性价值指向了各个时期“筑造物”或制品、文物的第一件，起码在同一制品的重复制作中，真确性价值随时间排序递减；反之随着某种制品的不断减少，其价值递增，最后一件价值最高。

在这种形势下，真确性价值也孕育了一种文化伦理或者美德。在纷攘的文化场所和复杂的对话关系当中，众多主体在价值观上最好也保持一定程度的多元，描述上尽可能中立或略带自我调侃，以免冒犯他人的选择权。面对那些寂静的言说者（即遗址或是文物），我们不仅会有更多自信，也有了一种倾听与呵护的责任、一种承诺。反之任何对它不承担责任的人将被认为是不可信赖的。这样的人或是一个藐视他人的暴君、恶棍，或是一个缺少教养、随波逐流的无根者，一个扫兴或亵渎的人。

前面提到过，思罗斯比说真确性价值是附加在其他价值之上，或与其他价值并列的，我们对此有疑问。现在由于我们引进了文化制品的符号结构理论，我们又将符号能指负载着的真确性价值追溯到了存在论的基础上，所以它恰好应该是其他各种由符号所指蕴含的价值的基础。古语云：“皮之不存，毛将焉附。”真确性价值就是这里说的“皮”，它并不存在于其他价值之上或之列，而是在它们之下。

二、遗产产业实现可持续发展的三重目标

（一）展示传播：遗产产业化的基本方式

说明了真确性价值的重要性和在符号结构中的地位，文物遗址作为遗产产业的资源的独特性就说清楚了。这种资源从根本上说就是文物、遗址作为符号的能指及其真确性价值，其他种种所指与价值都是负载于它之上的。但

我们前面说文化产业的基本运作模式是复制传播，而文物的复制恰好无法传递其能指的真确性价值，因而除了贩卖文物这种传播外总像是隔靴搔痒，其实不然。文化产业的传播主要有两种方式，在复制传播模式之外还有一个展示传播的模式。

应该说，这两种传播相辅相成，大众文化消费的热情已经把世界上各种各样的博物馆卷入了文化产业的行列。随着广播电视业的兴起，美国的博物馆、画廊数量在20世纪六七十年代迅速增长。一些古老的博物馆，或以高雅艺术相标榜的美术馆如纽约的古根海姆美术馆先后也都采纳了某些商业化经营的模式。已经有一些统计表明，相当比例的旅游者在抵达目的地后立即就想光临当地的某些博物馆。① 博物馆就是典型的以展示传播为基本方式的文化产业部门。

展示传播与复制传播的不同之处在于，后者是以高科技复制品的低廉单件成本打开市场，完成传播目的；前者则是将高价收藏的艺术精品及其展示权做时间单元切分，以相对低廉的入场券吸引消费大众。在满足公众对文化产品真确性价值的热望方面，什么方式也比不了展示传播。展示的强项在于开放了重大历史或文化事件的“现场”，并让所有趣味盎然的出席者“到场”。“出席”“到场”也是“存在”（to present 或 being）。此外，“原物”永远具有比复制品更高的完整性（integrity）和更丰富的细节。

面对如潮的观赏热情，展示传播无疑还有许多问题需要解决。但前面的分析已经给出了一些重要的分别。首先是符号的能指所指相对可分，文化符号的各种价值也相对可分，起码可以分别处理，例如文物的真确性价值，我是通过展示传播出售给你的，而其他各种价值则既可以是在展示的同时向你传达的，也可以是通过其他复制品向人们传递的。这就说出了一个更重要的分别，即遗产不直接等于产品。任何具有高质量唯一性的文物或艺术精品与以商品或准商品提供给消费者的产品或服务之间有一个清晰可辨的空间。文

---

① 根据美国旅游业协会（TIA）1998 年的统计，有53%的美国成年游客在抵达其目的地后即开始筹划自己的活动，约有26%的游客就打算立刻访问一家当地的博物馆。

化产业没有直接切分或耗损（depletion）作为资源的艺术精品或文化遗产本身，因为在复制传播中它提供的是复制品；在展示传播中它提供的主要是其真确性信息甚至仅仅是它的视觉形象。只要原件本身被好好地保存住，传播就永远是可持续的。我们可以通过技术保护措施将文物原件制作成可展示的产品和服务，然后对后者进行销售与商业交换。

这就是说，具有全部真确性价值的艺术杰作或文化遗存对于文化产业来说只是可资利用、开发的文化资源，而不应成为直接出售的商品。文化产业与传统制造业的最大不同就在于，其资源并不必然完全转移到产品中去，作为符号存在的文化资源在商业化意义传播过程中甚至可能做到能指本身完全不转移，符号能指及其真确性价值的完全保护、保存刚好可以成为长期经营的条件。这才是文化产业和文化遗产开发利用的可持续发展模式得以成立的基础。

这里的意思不是说文物绝对不能卖，而只是说与普通文物不同，那些具有高质量唯一性的重要文物或遗址价值连城，在市场（包括拍卖行）上不可能实现自身全部价值。否则我们怎么叫它们无价之宝呢?！无论怎样的一个大价钱，以无穷大为分母就毫无意义。假如我们相信这样的文物精品是无价之宝，人们对它的需求将千秋万代地保持下去，那么我们就得承认，现实的有效需求永远低于其使用价值的总和。这样的拍品到最后无非是由经济实力足以将其他人都排除的竞拍者以最低价将其购得，因而他日后稳获拍品的增值效益。在这样的拍卖中，文物出手者永远显得是破落户，是败家子。

这里应该强调的是，文化遗产的资源化只能是在市场化的过程中实现的。不发展文化产业，文化遗产就永远不会成为资源，不会被当作资源对待，不能形成各种知识产权，公众的文化权利也无法得到落实；而继续将文化遗产当成国家的专属库藏已经遇到种种尴尬并难以为继。与此同时，作为资源的文化遗产毕竟是非常有限甚至极其稀少的，在市场化和全球化初期，文化遗产资源的发掘权、所有权、使用权及初期转让及真确性价值的营销是最敏感的问题，甚至会成为国与国之间涉及复杂民族情感的长期历史问题。这一点不可不给以更多的关注。

（二）可持续发展的原则及对我国遗产产业发展的迫切性

1. 我国遗产产业实现可持续发展的迫切性

工业文明在20世纪70年代开始遇到资源和生态方面的极限，“可持续的发展”才是人类唯一正确的选择。由于在能耗和环境影响方面表现出一些优势，我们说文化产业的兴起已经为工业文明的可持续发展做出了示范。但是严格地说，文化产业尤其是遗产产业发展本身也有个可持续或不可持续的问题值得探讨。未经充分前瞻性思考和市场规范化建设就一哄而起的短期商业行为将使珍贵的遗产资源连同其真确性价值毁于一旦。这个问题对于急急忙忙进行追赶的后发国家来说就更是一个迫切的问题。

中国宝贵的水资源和森林资源几乎是在其农业文明阶段就已经被破坏殆尽；而在其工业化进程中，矿产资源的掠夺式开采同时破坏了环境，大量粗劣的化肥、农药毁掉了土壤结构及全部高产农产品的质量与安全性。现在，所剩不多的优美自然景观已经一律被当作旅游资源看待；而低水准的开发、超过景区承载能力的游客和野蛮的旅游模式已经导致了像丽江、大理和张家界这样的旅游资源迅速退化，甚至面临彻底毁灭的危险。因此当我们讨论文化遗产的开发利用问题时，理所当然地引起了诸多人士的怀疑和忧虑。对此我们甚至应该庄严承诺：决不让不可持续的发展成为“硬道理”，而只让可持续的发展成为硬道理。

2. “可持续发展”的道德基础和实施原则

所谓可持续发展或可持续性（sustainable development，sustainability）按“世界环境和发展委员会”（或叫“布伦特兰委员会”）的定义就是“满足现在的需要，同时不牺牲下一代满足需求的能力”。将“子孙后代”提前带到我们面前不仅是要我们看到一些环保技术或经济增长策略，而且要诉诸我们的伦理意识：世界是我们的，也是他们的；我们必须把属于他们的那一份留出来。这才使我们面对自然、资源或生态的时候也具有了一种伦理责任。

有经济学家将可持续发展的思想具体化为各种经济准则①，笔者理解的可持续性原则包括下列四项：

（1）保留原则。与没有穷尽的“他们”（子孙后代）相比，“我们”只是微弱的少数，因而“我们”所拥有的自然本来只是很小很小的一部分。那些已被侵占的部分应逐渐退还；如果可能，也许应当永久保留一片“原始的、不被触动的自然”。

（2）内涵式发展原则。我们只能靠对属于我们的有限自然进行深度开发和有效利用才能满足我们更多必要的消费需求，在这个意义上，原则可以称为效率原则；但同时我们还强调消费中充分的精神性的意义体验。这是持续增长的唯一可能方式，也是尽可能多、尽可能快地实现退还的必要前提。

（3）无污染原则。在理想的状态下，所有的生产和消费将实现零排放，不产生连带副作用。

（4）救赎原则。我们有很多错误已经无可挽回，因而我们必须拿出更多的虔诚来处理未来的事物，对竞争关系中的弱势一方（无论是自然界物种还是特殊人群，通常首先表现为不善言说者）有更多善意，以表达我们对历史责任的担当。

这四项基本原则不仅适用于处理人与自然的关系，也将适用于处理这两极之间的各种关系，如人与文化遗产的关系。可持续的文化遗产开发利用模式就将从这里出发。

在文化遗产保护利用问题上，这四项原则中保留原则仍是基本前提。我们应该承诺，所有的历史文化遗存不仅属于当代人，也属于未来的人类，因而我们在保护和向下遗传的责任远远大于我们使用和消费它们的权利。这里的特殊性在于，人类生存的空间已经非常有限，过多和不加选择地保留各种

① 如世界银行的赫尔曼·戴利就有一简洁的三项原则：①可再生资源的使用率不超过它们的再生率；②不可再生资源的使用率不超过可持续的可再生的替代物的开发速度；③污染排放率不超过环境的吸收能力。转引自 T. 梅多斯等《超越极限》，上海译文出版社 2001 年版，第 217 页。

遗存也会成为负担，因此历史遗存的保护应主要考虑对特定文化层面的典型意义系统的保留，其保存原则是完整性及最小值。考虑到文本与语境之间的复杂结构联系，各种符号遗存在真确性价值保存上说整体大于部分之和，遗址、整体格局的保护应优先于零散文物的保护。由于人与遗产的关系是位于人与自然的关系之中的，因而这时的保留原则同时是一种经济原则，也要符合人与自然关系中的内涵式发展原则。防止污染原则既包括技术的方面，也包括学术解释的方面；而救赎原则更涉及国际政治、国际合作和许多经济安排的规则问题。下面应该着重讨论的是内涵式发展原则。

（三）遗产产业内涵式发展的三个目标

我们相信，与物质遗产及其私人继承和占有方式相比，文化遗产更适合作为公共产品存在；而与复制传播相比，文化遗产的展示传播具有更好的传播效果；展示可分为原地展示和迁移展示、室内展示和户外展示，因此与文化遗产展示传播直接相关的文化产业有文博会展业和旅游业。据此我们可以看到，文化遗产开发利用的内涵式发展的基本目标无非是如下三个：

第一，使展出时间无限延长。

第二，使向单个参观者提供的展示时间单元相对变短，而单位时间接待的参观者相对增加。

第三，使展出物的内容（意义）得到彰显、充实、整合，使展示更具感染力，观众的体验和理解时间变长，展示质量提高。

第一个目标是数量方面的，着眼于文物持存年代绝对值的最大化；存在及展示年代久远，可能见到它的人自然就会多。第二个目标是效益方面的，着眼于有限持存年代里可能与之谋面的观众人数最大化；与此同时，展出影响的扩大带来门票收入、捐款赞助等的增加，进而促进了保护和展示技术的研发。第三个目标是质量方面的，着眼于观众在有限时间内直面文化遗产时所获得的内心感悟最大化。

（四）遗产产业可持续发展的三重任务

与这三个目标相对应，我们就有了三重任务，它们也是遗产产业可持续发展的三项主要工作，乃至三重境界：与文物持存年代绝对值最大化相关的是技术性可持续；与观众人数最大化相关的是经营性可持续；与观众内心感悟最大化相关的是解释学可持续。

1. 技术性可持续

为了使展示成为可能，对文物或遗址即各种文化符号能指的物质保护是基本前提。无论多么坚固的物质，都会在无情的岁月中消逝。按照海德格尔的说法，我们这些终有一死者正是通过物的筑造而与死抗争，由于筑造物或创造物的持久存在，短暂发生的 Da－、ex－或 to be 才成为 being。大地既是“涌流者”“开花结果者”，也是“承受者”，它不断将那些被“开显”出来的东西重新遮蔽起来，掩埋掉。而我们作为人，就不仅要不断地开显，使自然的各种可能性变成现实，而且也要“保藏”。对作为开显“物”的文物的保护、保藏就是对真理的第二次开显，是对原始的（无意识的、非刻意的、不作为对文物的）保藏即持存的第二次（刻意的、明确作为文物的）保藏。在这个意义上，“绽出的此在是固执的”①。

真确性价值附着于文化符号的能指之上，建基于该载体的自然属性。文化遗产作为资源不仅是不可再生的，而且是无可替代的。明白了这个道理，所谓文物保护首先就是要保护这种负载了真确性价值的物质遗存。除了使其免遭人为的破坏，技术性可持续就是要使文物遗址在人为条件控制下持存时间长于在自然状态中的消散。我们应能测定出文物、遗址等在自然状态下的消亡速度和时间参数，以衡量我们各种保护技术的有效性，也让它成为衡量其持存时间最大化的基点。我们可能不得不找到各种使文物与水、氧、光或热的隔绝技术。

① 孙国兴选编：《海德格尔选集》上卷，生活·读书·新知上海三联书店 1996 年版，第 230 页。

对文化遗产的技术保护措施在社会面前经常是很软弱的，反之它是在社会的共同支持下才会行之有效。因此文化遗产可持续利用模式的形成意味着一整套社会制度即人文技术的形成。作为一种人文技术，它涉及的是对人的文化权利的分配。保护文物、保护历史文化名城等主张当然不能仅仅停留在专家或政府的口头上，也要成为社会各界的共识，但这种说法之所以缺少效力也在于其伦理内含的缺乏。文物及遗址的破坏固然可恨，但因此就将文物封闭起来，让它们永不见天日，不能与公众见面也是令人难以接受的、有损公众文化享有权的；而且这样做同样使文物丧失了它的绝大部分功能和价值。我们没有权利禁止历史的交流和对话，要允许那些无声的言说大声发言，也要允许人们近距离倾听。正如毁坏文物是一种暴力，将文物人为地禁锢起来也是一种暴力。因此，文物保护技术的发展是由种种伦理原则及相应的人文技术支撑着的。社会的文化、文物需求最终推动着保护技术的研发。

2. 经营性可持续

保护技术的开发和更多文化遗存的保护都需要日益增多的财政支持，这种财政压力对于发达国家的政府也是相当沉重的，因而博物馆业的市场化是一种趋势，虽然有相当一部分博物馆是作为非营利机构运作。这种运作将筹措到文物保护设施的部分资金，或起码会使尽可能多地展示活动本身成为可持续的。这是文化遗产开发、利用的第二层意思。这方面我国也已经有一些启发性案例值得留意。

2000年四五月间，在各种舆论和行政渠道干预无效的情况下，保利集团斥资约3000万港元，先后自香港克利斯蒂拍卖行和索思比拍卖行购回3件圆明园流失国宝：青铜牛首、猴首和虎首。这个竞拍行为及文物拍得后的展示活动带有相当公益性质和民族主义色彩，但它说到底还是一个商业行为，这些文物的所有权或起码是收藏权完全属于保利集团。与此同时，我们也可以换一种思路，将其理解为企业参与文化产业经营的尝试，因为事实上保利集团已经购得这些文物的展示权。企业无非是以其雄厚的资金事先垫付了日后陈列的票款收入及适当利润。

同样的例子还有上海联洋土地发展有限公司以100万美元的价格从法国购得罗丹的雕像《思想者》翻铸品（历史上少数几件编号的翻铸品之一），让其永久落户上海浦东罗丹广场做开放式展示。这件事不仅提升了联洋公司的社会知名度和信誉度，还直接改善了附近住宅小区的居住质量。从另一个角度看，公司是将艺术品作为小区业主的共同财产购置的。这样做或者可以抬高商品房的价格，或者可以让利于业主以赢得市场竞争。

我们的博物馆、陈列馆往往不这样想，他们习惯按传统的思维方式思考。观众人数少他们总是埋怨公众文化水准低或领导部门未给予行政支持，比如未发文要求组织观看等，而不愿意检查自己的展览内容、布展形式和经营理念方面的欠缺。[①] 这里就有一个经营理念的差别问题。商业化经营是需要人气的，因而出于这种商业目的，恰恰是它要讲人性化服务、人性化设计，从展示内容安排、布展形式和营销策略都会很细致地考虑，对市场需求敏感，同时具有精确的调查和推算，这样才会取得成功。而我们那些博物馆领导和管理部门恐怕是不想这么多的，比如我们的博物馆是否想到要向周围社区发展会员，对会员参观提供票价优惠，因为这样的安排才更容易使会员倾向于将自己的客人引到博物馆来。目前北京市也有多家博物馆的年票推出，但这种安排似乎还没有对游客及本地居民形成足够的吸引力。

展示博览业产业化运作的政策考虑应该是全面、彻底的，应该能够考虑到所有利益相关人的权益。比如对于建设工地无意发现遗址、文物的情况应以政策鼓励施工单位主动保护甚至进而以适当形式开发经营这些文物，像北京王府井东方广场地下的北京古人类遗址及博物馆的设计规划和日常经营就不应该仅仅依靠业主的赞助。

当产业化经营提上日程的时候，可持续的模式还要求有一个关于有关文

---

① 美国一些博物馆的经营方式对他们有启发意义。网上的材料介绍说，“9·11”事件发生后，美国得克萨斯州的奥斯汀儿童博物馆迅速发E－mail给他们所有儿童会员的家庭，告诉孩子们在遇到恐怖事件时该怎么做；短短一个小时后，就有家长回信说，非常感谢博物馆的做法。博物馆则表示，他们做的只是些小事，但如果大家都这么做，对社会和公众的益处就是很大的。

化遗产展示场馆的承载力参数，例如应确定当保护技术措施使得文物持存时间超出自然毁损极限多少倍时算达到对公众陈列标准，而对于不同的陈列条件下其单位时间里的观众最高承载力是多大。这是我们衡量观众人数最大化的基点。

3. 解释学可持续

通过模仿进行学习是教育存在的前提；文化制品的可重复消费特性是文化产业与传统产业相比具有可持续特征的根本原因。但与此同时，理想的教育是以模仿方式传授知识为契机去培养、调动、唤起被教育者的创造热情与创造力；同理，文化消费大众也在不断重复的观赏过程中被调高了口味，他们不仅要求新鲜，拒绝没完没了的重复，哪怕有时对雷同和俗套的拒绝仅仅换来了更强的感官刺激，而且要求它们成为自己理解和改造生活的教益与探索方式。事实上这里已经清楚地显示出文化要求持续创新、要求回到生活、要求重新成为创作冲动与行为的实践特征。文化的本质就是创新，就是那个 Da－和连续不断的 Da－。今天的问题是：文化的这种创造动机是否可以在市场化甚至“后现代”的市场当中实现？

知识经济的现实、文化产业的崛起已经清晰地表明，文化完全可以成为强大的市场竞争力。不断的创新、产品的升级换代是以大规模复制技术为基础的现代文化产业生存发展的基本方式。这时，一个相反的动机出现了：如果说市场让文化有些许“铜臭”的话，那么文化也会给市场带去几缕“书香”。商业动机、利润最大化动机要求认真地研究消费者的文化需求及其走向、文化的社会功能及对个人行为的影响，要求研究创新的种种可能方式，要求了解文化的多元存在原理和可在不断解释中得到意义扩充的道理所在，甚至必然地要向文化的原创方面投入，鼓励可供复制传播的新作品出现。这时我们就应具体地考虑，人类社会中的文化功能究竟是在怎样的市场机制下实现的？

文化产业容易造就通俗的大众文化，起码是在其较早时期。法兰克福学派曾批评这种比较粗俗、均质化甚至代表了资本主义意识形态对大众进行麻痹和控制的文化。“文化工业”（culture industry，即“文化产业”）一词的发明者阿多诺曾说：“现代大众文化的重复性、雷同性和无处不在的特点，倾向于产生自动反应并削弱个体抵抗力量。”[①] 但已经有学者指出，法兰克福学派对文化产业的批评一是技术决定论的；二是有居高临下的贵族化艺术取向；三是仅仅针对以广播电影电视技术为代表的“播放型传播模式（broadcast model of communication）”时代的状况。该作者认为随着“第二媒介时代”即因特网时代的到来，情况会发生一些变化。[②]

在某种意义上说，同样尚未见到网络成为时尚的美国学者戴安娜·克兰（Diana Crane）对文化产业尤其大众媒体的看法更有见地，她将传播媒体分为三类，即全国性核心媒体，包括重要报纸和影视；边缘媒体，包括书刊、广播录像等；以及都市文化，包括音乐会、展览、博览会、戏剧表演等。[③] 进而她看到核心媒体的受众是“异质性的”，即所谓没有城乡、工农和阶层差异的大众传媒对象；边缘媒体的受众是以生活方式的近似划分的，具有地方性的特点；都市文化的受众是按阶层划分，甚至是有圈子、相互相识的。再进一步她发现，“新思想和新形象往往始自于核心领域之外的边缘和地方领域，其中少数会被核心领域吸收。在核心领域的边界，存在高度的‘喧哗声’，这是大量个体和组织争相进入核心领域的活动的集中体现”，而在相对精英倾向比较强的都市文化中，最容易产生文化创新。[④]

克兰研究的意义在于，她看到尽管文化的市场化有它的问题，但由于有媒体及其受众的分类或分层，市场中的文化创新、观念更新仍然可能发生，高雅的东西会逐步地浸润整个社会，提升普通大众的文化素质。事实上，包

---

① 《电视与大众文化的模式》，转引自［美］自马克·波斯特《第二媒介时代》，范静哗译，南京大学出版社 2000 年版，第 7 页。

② 《电视与大众文化的模式》，转引自［美］自马克·波斯特《第二媒介时代》，范静哗译，南京大学出版社 2000 年版，第 3－28 页。

③ 参见［美］戴安娜·克兰《文化产业：媒体与都市文化》，赵国新译，译林出版社 2001 年版，第 7 页。

④ 参见［美］戴安娜·克兰《文化产业：媒体与都市文化》，赵国新译，译林出版社 2001 年版，第 11 页及第 6 章。

括19世纪批判现实主义作家的小说和法兰克福学派几代思想家的社会批判都是通过作为文化产业或传播媒体的图书出版发行环节实现其深远而长久的影响的。

在克兰的分类中，文化遗产的开发利用及其展示应该在“都市文化”范畴当中，具有比较高的文化位势，相对来说也比较“小众”，但它在携带大量文化信息进入大众文化市场的势头仍然是可以看好的。随着大众旅游和发达国家博览业的兴起，已经有越来越多的人认识到文化遗产对于当代人的生活及全球化的经济具有怎样的价值。这些已消逝社会的“剩余物”是我们这个复杂社会的一个组成部分、一种精神资源和滋补品。我们的博物场馆已经和正在成为日益世俗化和多元化的社会中的“准教堂”①。

这样的趋势也给文化遗产开发利用提出了一个更高要求，我们必须将传统上基本被安置在教育和科研院所中的人文学者请出来，让他们对这些支离破碎的“遗存”进行“复原”、解释和补充；让有限历史符号能指的整体语境重现出来，让其所指即其文化意义或内容得到充实，从而使观众在有限的展品面前做短暂的逗留后，产生丰富的体验，获得更广泛的知识与教益；使这些过去历史的沉默“遗迹”重新发出人们可以听见的声音，使它重新成为活的文化传统。这就是文化遗产永续利用的第三种含义：解释学可持续。我们也应该建立起相应的参数，如根据文物展品和展馆新增内容的比例、观众在馆逗留时间和多次来馆的统计数据、展馆相关印刷音像制品销售额（这时它有效拉动相关媒体或产业的发展）及参观人数的增加（与旅游业增长相关）等，说明展示质量的提高，找到可以衡量内心感悟最大化的测量基点。

（五）遗产产业可持续发展的理想模式

现在，文化遗产永续利用或遗产产业可持续发展的最高境界或理想模式

① 记得看过一个材料说，本雅明在十月革命后不久到过俄国，对那里的教堂留下了深刻的恶劣印象，认为里面的圣像等等苍白、散乱、粗劣，说整座教堂“就像一座博物馆”，意思是说由于信仰受到了压制，教堂里本该有的精神的凝聚力、生命力没有了，本来应该能使神显像的媒介物现在成了凌乱的摆设。我们现在正好是将这两者的关系反过来说。

其实是很清楚的，无非是上述三重任务同时实现并相互促进，并最终促进一个可持续社会的生成。没有技术性可持续，这个产业根本就无法形成；没有经营性可持续，保护技术的开发都难以为继；没有解释学可持续，产业经营就失去方向失去魅力，同时失去消费需求与市场。

就中国目前的情形而言，技术性可持续的重要性自不待言，然而相关技术发展不充分的症结在于资金的拮据，因而经营性可持续是一个关键的环节。我们整个社会正在向市场社会过渡，凡是实质上还处于原体制下的单位都面临巨大的困难。而从整个社会发展和人的觉醒的历史进程上看，市场环节的加入才可能有效地保障公众的文化权利。在国内与文化遗产相关的行业上，旅游业的改革起步早，市场化程度已经比较高，经营意识和开发动机都比较强；而文物发掘和保护部门则至今还没有形成新的思路，文博部门的情况与后者接近，至多是搞了一些与文化相关的多种经营，被叫作“以文养文”。实际上是以彼一“文”养此一“文”，以副业养主业。这其间的被动和窘态是可想而知的。尤其可以注意到的是，这两个市场化改革有差异的部门在整个社会的市场化进程中正不断发生一些冲突、争吵和“博弈”行为。

进而，一些改革冲动比较强烈，多少冲破了制度约束的文博单位往往会犯浪费乃至破坏资源的错误，而且经营上仍嫌粗糙。这里的问题在于，有关单位并没有按照真正的文化产业组织的方式去改造原有的单位体制。新经济中的文化产业组织都有一个显著的特点，即生产制造环节的比重越来越小，而研发、设计与营销、策划部门越来越大；从业人员的文化素质越来越高，还通过在职培训不断为脑力“充电”。这种“头脑”部分越来越大的产业组织甚至还不能满足对其拥有的智力资源的调用，还通过各种与知识产权相关的制度安排，从大学或科研院所租用“外脑”，满足各种营销计划实施的需求。这类经济组织的发展不仅可能带动同类文化产业部门的发展，甚至可以与传统产业进行合作，促使其实现产业升级，将其带入新经济的行列。而我们目前的一些文物或文博部门除了普通工作人员素质差，不能适应社会发展要求外，高级人才组合上有缺项，经营人才匮乏，没有经营理念。

这样我们就看到，经营性可持续在可持续发展的三层含义中占据了核心的地位：经营上可持续既可以保障遗产保护技术的研发和使用，又可能组织相当一部分高级研究人员做新产品开发，从而使自己的经营上升到解释学可持续的层面。目前一些文博单位多少已经开始了这种尝试，位于北京的大葆台汉墓博物馆推出的模拟考古项目以很高的人文知识含量吸引了大批青少年学生。应该说，这个经营思路还有很大的可扩展空间（包括向虚拟方式的延伸等），关键是要克服追求“现得利”的短期行为，真正按营销的思路设计完整的市场战略和市场链。

但说到底，遗产产业可持续发展的灵魂在于解释学可持续。黑格尔在《精神现象学》接近结尾的地方，有一段充满诗意、不无哀伤又迅即升华的文字，就好像是专门为今天的文物博览业所写的。现摘录如下：

（文艺遗存）是已经从树上摘下来的美丽的果实：一个友好的命运把这些艺术品传递给我们，就像一个美丽的少女把那些果实呈现给我们那样。这里没有它们具体存在的真实生命，没有长有这些果实的果树，没有构成它们的实体的土壤和要素，也没有决定它们的特性的气候，更没有支配它们成长过程的一年四季的变换。同样，命运把那些古代的艺术品给予我们，但却没有把它们的周围世界，没有把那些艺术品在其中开花结果的当时伦理生活的春天和夏天一并给予我们，而给予我们的只是对这种现实性的朦胧的回忆。

所以，黑格尔认为：

（文博展示）这类活动类似于从这些果实中擦去雨珠或尘埃，并且在环绕着、创造着和鼓舞着伦理生活的现实性的内在因素上建立了它们的外部存在、语言、历史性等等僵死因素之详尽的架格，这并不是为了让自身深入生活于它们之中，而只是为了把它们加以表象式的陈列。

果真如此，文博展示的意义何在呢？黑格尔笔锋一转：

但是，正如那位把摘下来的果实捧出给我们的姑娘超过那个提供它们的条件和元素、树木、空气、日光等等并且直接生长出它们来的自然界，因为她是以一种更高的方式把所有这些东西聚集到具有自我意识的眼神和呈递的神情的光芒中，同样，把那些艺术作品提供给我们的命运的精神也超过了那个民族的伦理生活的现实性，因为这个精神就是那个外在化于艺术作品中的精神的内在回忆——它是悲剧命运的精神，这命运把所有那些个别的神灵和实体的属性集合到那唯一的万神庙中，集合到那个自己意识到自己作为精神的精神中。①

这里，文博展示业或叫遗产产业的目的要素出现了。解释学哲学家伽达默尔看到了这段话的解释学含义，他称赞说："这里黑格尔说出了一个具有决定性意义的真理，因为历史精神的本质并不在于对过去事物的修复，而是在于与现时生命的思维性沟通。"② "与现时生命的思维性沟通"说明了在理想状况下，文化遗产产业的基本社会功能。这种"与现时生命的思维性沟通"才是需要不断持续的，是它向包括遗产产业在内的整个文化产业提出了"可持续发展"的道德律令。

本文最初是一篇会议论文，以《文化遗产的真确性价值与遗产产业的可

① 以上三段引自［德］黑格尔《精神现象学》（下），贺麟、王玖兴译，商务印书馆1979年版，第231－232页。

② ［德］伽达默尔：《真理与方法》，洪汉鼎、夏镇平译，台湾时报文化出版企业有限公司1993年版，第237页。

持续发展》为题载于徐嵩龄、张晓明、章建刚编《文化遗产的保护与经营》（社会科学文献出版社 2003 年版，第 3－35 页）。后以《遗产产业可持续发展的基础和理想模式》为题载《云南大学学报》（社会科学版）（2002 年第 3 期）。以“The Ideal Targets for the Sustainable Development of the Cultural Heritage Industry”为题刊登在 *Social Sciences in China*（《中国社会科学》英文版），2003 年春季号上。再后又被上海交通大学国家文化产业创新与发展研究基地、山东济宁文化局编《文化产业创新与发展》（齐鲁书社 2004 年版）等书刊转载。

非物质文化遗产的保护需尊重其民俗制度基础
——以山西民间音乐遗产的传承、保护为例

非物质文化遗产又叫无形文化遗产，对它的保护正成为一股世界性的潮流。2003 年联合国教科文组织通过了《保护非物质文化遗产公约》（以下简称《公约》）。我国是该《公约》的创始成员国，在普查的基础上，至今已公布了两批近 1100 项的非物质文化遗产保护名录；省级名录中还有 3800 多项。① 但非物质文化遗产的性质究竟如何？在现代化进程中它的命运如何？根据它的属性进行保护的正确方法是什么？这些问题仍然值得探讨。

一、什么是民间音乐艺术遗产?

对文献的不完全检索给我一个印象，民间艺术（文学、美术、音乐、舞蹈等）似乎没有得到严格的界定（定义），多数文献只说民间艺术是产生于民间，并在民间流传的艺术。这是同义语反复。接下去除了外延的分类有些定义至多是说它们与专门家、大传统中的艺术相区别，比较粗糙。这很难揭示出民间艺术的本质和内在价值。原有的定义实际上还没有理解和吸纳当代社会积极保护以民间艺术为核心的各类非物质文化遗产的意义和理论动机。

有鉴于此，我们课题组从下述五个方面对民间音乐进行了界定。

（一）民间音乐是小型社会的艺术

以相对封闭、自足的方言 - 经济 - 婚姻关系共同体为流传区域的村社

---

① 现在这个名录已经变得更长。

艺术。

（二）民间音乐是前现代文明的艺术

汉民族的民间艺术从内容总体上说属于农耕文化的范畴，表达农耕文化的趣味。但理解农耕文化要宽泛一些，不能仅仅要求它表演生产过程。像《走西口》唱的是“小妹妹”对外出做小买卖的情郎的思念。这里还有对乡土的依赖。

（三）民间音乐是功能性的艺术

小型社会的分工并不复杂，艺术没有成为独立的表演和个人的娱乐。这里没有为艺术的艺术。因而民间音乐不是随时随处可以表演的，而是有特定的场合和程序。民间音乐往往是作为乡土社会集体性节庆礼仪的一部分（道具、程序）呈现的。民间音乐承担着小型社会中人际关系的协调功能和民间信念的表达功能，或说负载了特定的伦理－政治－宗教功能（用雅克·阿塔利的话说叫“牺牲”）。民间社会的成员是使用音乐，而不仅仅是听音乐或欣赏音乐。它的表演背后有一套民俗制度的支撑，它的意义需要在这套制度中确定。这是民间音乐与今天的高雅艺术、古典音乐很不一样的地方。在这个意义上，民间音乐及其创作再创作具有集体特征和仪式性特征（因为它的创作者是集体的、匿名的）。这就是说，民间音乐（民间艺术）是具有特定社会功能的，换句话说，民间艺术是具有依附性的。

（四）民间音乐是（口头或器乐的）表演艺术

表演具有即兴的特征，艺术的创作、再创作、接受（认同、批准）、传承都是在表演过程中进行的，没有底本或样板。艺术的创造性（对传统的塑造、改造、突破）都表现在各种艺术细节的创新上。因此民间音乐（民间艺术）是不断变化的，而变化往往是细微的、在不经意之间发生的。没有另外的文字记录正是其艺术性容易体现的条件。

而另一方面说，这种表演又不是表演者任意的自我表现，它是人类社会希望影响自然进程的努力。通过这些表演，人们希望把未来控制在自己手中，而不是对已发生的事的简单回忆。在这个意义上说，艺术引领生活。于是在我们和非物质遗产传承人之间似乎有一个矛盾：我们希望找到更加古老的、原汁原味的艺术，而那时的艺术严格说来是当时的人创造未来和新生活的努力。他们在追求变化，而我们希望事物不要变。因此客观地说，我们不可能在现存的民间艺术中找到更古老的作品。和现存各种有精确历史年代测定的物质文化遗产相比，它们的年龄要相对年轻，和当代的生活更接近。

（五）民间音乐有多样的表演、存在方式，并不定期地与大传统、周边文化有交往关系

民间艺术有对外传播能力和文化影响力。在一定意义上说，民间艺术自身内部有进城、上台、在线（on line）的潜能和倾向。

归纳起来说，民间音乐艺术是（相对封闭的）小型的前现代社会中仪式性并具有对外影响力的多种类口头或器乐即兴表演的时间艺术（因此属于非物质或无形遗产）。由于没有或没有有效、充分的记录手段，民间音乐的发展变化往往是不自觉或不被注意的。这是我们运用理论（概念）的方法对民间音乐进行的界定。从历史的维度上看，民间音乐属于过去的范畴，但距我们并不遥远。这里的关键首先是，非物质文化遗产是“活的”，是既要继续存在又要不断变化的艺术与生活方式，“活体”“活态”保护才是我们进行保护的最终目标。其次我们注意到它们与大传统、外部世界有交流的可能性，有转型的可能性。

在我们看来，民间音乐在人类口头和非物质文化遗产当中占有核心地位。《公约》对非物质文化遗产的定义是：“非物质文化遗产指被各群体、团体、有时为个人视为其文化遗产的各种实践、表演、表现形式、知识和技能及其有关的工具、实物、工艺品和文化场所。各个群体和团体随着其所处环境、与自然界的相互关系和历史条件的变化不断使这种代代相传的非物质文化遗

产得到创新，同时使他们自己具有一种认同感和历史感，从而促进了文化多样性和人类的创造力。”《公约》在此定义之下列出了非物质文化遗产包括的五个方面：1. 口头传说和表述，包括作为非物质文化遗产媒介的语言；2. 表演艺术；3. 社会风俗、礼仪、节庆；4. 有关自然界和宇宙的知识和实践；5. 传统的手工艺技能。这里口头性和表演性是最基本的。社会风俗礼仪是其发生的环境，各种地方性知识和信仰是其内容蕴涵。民间音乐显然是最符合这几项标准的。而艺术技能就体现在表演当中。这种技能在所有“传统手工艺技能”当中更是最美好和最具价值的。因此，民间音乐应该得到各地的大力保护。

二、民间艺术怎么成了遗产?

提起民间艺术，几乎人人都会认为它们是很美好、很珍贵的，那么它们怎么会被弄到了濒危和差不多被遗弃的境地，怎么好好的东西就变成“遗产”了呢?

在课题研究中，我们曾对山西省被录入“五大《集成》”[①] 的民间音乐中近100个品种进行了简单的现状普查。结果发现在民歌、民间歌舞、说唱、民乐和民间戏曲这五个部类中分别有40% –60%的品种处于濒危和灭绝状况；剩余的有40%左右是勉强维持的状况。状况比较好的只是极少数。为什么会这样呢?

应该说，都是现代化惹的祸!

① 即中国艺术研究院研究人员经过多年努力编撰完成的《中国民间歌曲集成·山西卷》《中国曲艺音乐集成·山西卷》《中国民族民间器乐集成·山西卷》《中国民族民间舞蹈集成·山西卷》和《中国戏曲音乐集成·山西卷》，反映了山西民间音乐二百多个品种在20世纪70年代里的状况。

（一）现代化尤其是赶超型的现代化过程是造成民间音乐艺术衰败而成为遗产的根本原因

我们知道，人的文化作品反映着他们完整的世界观或者叫传统知识体系。人的生产方式、技术水平也决定了他们对世界和人际关系的感知。我们说，有了飞机就没了思念，地球变成了一个小小的村子。人的想象也完全变了，变得更世俗，比如做梦买股票或者彩票中奖、发财等，而不是像古希腊人那样，想象用蜡或蜂蜜把羽毛粘在身上，有了翅膀飞到天上；还要小心不要太靠近太阳，以免那些蜂蜜和蜡被烤化。马克思当时对此就有深刻感受。他在《政治经济学批判·导言》中有一连串的反问："成为希腊人的幻想的基础、从而成为希腊（神话）的基础的那种对自然的观点和对社会的观点，能够同走锭精纺机、铁道、机车和电报并存吗？在罗伯茨公司面前，武尔坎又在哪里？在避雷针面前，丘比特又在哪里？在动产信用公司面前，海尔梅斯又在哪里？……在印刷所广场旁边，法玛还成什么？……阿基里斯能够同火药和铅弹并存吗？或者，《伊利亚特》能够同活字盘甚至印刷机并存吗？"最后一个反问不需要回答："随着印刷机的出现，歌谣、传说和诗神缪斯岂不是必然要绝迹，因而史诗的必要条件岂不是要消失吗？"① 今天有谁还能创造出新的神话呢？

这就是说，艺术有时代特征。那些代代相传的文化遗产、艺术作品是与其整个生活环境、生产方式、社会关系相匹配的。如果这些环境、方式、关系都变了，那么这些情感表达、趣味方式、符号系统也就会随之发生变化。

道理如此简单。但真变起来也要花很大的力气呢！如果说这种变化尤其是人们心理上的变化在世界其他地区已经先期发生过，比如在 T. H. 劳伦斯

① 《马克思恩格斯选集》第二卷，人民出版社 1975 年版，第 113 – 114 页。其中罗伯茨公司是一家机器制造公司；武尔坎是神话中的锻造之神、铁匠；丘比特是罗马神话中的主神；海尔梅斯是神的信使；印刷所广场是《泰晤士报》总社所在地；法玛是传闻女神；阿基里斯是神话中的英雄，刀枪不入，只是脚踵有缺陷。

等人的作品中出现过（如《儿子和情人》《查特莱夫人的情人》中的矿山景色及作者用作象征意味的大胆情色描写）。中国百多年的现代化努力、改革开放30年的奋斗好不容易取得了世人瞩目的成就，好不容易让东南沿海一些省份先富起来了，但也因此把很多民间艺术、民间技艺变成了残留不多的遗产，甚至把许多宝贵的非物质文化遗产弄得荡然无存！

现代化可以简单地分解为产业化、城市化、商业化、民主化和个人主义观念等基本指标。产业化是一种建立在能源技术基础上的大生产方式。它的扩张将前现代农业文明的空间极大地压缩了。大规模矿山建设直接覆盖了以前的乡村与田野。现代化的交通设施、输变电输油管工程粗暴地切割（贯通）了原来相对完整、封闭的乡土社会，改变了它们的环境与景观。现代化的农业栽培、籽种、排灌、病虫害防治技术彻底更新了农人的自然观，也消解了各种“巫术性”仪式（如祈雨）的存在价值。与工业化相关联的城市化进程导致城市数量的增加、城市规模的扩大及城市人口的激增。交通工具的更新强化了城乡间的联系。城市的生活方式与商业的趣味标准严重边缘化了乡村的生活方式，人口流动、家庭规模的缩小（包括民居样式的改变）改变了传统的村社伦理关系与观念。个人价值和市场伦理的通行使共同体成员的内部伦理认同产生频繁转换的困难。

中国近30年的发展，GDP持续走高，但经济与社会文化政治环境的发展不平衡等问题，也使其负面影响成倍增长。中国的经济起飞正好与整个世界的信息化进程相同步。媒体的发展、广播电视村村通工程、送戏送电影下乡工程等更加速了乡村传统文化的消解过程。普通话的推广曾经是一个极为困难的任务，但今天方言保护的工作变得更为紧迫。遗憾的是，我们的广电管理部门竟然还发文禁止以方言译制国外影视作品。其实这些媒体已经将越来越多的现代文明灌输给了乡村社会，而现代教育制度及其课程内容设置等都已从根本上改变了晚近一两代人的思维模式。网络、旅游等现代休闲娱乐方式深深地渗透到乡间，所有这些已经使民间音乐存在和演出的场所、制度及观念环境丧失殆尽。如果这种进程和速度不发生改变，我国现存民间艺术在二三十年内基本消失是不可避免的事。黑格尔曾发挥宏大的历史想象，感慨今人反观古昔，只见“一切最丰富的形式、最优美的生命终必在历史中消逝”，而我们只能是“在卓越超群者的废墟间流连徘徊”。

这就是说，由于人类是处于不断发展的进程中的，而在这一进程中留下的所有符号性表达、艺术作品都是静止的、不变的，因而必然会离我们越来越远。但非物质文化遗产恰好不是完全静止不变的，并因而不是完全意义上的遗产。因此我们的保护不能是让其停止不变的隔离措施，而只能是希望他们的变化发展充满希望，同时更加从容。让这些非物质遗产的持有人的发展不再是过去的出逃，而是清醒的抉择。当改变更多是由改变者内在动机驱动时，传统中的价值将最大限度地被携带进新的生活。这是我们在开展非物质文化遗产保护、开展农村群众艺术活动时应建立的一个基本认识。

（二）后现代社会（后工业社会、消费社会）对文化及文化多样性的渴求为民间音乐的发展提供了一个有益机遇

现代化是一个无限扩张的动机，全球化只是它的一个必然结果。在这个意义上，现代化没有给前现代留下可保留的空间。那么既然小型社会逐个被瓦解了，农业文明逐渐消失了，前现代社会的种种价值伦理及其功能性仪式失去了存在的必要性，民间音乐表演也就被去除了所有制度性基础。因而它的衰亡只是时间问题。这里不可逆转的根据是，几乎所有来自前现代社会的居民都无法拒绝现代社会的生活方式（经济与政治权利、舒适与方便、真正意义上的发展）。

当然，我们对现代化进程的赞成并不是没有保留，也并不等于对民间音乐失落不留遗憾。因此，当后现代动机出现的时候，我们可以看到民间音乐获得了一个可稍从容转变的机遇。

所谓后现代，既是现代化动机的正向延伸，又是对现代化动机的反省与充实。粗粝的现代化初期的产品（包括制度）和景观都在被后现代的精致所更替（在鲍德里亚看来，生产的逻辑被消费的逻辑所取代）；大功率的生产

机械制造被方便、美观的终端消费品制造所取代（卓别林的《摩登时代》是现代化初期的写照，而现在是第二次现代化）；发展的口号被可持续发展或科学发展所取代。总之，社会的富裕和居民收入普遍提高带来了旅游的动机和休闲的需求；知识经济的出现带来了巨大的文化需求。知识经济是高科技和高文化的联姻（high tech，high touch）；媒体的迅速过剩突显了内容的稀缺，尤其是具有高质量唯一性的文化内容的稀缺。后现代的动机（文化产业）在世界各地寻找文化资源，旅游业的持续发展印证了这一点。

后现代也是对现代化（或现代性）的反思，包括对启蒙理性的反思，要纠正现代性的单向度和偏执，要克服商业文明的过度投机。因而后现代主张与前现代进行对话（后现代主义建筑家有“双重编码”理论）。后现代要求现代性对前现代实行“费尔泼赖”（fair play）。后现代不是对前现代的重新认同，而是要在现代与前现代的裂隙间释放更多的差异。这就是文化多样性的主张。

中国社会的现代化过程、工业化进程并没有完成，但后现代的动机已经出现。由于全球化的影响和中国人的积极回应，中国社会已经进入了现代化和后现代两步并作一步走的发展阶段。党的十七大报告提出要文化大发展大繁荣。而今天我们知道，文化的发展繁荣并非仅仅是文化人的事，重要的是适合文化发展、有益于文化发展的制度环境要通过创新建立起来。因此要进行文化体制改革，要发展文化产业，同时也要全新提供公共文化服务，这样，文化的发展繁荣也会服务于和谐社会的构建。在这个背景下，我们要考虑如何运用和调动公共财政、公共政策、公共服务对非物质文化遗产进行保护。

后现代的上述趋势表明，可持续的发展只能是一种有文化内涵的发展，科学发展观最终将是一种文化发展观。无论全球还是中国的这些发展趋势给前现代的民间音乐提供了一个从容转型的机遇，重要的是，我们能否很好地把握住这个历史机遇？与此同时我们也要看到，在民间音乐衰落过程中，这个艺术品种的艺术性的一面也不断表现出顽强的生命力和发展的动机。我们的公共服务必须是建立在这个基础之上的。

三、民间音乐遗产的生命力

作为艺术，民间音乐具有自身的顽强生命力。现代化过程中一些虚假的意识形态并不能真正把它们彻底埋葬。艺术的生命力并不简单地通过其自身内容表现出来，它也在很大程度上靠其表演制度来体现。我们所谓的表演制度包括三个层面：一是民俗祭礼（外部）层面；二是乐人组织（内部）层面；三是经济交换（中介、经纪人）层面。“文革”结束之后，那些所谓“新编”的民间音乐作品大量消失，旧的民间音乐作品和演出形式重新流传。当然在民间音乐能够继续流传的地区，我们也会看到它自身体制上的若干变化。民间音乐在这些制度基础上的流传才更加稳定。让我们看三个个案，它们体现了三种不同的振兴模式。

（一）定襄八音会

八音会是一种民间吹打乐，通常由管子、唢呐、笛子、笙、鼓、大小镲等乐器为主，一个班子有10来人就可组团演出。据民间流传，八音会是在明朝万历年间从宫廷传入定襄的。今天八音会吹打乐《大得胜》（亦称《得胜鼓还朝》）据传就是当年的宫廷音乐。八音会主要流传在山西忻州市的忻府区、定襄、原平、五台等地，近年也向周边的河曲、保德、岢岚等县扩展。据《定襄县志》记载：“定襄男……完婚可仿古制，至若鼓吹拜迎，肆筵设席，非复古礼，不贺不举乐之意。”可见定襄鼓吹乐在清雍正年间已在当地盛行。到民国时期，凡有秧歌、社火、庙会、祭祀等活动，均有八音会伴奏助兴。新中国建立之初，有关部门开大会、送往迎来也动用八音会。但“文革”期间全部禁止。改革开放后重新恢复活动。

近年来，八音会主要是在传统节日和婚丧嫁娶等民俗礼仪上表演。定襄八音会的演出情况主要有两种：一是年节庙会；二是老百姓家里有婚丧嫁娶。冬天的演出尤其多。冬天农事清闲，而新年春节秧歌社火都在冬季；老百姓办喜事也喜欢凑在年节期间；加上冬季寒冷，丧事也增多，于是八音会乐班最忙碌的日子在冬季。年节的庙会上，八音会的观众能有万人以上；越是经济欠发达、交通闭塞一些的村子，八音会的观众就越多。至于老百姓的婚丧嫁娶，是一定要用八音会的，谁也不能替代。当地老百姓把这叫做“雇响器”。

碰到婚丧嫁娶，哪家不请八音会，会被认为很没面子。八音会演奏曲目也按程序，什么时候用什么曲子，都有明确的套路，不能乱来。送葬时吹奏的有八音会传统曲目《哭皇天》、管子吹奏北路梆子选段、电子琴演奏的哀乐，听上去很悲伤。婚礼上要用的是《大得胜》，或者戏曲段子《三对面》。参加婚礼的宾客也可以点名吹奏一些高难度的唢呐曲，点唱一些有难度的歌曲和戏曲。有时本村一些“演艺高人”也会被推进来露一手，还有毛遂自荐要与乐队合作唱几曲的。一些经济条件好的村镇，会有人拿出钱来点歌，这时一些年轻漂亮的女歌手会是最大的受益者。

当然，乐手们伺候人也很辛苦。在事主家吃饭时八音会人员会被单独安排一桌，通常是在院子的西南角，这在当地许多人家是靠厕所的方位，冬天时天尤其冷。艺人们有句话叫：“烤前心，凉脊背，挣的好人钱，受的赖人罪。”

值得注意的是，这些年各国有地方戏曲剧团都遇到困难，而农民组织的八音会乐班却相当活跃。定襄位于太原和佛教圣地五台山的中间，是到五台山朝圣的通道之一。从新中国成立初到1997年以前，八音会班社成员基本保持30余个，从业人员300人左右（“文化大革命”时期除外）；1997年以后，全县班社迅速发展，据了解，“定襄县现在的八音班子，知名的有30～40家，小班子更多，有50～60家，总数在100以上……人数怎么也在1000以上。”“大班子每年演出100场以上，小班子40～50场，照此推算，每年总演出场数有8000～10000场。”“每年观众累计在50～60万人，（八音会班社）总收入约500万元，（艺人）人平均约5000元，近几年变化不大。”

据了解，不同八音会班社演出的费用有很大差别。一个普通的班社通常有10个人，平时演出每场收入500~700元，“紧日子”（每年国庆到第二年正月）每场都在1000元略多，每年演出100~150场。这样一年总收入约8万元，人均8000元左右。而一个更有名气的班社可以有12个人，每年演出180~230场。每场收费在2000元以上，多时可达到5000~6000元。这样一年的总收入可达到40万元，平均每人收入3万多元。在定襄，农村居民人均纯收入有3600元左右，相比之下八音会在当地是一个让人羡慕的、旱涝保收的行当。在农村人看来他们的收入水平已经和城镇职工没什么差别。传统上，民间艺人的社会地位并不高（名声似乎不好，被称为“王八”等），但从八音会乐手的婚姻状况看，他们就算不是特别受青睐，起码也没有受到歧视。

由于收入条件不错，八音会的传承人并不算少。不少老百姓还愿意让自己学习不太好的孩子去学习吹打乐。学习八音投资小，即使学不成也没太大损失；而学习时间短，两年就可以出去演出，很快就会有相对较为理想的现金收入。前几年河边高级职业中学办了几届八音班，培养了二百多名学生。该校同时设置美术、机电、种植、养殖等专业，可就数八音班人数最多。如果是这样，八音会这种非物质文化遗产的前途一时半会儿似乎不令人担心。

稍稍分析可以知道，八音会流传的关键是有固定的民俗需求。虽然现在的广播电视十分普及，但民间用乐的习惯并不能靠广播电视解决。从村民的意识上说，即使是在外面当过几年兵、见过些世面的人，回到村里还是希望“雇响器”的，他们认为这样做会给生活带来更多好兆头。这是农村群众文艺活动最坚实的根基。近年，农村地区还出现了一些新的民俗，如新一届村委会上台要“用乐”；而一些小的“用乐”主体也出现了。村里举办八音会演出，全村都参与，但费用可能是某个家庭出的。另外，在当前的社会条件下，八音会的收费演出能被村民接受，有良好的价格形成机制。与城里的剧团不同，八音会乐班人数少，没有冗员，所以在市场中具有价格竞争优势。另外八音会成员并不完全脱产，因此还有其他收入。他们的演出有时很像“票友”，带有一定的娱乐性。

（二）临县伞头阳歌

临县伞头阳歌是从传统伞头秧歌创新中诞生的一种二人或多人的对唱艺术。伞头秧歌流行于晋西以临县为中心的方山、离石、柳林、石楼等县的部分地区和陕北的绥德、佳县一带。伞头秧歌在临县有很久远的传统，在当地俗称“大会子”，又叫“杂会子”，由伞头的“歌”和秧歌队的“舞”组成。伞头是秧歌队的统领，其职责是指挥全局，统派节目，带领秧歌队“排街”“掏场子”，还要代表秧歌队即兴编唱答谢致意。如果遇到其他的秧歌队，两个伞头狭路相逢，便会互相叫唱比斗。当地人称这为伞头“相鸽”，即形容它像两只禽鸟相斗互不相让，用嘴互相啄。

伞头在表演时左手执伞，右手握响环。伞是普通的花伞，周围缀有尺许宽的红绫。响环俗称“虎衬”，是用响铜铸成的环状圆筒，形似手镯，内装一小球，摇动时发出银铃般的响声，摇动起来作为歌舞的号令。伞头的作用直接影响到秧歌队的声誉。说起一班秧歌队，人们首先会问“伞头是谁”。一首秧歌唱到：“火烧赤壁欠东风，长坂坡上没赵云，如若伞头没水平，秧歌虽好闹不红。”

和定襄八音会一样，伞头秧歌一般用于年节社火和民间红白喜事或寿诞庆典，也用于各类机构的联谊活动和一般的娱乐活动，但改革开放之后，一种创新的表演形式从中脱颖而出。1980 年春节，临县文化系统拉起了一支由 14 个伞头组成的只唱不扭的秧歌队伍。据统计，有一天伞头们竟然“干”唱了 771 首秧歌。这一来，“伞头秧歌”从农村街巷走上了舞台，因为只唱不扭被称为“阳歌”。于是“对唱阳歌”就此诞生；“相鸽”不再是偶然路遇的激情碰撞，而成为了“蓄谋已久”的对台戏。当地群众对这种娱乐性极强的民间音乐活动十分喜好，更使这种民间演艺活动走上了市场化的道路。

2000 年以来，这种历来就有当地党委政府主要负责人参与、支持的伞头阳歌在临县一带发展很快，几乎所有的集体活动都有伞头秧歌演唱，并慢慢演变出较为固定的商业演出模式。巨大的演出市场培育了一支伞头队伍。而其中所谓名伞头，则属于那些每每在演出现场作“超水平发挥”的伞头。伞头秧歌没有多少固定曲目，演出时台下的观众或同台演出的其他伞头出题目，场上的演员以歌唱的方式即兴作答。名伞头杜云峰曾用一首秧歌来表述这一特征：“伞头秧歌土里土气群众喜爱，针对现实随编随唱现炒现卖，几十秒钟编唱一首来得很快，送来纸条看上一眼就能答对（读若 duai）。”另一首秧歌唱到：“唱秧歌必须要内容集中，每四句为一首多用比兴，头句起二句承三句引申，第四句做总结画龙点睛。”这些用独特方言演唱的现场答对不仅曲调流畅，而且歌词幽默诙谐。一首秧歌有时就是一“段”相声，四句词就要“抖”个“包袱”（当地叫“开花”）。伞头每唱完一段，台下总是笑声一片。一次有观众向台上的伞头提了一个刁钻的问题，让他唱唱和小姨子的关系，全场顿时充满了期待。伞头稍加思索随即唱道：“我小姨子如今没老汉，由我抱住亲来由我看，黑夜里我领上她出去串，白天还得送她到幼儿园。”原来“小姨子”还是个未成年的小女孩。观众听第一句就开始笑，希望看伞头怎么“上套”，但到第四句看到他如此轻松“解套”，更是哄堂大笑。伞头们遇到的问题无法预测，编歌词作答的时间只有几十秒，还往往伴有紧锣密鼓的催促。近几年，伞头秧歌的演唱形式甚至变成了几位伞头一人一句的联唱、接唱，可思考的时间更加短暂。但机敏的伞头们就是在这种高度紧张当中，靠智慧博得了声誉，而过不了关的伞头会在观众的哄笑中离开舞台。这样的演出形式使得伞头阳歌这种经过创新的民间音乐遗产的流行地域扩大，不断地向周边县市传播。

伞头阳歌最初的演出往往是由政府或相关企事业单位组织的。每年春节县城的红卫广场总会有一场大型演出。后来出现了一些村民自发组织的演出。一些民工外出打工挣了钱回家过年，希望在节庆期间搞一场活动，感谢村里对自己家人的照顾。于是只要打电话找到一个伞头，这位伞头就会联络上其他两三位伞头开台演唱。不断的演出给伞头带来繁忙的演出季和不菲的收入。2006 年正月到二月，当地两位名伞头一位演出了 53 场，另一位演出了 88 场；他们有时一天要演出 2 ~ 3 场。农闲的季节成了名伞头们的演出旺季和收获的旺季。据了解，伞头演唱的收入近年来水涨船高。一位有名的女伞头，20世纪80年代中期前，她的年演出场次在50左右，每场演出收入只有二三十元。到2000年，其年演出场次和场演唱收入标准双双上百。而后的三年，演出场次稳步上升，演出收入紧随其后。到2004年，其年演出场次和收入标准同时跃上300大关。2005年演出收入标准跃上400，超过了年演出场次的纪录。这样她的年收入就可达到12万以上。其实平均看，一个有点名气的伞头年收入在5万~15万元之间。有伞头自己说，在临县“除了煤老板就数伞头的收入最高”。所以在这种情况下，伞头是可以成为职业的。近年来，伞头们的居住地向县城集中，并开始做户外广告，公布自己的电话，希望市场能做得更大。

伞头阳歌的流行还使相关行业连带发展，一些音像店出售演出光碟。好一点的音像店一年可以销售VCD光盘5万张左右，这样规模的店面大概有七八家。产品畅销于临县、方山、离石、柳林、中阳等县。可见市场需求之大。

考察中发现，进入名伞头行列中年龄最小的伞头年仅18岁；而行业中的中流砥柱大多30多岁，可见“伞头秧歌”后继有人。

我们的简单结论是：第一，伞头阳歌也具有广泛的群众基础、坚实的民俗基础，近年来一些新的民俗正在形成；第二，经过形式创新，演出形式变得简单，趣味性却更浓；第三，由于艺术表演向少数角色集中，分配简便，个人收入高，形成了基本的商业模式。由于上述原因，这样的非物质遗产、民间音乐的传承应该是没有问题了。但是2006年春节期间，伞头秧歌还是被“亮出了红牌”。这一年春节临县的社火一如往年。正月十五，人们照例赶往红卫广场观看秧歌晚会，乡下的人们甚至开着三轮车、骑着摩托车在天黑时来到县城。据看车人讲，那天晚上至少有20万人来县城打算观看晚会。但当人们来到广场时，却只看到地上的积雪和空旷黑暗的舞台……现场一位中年男子失望地说：“正月十五没有秧歌晚会，这哪叫临县啊？”原因何在呢？伞头们说：“人家政府不组织，我们自己又没法组织，只能算了。”文化局的干部解释说："近年来，伞头的日常演出频繁，收入节节升高，文化局打算对他们进行管理，收取一定的管理费，但是，伞头们毫不理会。所以，政府不准备再支持他们。举办比赛、晚会、秧歌队表演支出都非常大，而且可以说伞头们都是通过这些活动成长起来的，政府扶持了他们，他们却不愿回报政府，所以我们今年就没有举办正月十五的秧歌晚会。再说，上面有文件，出于安全等方面的考虑，不让政府牵头组织集体活动。"看来问题最终还是出在经济上。一种乡间流传的艺术形式在登堂入室的同时，也要进入更大的制度环境。这是一个新问题！

（三）绛州鼓乐

绛州鼓乐是流传于晋南新绛等地的一种民间锣鼓打击艺术。先秦史书上曾有"秦筝晋鼓"的记载；唐初时绛州地区经济繁荣，铸币业发达，文化随之兴盛（有民歌《走绛州》为证）。传说李世民的部队曾在此演奏鼓乐《秦王破阵乐》，唐代"擂鼓台"遗址①至今尚存。绛州刺绣、面塑、剪纸、皮影等民间艺术也丰富多彩，但我们这里要介绍的是成立于 1988 年的绛州鼓乐团，他们将这种鼓乐从乡间农舍中带出来，筚路蓝缕，走进大城市，登上艺术殿堂，推向了国际舞台；从而使农村群艺活动、民间非物质音乐遗产传承保护产生了一个新的发展方向。通常说的"小传统"现在要主动与"大传统"互动了。

经过长期的流传，绛州鼓乐创造了丰富的艺术表演形式，可以说，新绛县各乡各村都有自己的"点子"（当地人称鼓点为点子），以及多姿多彩的演奏技法，至今其流传曲牌还有三百多首。广泛分布于新绛各地的绛州鼓乐演奏形式主要有三种：1. 花敲鼓。花敲鼓所用乐器仅有鼓和板，俗称干鼓。乐器共 28 件，其中扁鼓 24 面，代表一年 24 个节令；夹板 4 副，分别象征牛、虎、狮子、麒麟四兽，取牛之忠、虎之猛、狮子之威、麒麟之祥，意求事事

---

① 迄今在李世民屯兵的秦王堡尚有"擂鼓台"的遗迹可寻。秦王堡在新绛县城的西南 20 里处，亦称唐堡，现名堡理。

如意，年年丰收。花敲鼓的演奏运用磕、擦、搓、挑、撩、敲、碰等技法，变化多端，繁简有序，颇具特色。2. 穿箱锣鼓。穿箱锣鼓因表演者身着传统戏装而得名。传统乐队为16人，其中小鼓2人、唐锣2人、大鼓2人、大钹2人、大锣8人。3. 车鼓。车鼓是鼓载于车上击奏的表演形式，有马拉、牛拉、人拉等多种方式。所用的鼓是专制的特号大鼓，直径1.5米，腔长1米，车子跑动时击鼓是“声震百里，动荡山谷，威风至极”，真可谓威风凛凛、战车隆隆。可知绛州鼓乐积淀深厚，艺术价值非常之高。

事实上晋南许多地区民间都有鼓乐在流行，但不少地区的鼓乐流传状况不似新绛县红火。如盂县的“文迓鼓”及其相类似的节目《牛斗虎》等都已经绝迹几十年。另如运城地区的河东锣鼓虽然还广为流传，然其名气却不如绛州鼓乐那么大。20世纪90年代，人口29万的新绛县人均GDP只有250美元左右，农村家庭年纯收入只有100美元上下。这种连“文革”中都没有禁绝的民间艺术在改革开放中却“一路走低”，正所谓“衣食不足，礼仪难兴”吧。而今天这些传统鼓乐的地区间差异，即有的衰败，有的兴盛，却是和一些人为的努力相关的。

绛州鼓乐在当代的振兴与团长王秦安个人有很大的关系。20世纪80年代，身为新绛县文化馆馆长的王秦安在下乡搜集民间美术作品的过程中，意外了解到极具价值却又处于衰亡中的锣鼓艺术。他决心使这一民间艺术发扬光大。此后王秦安对绛州鼓乐资源进行了广泛的搜集、整理。1987年6月，山西省政府在太原举办首届“两会一节”（经济洽谈会、贸易促进会和民间艺术节），用当时的说法是“文化搭台，经济唱戏”，文化在这里是“跑龙套”的。“两会一节”要求各县选有地方特色的节目赴太原表演，王秦安抓住这一时机，召集了全县各乡村20多位民间鼓手，组成“新绛县农民锣鼓队”亮相省城。演出荣膺艺术节金奖，获得巨大成功。继而他们应邀参加了1988年1月在北京举行的“龙年龙乐音乐周”，精彩的表演在北京再次引起轰动。1月31日音乐周挑选出来的优秀节目在人民大会堂进行闭幕式演出，他们成了其间唯一一个民间演出团体，著名音乐家李焕之先生说，“它那宏大壮观、气吞山河的气势，实在令人赞美不已……”。从这以后，“新绛县农民鼓锣队”摇身变成了民办非企业单位“山西绛州鼓乐艺术团”，注册资金16万，王秦安出任团长。艺术团自此踏上了弘扬绛州鼓乐艺术传统的漫漫征程。

事后王秦安回顾说：“我的幸运在于我每次都抓住了机遇。”这里“抓住机遇”不是指“两会一节”及后来“龙年龙乐音乐周”的召唤，而是指鼓乐队进行的节目创作。当时演奏的曲目是根据新绛民间鼓乐谱整理、经鼓乐团集体研讨、由山西省歌舞剧院王宝灿等执笔的《秦王点兵》和王宝灿、郝世勋执笔的《滚核桃》。其后每有一次重要演出安排，艺术团就要创作积累一两个新节目，久而久之一台完整的晚会节目集成了。

到2000年时，成立了十几年的绛州鼓乐艺术团已经靠再创作排演的节目夺得了多项省级和全国的大奖，还数次到海外演出，如1995年在香港的演出引起轰动，14个节目之间掌声达34次，全场沸腾。但这些享誉世界的民间艺术家回到自己的故土时，境遇竟是非常的困苦。那时在经济欠发达的中国中西部地区，一些地方在公共财政紧张的情况下总是倾向于首先放弃公共文化服务责任，这些地方文化馆、图书馆、国有剧团连人员工资都无法足额发放。这样一个民营艺术团一年大约需要30万元左右的经费，支付场地租金、水电费、工资、制鼓开销等。但就这么点儿经费他们仍然不容易凑足，团长王秦安曾背着家人把自己的工资以及家里积蓄全部拿出来办团，甚至借过“高利贷”。而全团20多团员挤在一所农村中学里，自带干粮，以地为床。这种稍稍要使自己精致化的艺术与当地的经济发展水平、制度条件相背离，显然是无法持续发展的。

好在乐团的领导班子是有文化、有胆识的，他们也认识到中国大地正在发生深刻的变革，市场经济已经作为一种基本社会制度被建立起来，社会流动不再是被抑制甚至禁止的。因此经过对长江下游七八个城市的市场条件进行考察，他们毅然将目标锁定上海，率领全团赴沪上发展。

鼓乐团初到上海的日子充满艰辛。由于没有知名度，又赶上演出淡季，乐团曾连每人每天五元在上海这个大都市里的生活费都保证不了。团长王秦安曾紧紧捏住最后一笔钱不撒手，那是万不得已带全体团员“败退”山西的火车票款。

终于，有一个台湾房地产开发商请他们参加开业演出，这次演出非常成功，使绛州鼓乐团在上海名声大震。凭着浓郁的地方特色和团员们精湛的表演，鼓乐团在上海这个国际性大都市站住了脚。目前，鼓乐团发展态势良好，演出订单很多。现在他们每年的演出场次都在150场以上，仅演出收入一项就超过100万元。他们已经有了自己的练功房，有了自己的汽车，团员生活比以前有了很大的改善。他们灵活地根据演出需求类型的不同，调整节目单和表演阵容。除了演出之外，他们在影片《花好月圆》《满汉全席》和李连杰主演的《霍元甲》中担任过锣鼓表演；他们还和一些艺术院校联合办学，传授绛州鼓乐。应该说，在市场经济比较成熟、文化需求比较充分的上海，他们对民间音乐的追求终于找到了一种大致可匹配的制度环境。

难能可贵的是，团长王秦安和全团演职人员对绛州鼓乐艺术的弘扬、传播有一种类似宗教的情感。在取得了发展的基本条件之后，他们仍然继续打造艺术精品，创造更美好的节目，拿更多更大的奖项。他们知道，必须让民间艺术从粗糙的外表、简单的招式中迅速提升出来。这样才可以规避低水平的恶性竞争，同时取得清晰、有效的知识产权保护，这才能让他们永远立于不败之地。

以他们的成名作《秦王点兵》和《滚核桃》为例。《秦王点兵》取材于绛州民间传统车鼓曲牌《小秦王乱点兵》，经过专业音乐家的艺术加工，乐曲中不仅有传统的鼓点，而且运用了专业创作的发展手法，还借鉴西洋曲式中常见的综合再现的结构原则。《滚核桃》取材于绛州民间鼓乐曲牌《厦坡里滚核桃》，运用新绛特有的“花敲鼓”的演奏方法，但在配器方面也经过了大量的加工：传统的花敲鼓阵容通常为24面鼓、2副夹板、2副梆子，速度、力度的变化却很小，比较平直呆板。改编后的乐曲不仅使绛州鼓乐所特有“花敲干打”技法如击鼓心、敲鼓边、顶鼓帮、磨鼓钉、搓鼓槌、碰鼓槌、磕鼓环、蹭鼓皮、滚鼓槌、打鼓架等表现得淋漓尽致，而且在节奏力度上让慢板、中板、急板、散板频繁变化，突强、突弱、渐强、渐弱变化目不暇接，乐曲表现力得到极大的提高。而改编后的《滚核桃》演员减少到9人(8面鼓、1副夹板)，为村头街道表演走上剧场舞台创造了条件。

王秦安团长是个文化人，对艺术的发展有很好的理解。地方性的民间音乐往往是群众性的，参与演出的人多但技巧性不可能普遍很高；现在按商业方式登上舞台，演出人数不能太多，但表演技巧必须大幅度提高，表演者必须受到足够的艺术技巧培训，甚至需要有一定的艺术天分。这样的艺术才具有高质量的唯一性，才是无人可以取代的。现在的节目《牛斗虎》仅用两只大鼓由两位年轻演员表演，但他们娴熟的击鼓技巧和默契的配合，加上灯光与音响设备的烘托，令人完全可以感受到场面的宏大与壮烈、打斗的胶着与紧张。在“牛”与“虎”一进一退的攻防转换中，在民间时的那种情节性、故事性演进逐渐地被艺术的抒情性、形式感展现所替代。又如打击乐尤其是鼓乐，表演乐器有限使得其旋律性不足，要扩大鼓乐的表现力就必须在乐器上下功夫，要让传统的中国民间鼓乐也带上调性，带上更多旋律感。因此现在绛州鼓乐团的表演乐器中不仅有各种传统的鼓，也出现了类似西方定音鼓、架子鼓性质的中国排鼓；在大型作品中甚至可以适当加入辅助性的吹管乐器。可以肯定地说，在他们的表演中，传统曲牌、套路自由连缀的音乐单元已经变成了固定结构的多段体独立作品。通过艺术创新，绛州鼓乐进城，民间音乐艺术的精髓再次最大限度地向大传统转化，作为多元文化中的一种因子融入了后现代景观，也开创了民间音乐异地振兴的新模式。同时这样的艺术才是应该设定更高的票价的。

绛州鼓乐作为非物质音乐文化遗产的独特传承方式（“异地振兴”）是值得讨论的。首先，这里涉及的民俗制度有两个。经过开掘、精雕细刻的传统民间艺术脱离原有的农业社会制度环境，跨入现代化甚至后现代社会的商业制度环境，把传统精美的价值形态主动地带入一个现代化了的大都市。这很像将“柴鸡蛋”“本鸡”、美国人说的“有机食品”（organic）送到了城里。现代化的都市食品本身并不缺乏，但食品的养分十分贫瘠。精神食品也是一样。

传统的艺术或尚存的非物质文化遗产其实也有适应时代和制度变化的能力与智慧。不要一说非物质文化遗产保护就想建保护区，就阻断人家发展的选择。有时这种制度转换可能渐进式地发生。如现在山西、河南等地一些丧葬锣鼓队就同时服务于两种不同的民俗与制度：为本村人提供免费或极低费用服务；为其他村村民提供收费服务。尽管这时鼓乐仍然有强烈的仪式属性，但乡间同样存在着制度上的二元结构，这是社会转型过程中的自然现象。还有现在山西的很多民间乐班在使用演员、乐器、设备、曲目方面有很多改变（如襄垣鼓书由盲人坐场“干说”变成明眼女青年走场表演，使用电子琴和进口音响等）。不能认为这些变化一出现就不是原汁原味了。艺术传承的关键是看能不能将传统的价值带入新的时代，艺术形式总是要不断变化、推陈出新的。

其次，进城、上台、在线的艺术也必须不断地升华，向精致化、高雅化的方向转变。现在许多民间艺术在历史上曾是宫廷艺术、精致艺术，后来衰落了流落到民间；也有不少民间艺术在历史上就被选入宫廷，成为精致艺术，如徽班进京，传统上流传于安徽湖北的徽汉二调最终成为了赫赫有名的京剧。

再次，艺术的民俗制度改变、表现形式的提升势必也会带来艺术家组织形式和内部分配制度的变化。原先通常由高水平艺术家统领的乐班会慢慢地变成由专门的经营者统领：伞头阳歌更多具有传统的特点，而绛州鼓乐团的体制是后者。其实定襄八音会的班主通常也要自备车辆、音响器材等，这些设备资产通常也要参与分配。这时一些高水平的演员虽然越来越重要，甚至可以拿到比经营人更多的单场收入，但在演出安排上也更多依赖于经营人、经纪人。而高水平的经营人、经纪人虽不见得更擅长表演，但也要精通艺术的真谛和创作原理。将来，演职人员的跳槽、转会都会发生。

简单地说，我们在绛州鼓乐团的案例里可以看到民间音乐遗产传承、保护及农村群众文艺活动开展中更复杂一些的模式。绛州鼓乐团现在也面临新的问题，如一些年轻演员对目前的收入水平仍然不满足，他可能干脆就离开乐团到其他企业打工；而乐团也需要更多新的节目，这时创作也需要更多原始的素材。因此，上海的摊子是否还要与留在山西的摊子有所互动，将来一个做大了的摊子将由什么样的人才接班，所有这些问题都是乐团现在领导班子正在考虑的事情。

四、怎样使用公共财政保护民间音乐遗产？

显然，不同品种的非物质民间音乐遗产的存在状况有很大的差异。有的已经失传，我们仅可通过某些文献知道它们曾经存在，知道它们的某些存在样式；有的其传人还在，但年事已高，已无法充分表演，只能看到、听到某种片段的、叙述式的表演；而另外有一些则还有不同程度的流传，即在特定的民俗节庆上表演，并有年轻的一代在学习继承；也有一些以变化较快较多的方式存在，已与当代的一些“新民俗”结合在一起。然而当前人们有一种明确的共识，那就是要尽可能保护、挖掘这些稀有的文化资源，让它们为今天的发展服务。于是人们就有了一种搜寻的眼光和冲动。而除了民间的种种努力，政府的作用也变得更重要。恰好近年来随着我们经济的持续增长，政府的财政收入大幅度增长，政府的公共服务意识也在增强。于是我们看到，迄今已有两批共有1100多项国家级非物质文化遗产名单公布了；777名非物质文化遗产的传人被认定。国家在保护方面已经开始投入。但资金使用的方式比较粗放，在是否应该投入和应该怎样投入方面有很多问题值得深入思考。我们结合上述事例做一些稍深入的讨论。

我们要简单讨论两个问题。第一，为什么需要政府投入？第二，怎样针对非物质遗产的不同状况进行有针对性的投入？

首先，我们要讨论政府投入的依据。计划经济时期我们考虑问题很简单。人民政府为人民嘛，只要动机合理就行。现在不一样了，我们要建立社会主义市场经济体制，在这个基础之上是一个服务型政府，政府提供公共服务。政府的财政来自税收，通常说是纳税人的钱，纳税人的钱不能乱花。因此政府的预算要有人大的批准。人大依据什么原则批准呢？就是要看政府花钱是不是合理。什么是合理？当然首先是出发点是公益，是善的目的，符合公共伦理，而且要有必要性。其次是要和市场协调。市场能做并且能做好的，再合乎公益政府也不要去做；政府做也要有分寸，对市场产生挤出效应的事不要去做。最好是政府投入带动市场投入，政府只是启动、引导、辅助，因为除了市场失灵，政府也有失灵问题。

在非物质文化遗产保护上政府投入的依据是两个。第一，我们知道，近些年国际上非物质文化遗产保护是一个潮流。进入后工业社会（丰裕社会、消费社会）的发达国家和跨国界的市场上出现了巨大的文化消费需求，传统的艺术生产变身成为了以大规模复制技术为基础的文化产业，文化遗产已经成为重要且稀缺的资源。这里一是文化需求在扩大；二是市场供给在增加。但是市场经济有自身的缺点（市场失灵），因而政府需要通过公共服务予以弥补。例如私人部门通常对文化资源培育、整理进行投入没有积极性，民间的积极性也不够。类似矿业资源普查，企业只愿意找到个富矿下手就挖，哪儿资源丰富就先挖哪儿，结果不能统筹兼顾，矿藏受到破坏，资源浪费很大。

文化市场也是一个贪吃的“饕餮”，对资源有巨大的吸纳能力。因此，嘴边的吃完找遥远的；当代的吃完找历史的；有形的吃完找无形的。而且国际文化贸易会产生垄断的倾向，在满足市场需求的同时，利润纷纷流向少数几个发达国家。同时在激烈的市场竞争条件下，企业对资源有时是采取竭泽而渔的态度。因此，政府要出来监管市场，要调动公共资源弥补市场失灵造成的缺失；要培育文化资源，引导传统表现形式创新。

这时我们会发现事情很麻烦，市场也围着资源转，积极性比政府还高。但它被利益驱动，挑肥拣瘦，不负责任。你政府在清理场地、搞普查和规划，它在一边看见便宜而你又没盯紧，于是钻空子就是一口。或者市场也用利润引领传统艺术节目创新的趋向，迎合一些低级趣味等。这样传统的价值还是可能遗失。所以政府做事一要有前瞻性；二要立法先行。否则搞不过私人部门。

政府投入非物质文化遗产保护还不仅是为了先期普查、规范市场，在一定意义上说也是对现代化过程中那些短期行为承担一些补偿的责任。这是政府投入的第二个依据。前面我们说，“都是现代化惹的祸”，现代化把农村、农业和农民变成了问题。因此解铃还需系铃人，财政应拿出钱来反哺农村，包括农村的文化发展。事实上，市场部门之所以能以金钱为诱饵误导非遗保护利用方向，是因为农村太穷。政府的投入可以让农民对自身文化更自信，对变化更适应更从容。

第二个问题是，政府要花钱保护非物质文化遗产，那么钱应该怎么花？现在是除了普查和记录，还认定一批传承人，给他们一些钱把他们养起来。这相当于多了一批事业编制人员。这样做也许有效，但比较粗放，只针对了一些濒危品种。我觉得还要有长远的完整的思路。那么结合上面山西民间音乐遗产的传承状况，我们看看可以怎么办。

我们说，这些“活遗产”保护活动作为农村群众文艺活动的一部分，要尊重其民俗制度基础。眼睛不仅要盯着艺术作品，而且要完整地看到艺术表演背后的制度基础。这里说的制度基础可以分三个方面。一是民俗，这是民间艺术存在的需求方面。二是艺人组织，这是民间艺术的供给方面。三是演出交易形成制度，这是艺术价格形成机制。显然，这样才可以对文化市场有较好的引导和规范。

所谓的民俗，是指当地民众使用艺术的整个生活逻辑，包括他们完整的世界观和地方性知识、伦理规范和生产方式等。这些观念性的东西都会通过物质或非物质符号的形式固定下来，并成为制度化的实践形式。这就是通常说的生活方式。那么，为了保护非物质文化遗产尤其是像民间音乐之类的遗产就要使这些民俗活动能持续地进行，让它自然而然地发展流转。要促成这样的结果最主要的政府行为、公共服务应该就是促进民生，包括让农民实实在在地增收。这个工作是基础性的，但严格地说主要不是靠专项资金解决的。可以向农村地区拨一些民俗活动经费（群艺活动经费、村文化站活动经费），但这不是主要的。同时在进行重大基本建设项目论证时，如建交通、矿山、运输基础设施时，要论证对地方民俗的影响，就像现在城市建设项目要经过地下文物保护论证一样。另外，使这种民俗性的演艺活动与正在兴起的旅游时尚相结合，让这种地方性文化广为传播，服务于各种新民俗，是一个应该积极考虑的方向。反之历史上对民俗过多的意识形态干预应该成为教训加以吸取。观念的问题只能通过对话加以影响和协商。

第二个制度层次是艺人组织，第三个层次是艺术交易和中介。这实际是艺术生产的内部管理和外部交易的两个方面。这个问题上应配合社会主义市场经济体制的建立，鼓励民间艺人、乐班结社演出，进行公平、有序的竞争。同时能在演出市场上不断拓展，在艺人收入不断增加的情况下，引导艺人依法纳税，并享受各种公共服务。如果政府要予以支持，则主要是运用公共政策工具给予减免税，或结合地方节庆活动提供演出场所等，未必直接给予财政补贴。只有在特定品种极度濒危的情况下，财政补贴才是可选择的。只要艺术演出活动可以持续开展，非物质遗产就不会消失。艺术传承、接班人培养的制度也可以看作这其中的一个问题。

对民间音乐遗产进行保护的进一步措施应该是对节目创新的支持。对文化艺术原创世界各国政府都有一些政策予以支持，包括使用公共财政进行资助。但这时需要对资助对象有内行的考察，国际上通常会依靠专家系统实施操作，这样也避免了政府可能的偏见或歧视。现在的保护措施在普查、记录方面有较多投入，但对节目创新不够重视，甚至还有误解，认为创新就是破坏了原汁原味。其实，将传统知识中的美好价值及其多样化的表达形式由传统的一方自主地带入现代社会，培育因此而后现代化了的社会中文化多样性的丰饶，促成文化间性（interculturality）的生成，这应该是非常合理的事。我们经常讲尊重人们的发展权、选择权，当前这项工作正应体现这种尊重。即使不说对节目创新的扶持或投入，要比对挖掘、记录更重视的话，起码应做到同等重视。这也是现存乡土社会成员的一项文化权利的问题。

我们简单讨论了政府以公共服务保护各类非物质文化遗产的基本原理和基本方式。可以说，保护非物质文化遗产的工作说到底是一个以改革促发展，贯彻科学发展观的问题。政府财政投入应该依据这种思路进行更审慎的决策，以实现既体现社会公正，又便捷高效的公共服务准则。如果未来几年，各地的经济民生有了较快的发展，而文化活动丰富多彩，群众表达活跃，各种非物质文化遗产良好存活，并不断有作品经过创新进入市场，取得明确的知识产权，那我们就可以说，这条发展道路是走对了！

本文是笔者在山西大学任特聘教授时，与王亮教授共同主持的一个国家社科基金项目《山西省民间音乐遗产的传承与保护》的缩写版。它实际上是以山西民间音乐传承保护为例，讨论我国非物质文化遗产保护工作的一些基本原则。参加这个课题调研与写作的教师、研究生还有赵海英、郭威、刘晓伟、常宇杰、杨阳等。该项目曾获山西省“2007 年山西省社会科学优秀成果百部（篇）工程”一等奖；整个项目内容（一个总报告和六个分报告）已于 2007 年 9 月在中国社科出版社出版。

教科文组织的文化多样性立场

联合国教科文组织在2005年通过了《保护和促进文化表现形式多样性公约》（简称“2005年《公约》”）；2007年在得到足够多的缔约方的批准后正式生效。2005年《公约》缔约方选举产生了常设的政府间委员会，制订了贯彻2005年《公约》各条款的一系列“行动指南”，建立了文化多样性国际基金，并即将开始使用这一基金。但到目前为止，基金资助的典型项目是怎样的仍然具有一定程度的模糊。在2005年《公约》机制中，欧盟（及加拿大人）显然具有主导的力量，发展中国家在2005年《公约》中的影响力不足。因此，深入剖析设在法国巴黎的联合国教科文组织或者干脆说欧盟在“文化多样性”及其保护上的立场也许对将来的2005年《公约》外交具有一定的益处。

一、从 culrural diversity 到 diversity of cultural expressions 的细小变化

自20世纪90年代以来，伴随着苏联解体、中国加快推进市场化取向的改革，经济全球化明显提速，文化多样性的声音也逐渐响起。检索这一时期的英文文献，与“（文化）多样性”表述相关的词汇有三个：multiculturalism、cultural pluralism 和 cultural diversity。但随着时间推移，multiculturalism 和 cultural pluralism 自觉不自觉地被回避了；diversity 被更多使用。从其词义上看，似乎 diversity 更多强调了一个整体中包含了种种差异（diversely difference）；而 multiculturalism、pluralism 则更突显每个文化单元或整体与另一个单元或整体的分别（尽管 pluralism 在中译本中被译为“多元共存”，主要指作为一种政策目标的“多元化”和“长期多元”。见教科文组织《世界文化多样性宣

言》及其“行动计划要点”)。

更可以关注的是，这一时期尽管教科文组织一直是文化多样性国际话语的倡导者，并将文化多样性受到的威胁直接归咎于全球化挑战。但到2005年《公约》通过为止，它所使用的词汇也有了细微的变化。1998年，教科文组织助推的“文化发展政策政府间会议”在斯德哥尔摩召开，会后第一次发表《世界文化报告》，报告的副标题为《我们创造性的多样性》(*Our Creative Diversity*)；2000年第二本《世界文化报告》的副标题是《文化的多样性、冲突与多元共存》(*Cultural Diversity*, *Conflict and Pluralism*)。2001年教科文组织通过的《世界文化多样性宣言》也使用“文化多样性”(cultural diversity)和“文化多元化”(cultural pluralism)的表述，而到2005年《公约》，从起草到定稿，这个意思的表述从“diversity of cultural content and art expressions”最终变成了“diversity of cultural expressions”(注意“表达”的复数形式，多样性是指各种表达的那种多样特征)。现在2005年《公约》文本“定义”部分中“文化内容”词条的存在是这一变化的遗迹，因2005年《公约》并未更多涉及这个概念因而似乎有些多余，但似乎只有它可以介绍出下一个概念即“文化表现形式”(或“文化表达”)。在欧洲(尤其是黑格尔哲学)传统中，(文化)内容和形式(表现形式)是一切事物中不可分割的两个侧面。简单地说，内容的同义词就是文化、价值的实质，而形式是它们显现、表达的具体样式样态。“文化多样性”变成“文化表现形式多样性”(或“文化表达多样性”)还是值得推敲的。在这个2005年《公约》里，也许是由于中国代表团的坚持，文化多元化(cultural pluralism)的用语即使作为一个政策目标的表述也没有再出现。

二、culture 与什么相关：identification 还是 symbolism?

20世纪90年代(苏联解体，冷战结束)以来的20年间，不仅产生过福山的《历史的终结》和亨廷顿的“文明冲突论”，也不仅是经济全球化在加速，更主要的是发生了震惊世界的“9·11事件”（2001），以及其后的伊拉克战争与阿富汗战争，更为突出的国际移民问题（发展中国家向发达国家移民）。人们不仅看清了新的历史条件下的国际关系形势，也逐渐理清了可能解决新问题的新思路。这里对“文化”一词的理解至关重要。如果文化（culture）不是被当作善的观念和相当细碎的礼仪、习俗、生活方式看待，而是被当作某种相对固定的身份认同（identity、identification）来对待，那么，民族意识和某些传统文化将被过分强调，甚至成为（极端）民族主义、（专制的）传统文化主义（traditionalism）或考恩说的特定文化主义（particularism）。因此，以身份认同界定文化是一件应该谨慎从事的工作。更何况，无论是赛义德（Edward W. Said）还是阿马蒂亚·森（Amartya Sen），这两位非西方裔的学者都撰文强调，个人的身份是一个不断复杂化的多重构造过程。阿马蒂亚·森指出：（关于身份认同的）“单一主义（solitarist）的认识往往容易导致对世界上几乎每一个人的误解。”而“通常，将某一唯一身份强加于一个人是挑拨派别对立的一个关键的‘竞技’技巧”[①]。于是，人们需要考虑，当我们使用文化一词时我们究竟在说什么。在身份认同问题上，一种以个人为基础，强调身份认同的多重性、复杂性和建构性的“世界主义”观点成为主流。反之，使用单数的、加定冠词的“身份认同”（the identity）需要谨慎；对（极端）民族主义、传统文化主义应有所警惕；“文化例外”并不等于反对市场经济；反经济全球化也不能弄成恐怖主义；完全不可通约、不可兼容的多元主义是应该避免的。

如果身份认同及其所涉及的政治问题具有敏感特性，文化应该从什么角度把握和观察呢？符号（sign 或 symbolism）是一个可能的选择。

① ［印］阿玛蒂亚·森：《身份与暴力——命运的幻象》引言，李风华译，中国人民大学出版社2009年版。

三、教科文组织对文化多样性问题的看法

教科文组织作为联合国体系下的国际协调机制在操作上力争做到“政治上正确”，遵守程序规范，尊重发展中国家，也积累了不少操作技巧。在推进全球教科文事业发展过程中，它注意发挥专家作用，在各类文本起草过程中也遵循简洁、实用原则，各种概念的定义通常是“工作性的”，而不是严格的学术性；换句话说，它们可能只是获得较高学术共识的专门术语。教科文组织有很强的法国色彩或欧洲色彩，但欧洲国家政府在教科文组织中发起各项运动都会将一些发达国家的政府或专家推到前台。因此教科文组织的文献通常都会是经过“统战”处理的欧洲思想表达。因此我们前面提到的文化多样性用语变化既反映出一种国际思潮的变动，也可以看作是教科文组织的一种政策调整。

从这样的认识出发理解教科文组织的文化多样性政策就会发现，它对这一政策所进行的论证不同于两种简单的逻辑：其一是生物多样性的比喻；其二是后现代主义的相对主义。

生物多样性的比喻通常是说，自然界的状况已经表明，具有物种多样性的区域常常更具活力，生态更为健康。还有专家调查发现，那些生物多样性较为充分的地区往往也存在着语言多样性的状况，而语言多样性就意味着文化多样性。哥本哈根大学的卡斯腾·拉比克（Carsten Rahbek）对非洲撒哈拉沙漠附近的生物物种和人类语言做了统计，发现这个区域约有 3882 种的哺乳类、鸟类及爬行类动物，同时也有着约 1686 种地方语言。他再把该区域分成 515 片进行细化，结果发现两者仍呈现极强的正相关。研究还发现在物种数量最多的地方通常也就是雨量最多的地方，而雨量分布不均的地方则会使物种及语言的数量变少。这些学者还发明了一个术语叫 biocultural diversity。

但是这样一种论证严格说来还是一种比喻：无非是说你看自然界是这样的，人类社会也应该如此。自然生态中物种多是一件事，而多了是不是就好

是另一件事。这里好坏是根据我们人的标准、价值观来衡量的。自然界也通行弱肉强食的“丛林原则”，人类现在并不积极评价或模仿这样的状态。自然界物种多生态状况就好是对人来说的好，而地球上文化品种多对人好不好，多少就是好，对谁而言是好，都是一些更为复杂的问题。更何况，所谓语言或方言的多样性状况通常是交往不充分的结果，而交往不充分通常意味着更不发达甚至贫困。事实上，2000年《世界文化报告》中对文化多样性的讨论希望从生物多样性获得支持，但这种讨论是极为勉强的。①

对文化多样性的另一种论证可以说是后现代主义的。它认为现代主义的哲学太理性，太注重逻辑，把历史发展理解得太线性、太直接、太简单，而理性并没有那么值得人们信赖。例如当时民族学家、人类学家把亚非拉广大地区存在的不同文明说成是“原始社会”“原始思维”，过分夸大了不同文明间的历史间距（就像我在巴黎布朗利博物馆所见到的那样）。今天人们看到社会发展的复杂性、多样性，而且认为真理、价值的呈现是个极其复杂、漫长的过程，甚至具有不断“解构”的特征，因此哲学家对现状尤其对未来的预言持一种谨慎的、存疑的、相对的态度；主张对种种文化差异予以保存，进行观察和欣赏，而不进行价值或历史评判。我们可以把这种倾向叫做“相对主义”。这样我们就见多不怪，可以容忍种种文化差异。但是相对主义有相对主义的困境，面对现实中千差万别的事物我们失去评价的依据，也因而失去行动的力量。相对主义是一种迟疑。

那么教科文组织的态度如何呢？从2000年《世界文化报告》、2001年《世界文化多样性宣言》及其“行动计划要点”到2005年《公约》，其一以贯之的政治态度和文化观是明确反对相对主义，承认普遍伦理；强调以个人权利为基础的多样性身份认同过程。同时，它也强调超越宽容（容忍）的民族和文化间相互尊重与交流（包括市场交换）。“尊重他人的尊严和坚持创造

① 参见《世界文化报告——文化的多样性、冲突与多元共存》（2000），关世杰等译，北京大学出版社2004年版，第22－23页。

性的开放精神”，“我们把它称作和谐相处（conviviality）”[①]。应该看到，这里有两个层次的道义立场，是一种“二元论”。两个层次的伦理原则之间保留了一种政治空间。

那么与《世界人权宣言》等国际文书相比，2005年《公约》的特殊目的何在呢？众所周知，这个《公约》来自世界贸易谈判中法国“文化例外”的主张，这里有经济方面的考虑。但这种考虑并不是反市场经济。其主张不过是说，全球化背景下的贸易超越了民族国家的疆域与监管权限，因此会有市场失灵的情况发生，并且无法获得有效的公共政策调整。因此，2005年《公约》要求以公共性和文化政策的名义保护和促进文化表现形式多样性；其“定义”部分环环相扣，把“文化活动、产品和服务”“文化产业”上下两端与“文化多样性”“文化内容”“文化表现形式”及“文化政策和措施”“保护”“文化间性”对接，强调了公共部门（包括公民社会）在文化发展与文化贸易中的作用（公共政策和公共财政）。这里有道义合法性下蕴含的具体利益关切。

正是这后一个方面的观点与美国相冲突。美国人对2005年《公约》始终持反对意见，但美国人并不完全反对文化多样性问题的提出，而是反对对文化市场竞争进行过多的公共干预。美国人的观点也值得思考。他们认为，文化多样性含义复杂，既有“社会内的文化多样性”，也有“社会间的文化多样性”（考恩，2002）[②]。尽管世界文化贸易有一些负面影响，但总体上说，其“阻挡个体在世界范围内获得财富与机会的空间限制要比任何一个时候都少”[③]；竞争在使一些文化部门萎缩的同时会让另一些文化部门兴旺，一些文化产品的滞销也会刺激大量文化创新的发生；因此国际文化贸易可以使各地

---

① 《世界文化报告——文化的多样性、冲突与多元共存》(2000)，关世杰等译，北京大学出版社2004年版，第27页。

② 参见［美］泰勒·考恩《创造性破坏——全球化与文化多样性》，王志毅译，上海人民出版社2007年版，第24页。

③ ［美］泰勒·考恩：《创造性破坏——全球化与文化多样性》，王志毅译，上海人民出版社2007年版，第16页。

区内部实际可享受的文化多样性变得丰富。同时美国人也并不赞成完全垄断，认为“并不是所有个体都持世界主义态度的时候，这个世界往往更具创造力”①。另外一些美国研究者以“达沃斯文化、麦当劳世界文化、大学教师俱乐部文化和大众化宗教文化”为分析框架，对不同国家存在的这四种文化发展的特征进行研究，也揭示出文化多样性的多种存在样态。② 除了对在竞争中失利的文化及其产品缺少同情，美国人的观点并没有多少毛病。现在问题竟然成为这个样子，即多少才算多样性，是“一个也不能少”吗？

事实上，教科文对文化多样性的尊重也是有原则的。各种形态的“文化原教旨主义”就不值得尊重，因为它是错误的。③ 2000 年《世界文化报告》还用专栏形式表明：“一些‘文化’中的价值观可能不值得尊重。正如索厄尔（Thomas Sowell）所指出的，‘如果一切都得到同样尊重，那么尊重这一词就失去意义了’。”④

四、缔约方中发达国家与发展中国家的文化政策差异较大，基金使用会有难度

2005 年《公约》的通过使文化成为了国际贸易中的“例外”，在一定意义上限制了市场的扩张；给一部分文化带来了发展道路选择、在民族国家疆域内壮大成长的机会和时间；并为特定的双边或多边文化贸易打开了方便之门。为此，2005 年《公约》建立基金，希望以之支撑发展中国家与发达国家之间的文化多样性保护与促进方面的合作。但这方面合作开展的前景迄今并

---

① ［美］泰勒·考恩：《创造性破坏——全球化与文化多样性》，王志毅译，上海人民出版社 2007 年版，第 27 页。

② 参见［美］塞缪尔·亨廷顿、彼得·伯杰主编《全球化的文化动力》（Many Globalizations），康敬贻译，新华出版社 2004 年版。

③ 参见《世界文化报告——文化的多样性、冲突与多元共存》（2000），关世杰等译，北京大学出版社 2004 年版，第 27－30 页。

④ 参见《世界文化报告——文化的多样性、冲突与多元共存》（2000），关世杰等译，北京大学出版社 2004 年版，第 31 页。

不明朗。究竟哪些类型的项目才适合以2005年《公约》的名义支持呢？笔者觉得2005年《公约》制定过程中的“统战”策略运用及文化多样性“二元论”论证给操作留下了操作困难。一句欧洲谚语说“魔鬼藏在细节中”。

我们姑且不考虑种种“文化原教旨主义”，目前2005《公约》的一百多个缔约方包括了发达国家（主要是欧洲和加拿大）和发展中国家。这两类国家的文化政策在传统上是不同的。欧洲国家的文化政策通常是倾向精英艺术的（这从“文化内容和艺术表现形式”的表述中可以看出），无论是在现代还是后现代时期；而发展中国家的文化政策容易保护某种特定文化传统。看上去这里有两种不同形式的文化保守主义。把它们推到一起的是强有力市场竞争对手“大众文化”，尤其是美国舶来的“迪斯尼”“好莱坞”“麦当劳”文化，现在还有“网络文化”。

从道理上说，弱小和弱小联手可能变得强大。但双方目标潜在的对立很可能使合作难以产生，现在的问题可能就在这里。发达国家的意思是通过公共政策支持让更多“高文化”内容的原创活动及其作品进入规范的国内市场。在国际贸易合作方面，希望发展中国家对他们开放市场，例如通过合作生产同时进入双方市场；如果发展中国家生产能力有欠缺，发达国家可以提供支持。但发展中国家通常没有把文化原创和文化生产看得很重要，落后首先就是文化发展及其观念落后。文化消费弹性极大，在经济欠发达地区文化消费几乎可忽略不计；在不少发展中国家，前现代社会制度倾向于严厉的文化或意识形态管制，没有积极开放文化市场，也不太欢迎国外文化产品进入。一些开明的发展中国家更情愿让自己的艺术家移民到发达国家去。看来前现代和后现代的两种意图很难找到共同焦点。

或许有一些发展中国家认为，有形及非物质遗产保护会是一个可以开展合作的切入点。但事实上那可能会属于《保护世界文化和自然遗产公约》或《保护非物质文化遗产公约》的范畴。2005年《公约》将着眼于保护现实的文化原创并帮助它们进入国内、地区和国际市场。我感觉在这个方面合作的可能性（项目）即使有也不会太多。濒危文化的救助更是非常有限的一些特例。

在机会较少的情况下，机会主义倾向就更容易表现出来。在项目设计、提交、评审和实施等操作环节当中，不同方面的利益之争就会显露（在缺少效率的官僚主义操作中欧洲的精英和国际 NGO 组织往往是事实上的受益方）。而这种利益之争的预演在《公约》及其操作指南等的制订过程中一直存在（如专家遴选、INGO 的资格认定和基金使用比重的分配等问题）。这是今后可以更多注意的。

说到底，文化交往以及文化市场的竞争在很大程度上是语言流通及使用人口数量的比较。欧洲国家已经在经济、政治上实现了高度统一，但仍不容易克服语言差异造成的市场分隔问题。同理，指望《公约》发挥更大的作用似乎也不现实。幸而，如同文化认同不必单一，人们在语言使用上也不单一。无论是欧盟还是世界其他国家，要改善文化多样性状况最终还是要靠促进交往，扩大贸易，并需要在国内和国际上推行各种形式的语言多样性政策（bilingual，trilingual or multilingual policy。在这方面，恰好是法国做得不够好）。这样做，生活的成本可能会很高，但生活的质量也会随之提高；并且这也是发展的一层含义。或许我们还可以期待语言技术（如机器翻译）的更新。

五、中国的机会?!

从文化多样性到文化表现形式多样性的变化当中，加入进来的 expressions 明确地反映出两个意思：首先是 ex - 这个前缀呼唤的是精英们不绝的原创（表达出）；其次是中间 - press - 这个词干表明了媒体的重要性，既承认市场经济的作用，又要求公共部门的监管。也正是媒体（media，广义中介）的出场，使前面提到过的符号（sign 或 sumbolism）落到了实处。与前面相关公约、宣言相比较，2005 年《公约》的新进展应该体现在这里，未来的发展趋势也是朝着这个方向的。同时，原创与媒体的发展也使教科文二元论立场在现实中获得弥合的可能。《公约》“定义”部分最后一个概念“文化间性”

指出它的希望。"inter－"是不同cultures之间的共同营造空间，是校正经济全球化的文化全球化前景。那么这样一个公约给中国带来哪些机遇和挑战呢？

改革开放已经让世界看到中国的崛起（我不很情愿地使用"崛起"这个词）。中国转瞬成了世界第二大的经济体（尽管人均GDP还很低），经济连续近20年以接近10%的速度增长，已经创造了人类历史上的奇迹。今天中国仍然希望继续扩大开放，更多地融入全球经济，并承担更多全球责任。加之中国自己的国内市场巨大，梯度发展也说明其潜力巨大。在文化方面，汉语是世界上使用人口最多的语种，内部又保留了多种方言的差异，与国内几十种少数民族语言有长期的相互影响。今天这些语言品种又通过电视网络等传媒扩大着流行区域（广东方言、四川方言和云南方言等）。从这些方面看，中国文化大发展进而"走出去"应该是一个水到渠成的结果。但又毋庸讳言，中国文化发展的现状相当不尽如人意，原创作品稀少，文化市场规模过小，文化市场法制化管理手段缺乏，文化体制改革严重滞后，公民的文化需求还难以很好地得到满足。从更大的背景上看，国内经济、社会、政治、文化、环境、发展明显不平衡，与市场经济相适合的伦理主张缺失，分配不公引起社会紧张度增加，这又反过来使社会信息透明化、媒体开放变得更困难；文化产业幼稚，公共文化服务体制不健全，与一国两制、加速融入全球化相适合的道义主张"失语"，等等。发展的不平衡已经被党和政府所意识到，科学发展观的提出就是为了改变种种不平衡的态势。虽然这还需要有一个艰苦的调试过程，但文化体制改革已经启动；一方面是转制改企，另一方面公共媒体的身影也在浮出当中。

正是在这样的局面下，2005年《公约》对我们具有特殊的意义。2005年《公约》与WTO规则似乎有明显的差异。同时加入两个国际法律框架使我们有更大的政策选择空间和较为灵活的操作空间。长远地看，中国巨大的文化市场和巨大的文化原创力并不惧怕全球化市场竞争，相反它更希望全球文化市场有更高的开放度（我们现在反对欧美国家对中国产品进口设限，反对他们动辄对中国产品进行反倾销调查或加征关税，这已经预示了今后中国文化产品出口大幅增加后的某种不利局面)。但眼下，我们的文化产业极为弱小，原创力难以发挥。因此通过2005年《公约》的使用，我们可以在各类特定的市场环境中先期试水；并且在不远的将来，在2005年《公约》缔约方范围内发挥大国的文化影响力和市场竞争力，建立与发展中国家的文化互动关系(2011年的“哥本哈根会议”已经显示了一种苗头，即美国等发达国家今后对中国的援助会收紧甚至明确不资助中国)，同时也帮助欠发达国家加强文化产业能力建设，让更多的国家能在市场环境中发扬自身的文化创造力，改善其境内的文化多样性状况，从而促进世界和平。我们不应坐失这样的机遇。而能否把握这样的机遇，取决于我们自身改革的不断深化。中国的发展可能成功，也可能失败。但只要能成功，必须满足两个条件：第一，提高效率，因此必须推进配套的各项社会政治体制改革；第二，必须有自身文化的大发展大繁荣，有中国版本的“普遍伦理”和道义呼声。应该认识到，科学发展观所要求的“可持续”比一般经济和环境上讲的可持续含义更深刻，只有不断地进行体制改革才能保证中国的发展是可持续的。也只有继续深化改革，扩大开放，我们才能更积极主动地运用2005年《公约》这一国际文化发展政策工具，促进世界和平，促进自身和世界文化的发展繁荣。

本文最初是会议讲稿和发言，后发表在《江汉大学学报》(人文科学版)2011年第1期上。文章也分别收入有关会议文集《文化资源　文化产业　文化软实力》(社科出版社2011年版)和上海交大胡惠林等主编的《文化战略与管理》第1卷(上海人民出版社2011年12月版)上。

民族手工艺产业发展传承需要市场政策扶持

2013 年，中国社科院文化研究中心与国家民委连续多年开展的民族地区文化发展调研的主题被确定为“文化产业与民族地区文化创新发展”，具体路线则被锁定在云南的大理、丽江及贵州的黔东南自治州。半个月的调查行程，我们的关注焦点有两个：少数民族民间手工艺发展状况及民族地区古镇的旅游开发状况。关于后一个问题本文暂不涉及。

雨季里十余天时间，除先后召开六七场座谈会①和一系列古镇行，调研组集中到访了少数民族手工艺产业厂点共计十余个②，在昆明期间还重点考察了民族村中几位民间手工艺大师的展示点；调研中与有关民间艺人、当地各级干部简单交谈，总之只是走马观花、浮光掠影，远远说不上深入细致。但反过来说，由于这次调研与云南大学文化产业研究院展开合作，整个云南段的线路设计极有针对性，行前或途中得到一些文字资料，过程中也有些许理论上的探讨，因此见闻、感受相当充实。相对地说，贵州段我们原希望看到联合国相关机构援助的两个民间手工艺保护开发项目，结果都阴错阳差未能如愿，但所见相关民族手工艺产业发展状况也与云南的情况构成相互比照和印证，深化了对这次调研主题的认识。

我在这次调研中获得的一个明确印象是，由于对少数民族民间手工艺乃至整个少数民族文化发展的认识有局限及不同理解，各地方政府的相关扶持

---

① 分别与大理市政府、丽江市政府、云南省民族事务委员会（昆明）、贵州省民族事务委员会（贵阳）、凯里州民族事务委员会、从江市政府等进行座谈。

② 大理三文笔大理石厂、大理周城朴真扎染坊、鹤庆新华村若干家金银铜饰家庭作坊（包括“民间工艺美术大师”寸发标家）、剑川兴艺古典木雕家具厂（“工艺美术大师”段国梁创办的）、建设中的剑川狮河木雕产业园区及若干家庭作坊、贵州凯里九黎苗妹民贸民品企业厂区和批发店、丹寨县石桥村一家传统土法造纸厂、丹寨县宁航蜡染有限公司和国春银饰有限责任公司等。

政策有缺失，因此这些手工艺产业没有得到充分支持，也没有形成期待中的产业规模，没有形成强有力的产业品牌，有的甚至仍然处于自生自灭的状态之中。具体地说，各地很少有与各少数民族经济社会发展阶段相匹配的、自觉的市场培育政策措施，因此很难真正促进这些民族手工艺产业的健康发展，做大做强；也无法有效地助推当地少数民族社区及其文化的发展创新与传承。这种局面应该尽快改变。现做简单分析如下。

一、现状与特征

云南大学文化产业研究院的学者对大理－丽江地区的民族民间手工艺发展有多年的跟踪研究，并倾向于认为那里已经形成了一个西部地区特色文化产业集聚。除了我们实地看到的手工艺品种，该区域还有下关的沱茶、剑川的石雕、丽江的土法造纸和皮具等多种民族民间手工艺产品生产。云南省民族事务委员会的座谈会汇报材料提到："民族民间工艺方面：全省生产销售企业发展到7000多家，涌现出了建水紫陶、鹤庆银器、会泽斑铜、永仁石砚、个旧锡器、大理石器等工艺品牌，建成了鹤庆新华银器村、腾冲荷花玉雕村、石林阿者底刺绣村、剑川狮河木雕村、大理周城扎染村和昆明民族民间工艺品交易市场等一大批专业市场和生产集聚地，年销售额超过80亿元。"显然，民族手工艺产业的发展在云南各地具有一定的普遍性。

鹤庆县的汇报材料中介绍说：新华村"有工艺品加工户987户，占总户数的76.2%，从业人员1600余人"；"2012年全村经济总收入10852万元，其中工艺品加工销售收入8845万元"，并因此使全村"农民人均总收入10900元"，大大超出全州"农民现金收入5689元"① 的平均水平。剑川县的汇报材料则说："2012年，全县从事木雕产业人员7000多人，有专业生产厂家15家、个体经营户1500户，木材初级专业市场4个，品牌商品34

① 引自大理白族自治州民族事务委员会汇报材料。

个。……2010年全县木雕工业总产值首次突破亿元大关，2012年实现工业产值2.2亿元。”云南大学文化产业研究院提供的材料还提到：“目前（下关市）喜洲镇周城村有18户经营扎染，直接从业人员79人，2011年产值为7620万元，上缴税金1.2万元。”这些数据表明，民族民间手工艺生产及流通在云南这样的边远、民族和欠发达地区不仅有较多留存，而且对当地社会经济的发展起着有力的推动作用。

云南大学文化产业研究院的多项研究认为，大理－丽江地区民族手工艺产业的兴盛有其特定的历史原因，如滇中地区温和的气候带来相对发达和富裕的农业文明（白族民居强调文化装饰的特点在全省是较为突出的）；南方丝绸之路与茶马古道的交汇带来深厚的手工艺传统和商业文明（不同民族的生活习俗中蕴含了对其他民族地区物产的依赖）等。更为重要的是，改革开放30多年来，在国家市场经济发展和国际旅游时尚兴起的大潮中，在交通不断改善和人口迁徙便利的条件下，有着手工技艺和经商传统的当地居民自己慢慢摸索到了利用传统技艺致富的门道，并逐渐形成了规模；在一定程度上，他们又恢复了自己曾有的生活方式与文化传承。而在这个过程中，地方政府并未进行过多的干预。这些云南学者还倾向于强化这种民族地区发展模式，让这种“社会化小生产”自然地发展，也让这些少数民族能够按照传统的生活方式生活下去，并因此使他们的文化尤其是各种“非物质文化遗产”得到更本真的保护。显然，这是人类学家的一种典型思路。

这些学者还认为，当前对这些手工艺产业及艺人家庭收入的统计数据并不真实，或者说工匠们对自己的收入有较大“埋伏”。我们调研中的一些感受也证实这种估价。但这些学者同时相信，这样的模糊没有什么了不起，甚至更有利于“藏富于民”。的确，中国东西部省区的发展似乎都伴随这样的现象。

二、研判与诊断

但是我对当地及国内其他地区民族手工艺产业发展的认识及判断和上述

看法有些差异。我更强调变，变就是发展，是历史的辩证法。

首先静态维持的保护思路不一定适宜。我认为作为任何民族生活的文化是流动的，理论才把它相对固定住，为的仅仅是对它有反思和理解；同理，作为民族文化符号的创作过程包括技艺是生生不息的，其产品或符号形式相对固定，有相对明确的物理存在方式。因此我们应该从发展的角度看待民族手工艺生产活动，看待一个民族的历史现实，弄清“保护”的含义和最佳方式。我以为，尊重一个民族内在的发展动机，顺应并推动发展较慢民族加速发展才是最好的保护。当然，希望各民族的发展能更可持续，其发展中的内外部关系更和谐是一个更高的境界，而因自己片面发展的窘迫希望将更多民族拉入单向度的发展也是应该避免的。“快”不是绝对的好，因此各级政府的很多政策措施应该具体分析。简单地希望保留民族生活的某种历史形态只是快速现代化过程给不少先行者或文化学者带来的怀旧冲动。

其次，对我们所见到的各种民族手工艺产业而言，它们自身的存在状态都没有很长的历史，甚至我们应该承认它们对发展的适应性很强。例如，大理周城的扎染恐怕只是近些年来的技术创新，而在它之前，有清晰图案的传统蜡染占有该产业的主导地位（现在贵州丹寨宁航蜡染有限公司的产品图案和蜡染技术更传统，但在染料的处理和织物材料的选择上有所创新）。同样，鹤庆新华村的白族银匠们主要生产的都是藏族居民使用的生活器具及宗教用品，鹤庆有更多的银匠在拉萨从业。剑川的木匠曾经在整个滇中和滇西南走乡串寨，兴建房屋（那时他们从事的是“大木作”）。现在他们的产品成为“大木作”（建筑）和“小木作”（家具）之间的过渡产品，即雕花门窗及附属饰品。这些产品上的图案没有多少少数民族文化或宗教内涵，主要是世俗的甚至汉地的流行题材（连大理白族民居外墙上书写的也通常是“紫气东来”或“耕读人家”的字样）。至于大理最出名的大理石产品除了一些简单的建材产品外，更是以“创作加工”出具有各种山水画纹样的挂件、摆件为主。凡此种种，都说明这些民族手工艺产业正在为一个更大范围的文化消费品市场进行生产，更多为其他民族为外地进行生产，而且也更多为各种装饰目的即为文化的交流而生产。这是这些传统产业可能继续存在甚至获得新生的机遇所在。民族手工艺无论作为实用技艺还是“非物质文化遗产”本身就是不断流变的。因此我们希望强调，除了少量样本的保留，应该为民族手工艺产业进一步的转变、自觉的转型提供支持。

之所以要如此，还是因为这些民族手工艺产业也面临发展的窘境，在市场和同行竞争格局下，它们面对各种新技术、新材料、新工艺、新工具及其继而产生的新产品的强烈冲击。一些产业的原材料已经变得十分紧缺，需要外地替代品的补充（比如大理石，当地的生态保护政策已经在很大程度上禁绝了石材开采）。因此这些民族手工艺产业能否长期“原汁原味”地持续发展是让人怀疑的。

进而，云南大理以及黔东南的各种民族手工艺产品无疑来自各少数民族一些传统的生产技艺，但这些技艺很少是某个民族所独有的，因此这些产品的独特性应该体现在其文化内容及工艺表现形式方面。产品的文化内容独特性本来是来自于民族生活的相对封闭，但今天，这些传统技艺的承继者们必须考虑将原本为共同体内部服务的手艺用于为大批共同体外部善意的来访者服务，在一定程度上也要满足他们有些“外行”的趣味需求。这方面，传统的工匠们似乎并不十分自觉。体现在传统手工艺产品上的传统内容或文化符号本身就是匠人们代代因袭而来的，他们自己很少需要进行解释和创新，与此同时他们与外来者也有知识不对称的问题存在。这几乎是所有传统手工匠人的弱项，也是这些产业难以为继的困顿所在，但并非这些匠人们对改变有强烈的抵触。周城扎染也许有其技术上的历史渊源，但当前图案的更多现代趣味来自艺人们在市场中采取的差异竞争战略（这样他们可以把来自外地的差异化产品作为补充放进自己的展销场所，也增加其基本销售额）。

接下来，当这些产品向外部人提供时，在更多的场合是以商业交易的方式进行的。大理－丽江的居民对此并不陌生，反之正是能够处理好不同民族商业往来的种种规范，历史上的茶马古道才持久兴旺。问题是，今天这条“茶马古道”被无限拓宽了，通往了世界，甚至联上了互联网。我们的工匠们还在坚持，并看到了更好的前景，但传统的交易方式和手段今天够用吗？不需要更新吗？例如他们在本地产品销售竞争激烈的情况下，不得不接受产品被贴牌在外地销售，进而只能参与低端市场的竞争。如果上述问题的答案总是否定的，那么谁可以帮助他们，什么可以扶助他们?!

我以为，国家的发展是自觉的，因此各级政府应该发挥主导作用，为当地居民的致富乃至可持续发展提供政策引导和援助。公共政策是政府通过公共服务培育当地市场的首要工具。尽管有经济学理论强调“最小化政府”，希望市场能自发地形成。但另外的经济学家则看到市场或经济只是社会发展的一个层面，而自发的市场也会发生“失灵”。不少发展经济学家或比较经济学家会承认国家、政府在现代化过程中也有一定的经济职能。在偏远的少数民族地区，政府的作用可能尤其需要强调，中央政府的很多扶助、优惠政策也需要通过地方政府创造性的工作得到实施。

政府的政策是方方面面的，我们必须对其进行分析评价。面对云南、贵州等地民族手工艺产业发展的现状，各地政府显然也采取了诸多政策措施予以扶持。但从目前我们调研得到的各种文件看，各地政府的政策措施有一些明显缺失。人们常说政府的公共服务不要缺位、越位或错位，在现实中这几种情况常常是伴随发生的：一种正确的政策缺失也可能是以另一种不太适宜的政策补充的，这时缺位是用越位替补的。从当前的情况看，市场培育政策缺失是明显的。

从调研所获大理市及其下各县的汇报材料和近年有关文化发展的政策规划等看，这种缺失表现为以下方式。

首先，文化发展政策过于笼统，发展文化产业的规划也包括“文化事业”；反之，发展公共文化服务的规划也包含发展文化产业的内容。究其原因，国家有关部门就没能正确而细致地对这两类不同的文化部门及相应政策要求分清楚，没能使各级政府部门及有关领导对两者有清晰的分辨。再深追究，这是计划经济思维的遗产，是文化体制改革严重滞后的结果。

其次，在促进文化产业发展的部分，有关文件也是从媒体新闻出版谈起，然后是影视产业、节庆文化和会展产业等，说到文化产品开发才谈到有关民族手工艺品生产的问题，民族手工艺产业的地位较低。

具体到促进民族手工艺产业发展方面，优点是突出强调与旅游产业相结合，打造一批产业集群或产品集散地，缺点是较为宏大、空洞，片面强调“大项目、大集团、大园区、大品牌”等，难以落实到对手工艺人或工艺户以及手工艺集聚社区、匠人自律组织的扶持上，难以促成民族手工艺产品品牌的形成。

总之，在“文化市场”的概念上，各级政府看到的只是交易场所，而不是一套合理有效的法律关系和法制环境，因此也不会有行之有效的市场培育政策措施。更可悲的是我们一提起市场管理，想到更多的是“市场执法”或“扫黄打非”。

通过有限的观察和资料审读，我们发现各民族手工艺集聚地政府的相关扶持政策主要有两类：一是与“非遗”保护相关的政策，各地很看重对传承人、大师的认定和财政补贴及对年轻一代艺人的培养等；二是一些地方有意识地从外地引进较有实力的文化公司及投资，希望由他们组织地方市场，引领地方民族手工艺产业的发展。应该说，这两类政策措施对民族手工艺的发展传承具有一定的促进作用，但并不能给予其根本性的援助。前一类政策政府对传承人的财力投入十分有限，且各地一再增加“非遗”项目的申报，已使中央或省级财政感到力不从心。上级部门已经意识到，凡是以“保护”为名的申报，都是冲着公共财政来的，而公共财政的投入不会产生真正有意义的经济产出；其对各类“非遗”的传承也未必有显著的作用（不同地方政府认定的传承人身份甚至又带来传统人事管理弊病）。第二类政策主要是地方政府为当地经济有较快发展而采取的措施，出于安全的考虑引进的更多是国有资本。但这些大企业的进入首先是瞄准当地的基础设施和重要文化资源（如旅游景观），一旦他们垄断了地方市场，作为个体经营者的民族手工艺人或农户通常会处于更为被动的竞争地位。一些操作中的弊病还会带来更多的社会不公，既不利于民族手工艺产业的发展，也不利于和谐社会的构建（元阳哈尼梯田景观开发过程中就有这类问题的苗头①）。我们也可以看到，这两类政策对我们上面提到的民族手工艺发展面临的三类困境（现代技术冲击、文化内容创新和商业模式更新）都没有直接的改善。我们显然需要新的政策视野，这种新的政策将处于已有的两类政策之间，并且它才是有效促进民族手工艺产业发展的基本措施。

三、相应的政策建议

现在有必要再明确一下当前民族手工艺产业发展的问题究竟是什么，然后给出相应的政策建议。

当前云贵两省的少数民族地区民间手工艺产业集聚现象发生在整个国家进入现代化（交通基础设施的极大改善）及“第二次现代化”（即知识经济和文化创意产业、新型服务业发展时期）的大背景之下，而成为风尚的普遍旅游动机（大量的游客）和被公认为具有鲜明民族文化特色的旅游目的地是共存在的第二重背景。在当地政府与居民强烈的致富与发展动机驱使下，各民族民间手工艺产品生产正经历历史性转型，原先为共同体内部功能服务的实用性或符号性产品正在转而成为服务于外部多个共同体成员（广大游客和文化消费者）的文化符号消费品；大批的民族手工艺人正在转变成为民族地区文化创意产业主体，成为该产业特有小微企业的业主或个体从业者。如果这一产业得到成功发展，有关地区就实现了跨越式发展。这是中国西部省份在科学发展进程中可努力争取实现的战略目标。

在这样的前提下，各地方政府对民族手工艺产业的扶持政策应该是市场化取向的，是对当地手工艺产品交易市场的潜心培育。尽管民族手工艺市场是充分开放的，但观察表明，我们的民族手工艺从业者们在很大程度上还是在一种前市场的状态中拼搏。这里说的市场显然已经不再是传统农业社会和

① 参见拙文《村民参与开发是红河哈尼梯田申遗及可持续发展的方向》，载《学术探索》2009 年第 3 期。

自然经济条件下的商品交换市场，而是规范的、可以和国际市场无缝对接的现代国内统一市场，体现为大批产权归属清晰的企业组织、较为规范公平的交易过程、充分并较为透明的信息披露机制、良好的价格形成机制和市场退出机制、成熟的税收机制、有效的消费者权益保障机制和各种文化产品的知识产权保护机制等。

同时应该看到，如果不引入机械加工，民族手工艺产品就只能走精品路线，瞄准高端市场，为此，政府可以通过以下公共政策和公共服务为手工艺人及小微型手工艺企业、企业化的家庭作坊提供帮助。

1. 市场信息服务

民族手工艺人只有在对市场有尽可能清晰了解的情况下，才能制订出有效的营销策略并通过市场获利。当前大理及其他民族地区的手工艺市场是游客需求主导的，而目前几乎所有旅游目的地的地方政府都没有专门的部门对游客市场进行过细分研究，进行过行情预报；地方旅游部门的统计指标相对简单，并难以和整个地方的经济统计相整合。手工艺从业者希望知道即将到来的游客从哪里来，消费偏好（文化趣味）怎样，消费水准有多高等细分信息（如其间的性别、年龄、受教育水平等方面的差异）。云南省不仅较早发展旅游产业，而且在近年还做出了“旅游二次创业”规划，即便如此，人们还是看不到当地发布的游客分析报告。

2. 政府应对当地从业者进行相关能力培训

为了让从业者的手工艺品更好地满足外部消费者的需要，政府应有意识地对当地从业者进行传统内容创意和形式精加工方面的能力培训，强化从业者创新产品的知识产权获得与保护的意识。

当前几乎所有的传统手工艺产品都具有制作工艺复杂、人工技艺含量较高而文化含量较低、意义含混的缺陷，因而难以走上高端市场，做大市场规模。手工艺产品不断向艺术作品靠拢、转化从而实现产业高端化、品牌化，这是传统手工艺产业可持续发展的必然要求。当然也应该鼓励从业者从各自民族文化传统中汲取灵感，将传统文化中蕴含着的美好价值带入现代社会。

3. 政府应该鼓励从业者注册、创办更规范的现代文化企业

这样做不仅有利于从业者公开参与市场竞争，也有利于传统技艺的传承。这方面，云南腾冲的大村经验有一定的借鉴意义。大村的村集体不仅支持农户参加火山石建材加工合作社，而且还有意识地进行“孵化”，将经营比较成熟的农户推向市场，经过工商注册使之成为独立公司。这样，相对较为传统和含糊的村社制度及人际关系的发展就会与更为城市化的经济社会制度相融合，促进城乡一体化进程。大理的很多民族手工艺集聚是发生在乡村的。剑川县政府兴办木雕产业园区的举措也具有这方面的积极意义，但对多重的功能及未来发展趋势还可进一步思考。

4. 政府应该鼓励集聚区内形成企业协会

政府还应该鼓励集聚区内形成企业协会，让基层主动维护集体权益，规避恶性竞争，杜绝假冒伪劣，加强行业自律。这方面鹤庆新华村村民有了一些初步的实践，但推进起来困难重重。目前省文化投资公司已经介入当地开发进程，较为成熟的行业协会将使当地手工艺人在未来的竞争中处于更为有利的地位。地方政府由地方纳税人供养，理应为当地居民争取更多合法权益。

地方政府培育当地民族手工艺市场的政策措施也许还有其他方向，而上述相关政策的缺失、缺位具有普遍性。其实整个中国的文化创意产业发展都还迈不开步，一些大都市中本已比较活跃的原创部门、那些个体从业者或小微企业都得不到产业政策的支持，经济体制、工商管理和税收等方面都还没有建立起相应的扶持、培育体制，这些工作没有列入各级政府的考核指标体系中。这就使那些依赖复制技术的大型文化传媒企业为内容不足而长期苦恼。更深一步说，文化表达不足，文化发展乏力，提高国家文化软实力和国际贸易竞争力云云永远是一句空话。在这方面我们可以期待地方政府尤其少数民族自治地区的政府先行先试，创造出一些具有普遍示范性的经验来。

到贵州调研时，我们也了解到了民族手工艺产业发展的另一个途径。贵阳市按照非物质文化遗产产业化开发的思路，选择了一批传统民族工艺品图案，通过设计将其部分元素转化用于批量制作的时尚产品。这是将民族文化

符号经过提炼和精加工，再以产业化的方式加以推广、传播的思路。他们甚至希望只将设计部分留在贵阳，而将量产放到珠三角地区去。与前面我们的讨论相比，这更像是一种经济学家的文化传承思路，而人类学家通常会更关注当地少数民族居民的生活方式及其转变。这两条道路不妨齐头并进，路宽一些对发展有好处。

发展问题，还是安全问题？

——滇桂边境民族地区“国家文化安全”形势调研报告

国家文化安全的概念近年来不断被提及，并最终进入最高层话语系统。尽管国内一些论者偶尔提及国外同类著述，但经过主题词网络检索，我们在国际上并没有找到与此对应的概念及定义。国家安全概念是存在的；国家文化安全概念是没有的。后者是中国人自己制造的一个概念，且未经过严格界定。与此同时，一些部门也不断对我国各边境地区所谓“文化安全”情报进行搜集整理，向上级报送，一时间仿佛四面楚歌、风声鹤唳。真所谓概念混乱导致形势误判。

在这一大背景下，国家民族事务委员会于 2011 年 10 月组织我们对云南、广西边境地区的“国家文化安全”形势进行调研。通过调研我们真切感到，滇桂两省区边境民族地区的“国家文化安全”形势总体良好，大可不必草木皆兵。滇桂两省区与周边国家接壤地区的经济社会发展和文化交往态势是我方有压倒优势。此时我们真正应该做的恰恰是，利用这种比较优势，更自觉而恰当地扩大中国发展和中国文化的国际影响力。这里有几个相关问题需要讨论。

一、国家文化安全概念的厘清

讨论有必要从概念澄清开始。我国一些论者所说的“国家文化安全”是一个有诸多歧义的词组，包含几种有很大差别的含义，而在使用过程中作者们往往在不同词义间游走，还常与相关概念混搭使用。这种混乱的讨论极易导致对形势的误判，甚至自我恐吓。我们希望向这些论者提出的问题是：你们所说的国家文化安全究竟是指称与文化介质相关的国家安全问题，还是一国境内的文化安全问题，抑或所谓“国家文化”的安全问题？

（一）涉及文化介质的国家安全问题

地缘政治背景下的国家安全（state security）概念含义相当清晰，因此第一个意义上的“国家文化安全”也相对可精确界定。在当今国际关系背景下，国家安全指的就是特定民族国家的主权、边界、境内居民的生命财产受到尊重，不受他国的武力进犯或威胁。主权既包括各项主权权利的行使，也包括合法政府的存在；边界既包括陆路边界，也包括领空领海。除了外交手段，国家安全通常依靠一支武装力量来守护。国家安全工作的目标主要是防止外部势力的侵入和渗透。当然，这样的国家主权观念及国家安全观念在全球化背景下也面临种种挑战，民族国家有被逐步超越的趋势。同时国家安全问题也有了传统安全和非传统安全之分。

人及其社会总是文化性的存在，因此国家安全也会与某些文化因素、文化传播介质相关。例如在和平时期，相互有敌意的国家会通过各种文化传播媒介对对方国家的国民进行敌视性宣传，其内容是煽动分裂国家、煽动推翻现政权、散布各类谣言等。这就是所谓的“心理战”。此外情报工作似乎也只是在窃取、传送某些代码和信息。当代一些战争爆发时，敌国的广电信号传输网络甚至不再被第一时间摧毁，而是通过技术手段让其传输自己的信息；这就需要做一些技术准备。近年来人们谈论的“非传统安全”首先是指没有国家特征的国际恐怖主义。而国家间战争最终爆发前，国与国之间互联网上的战争（“黑客入侵”“网络攻击”对方官方、军方或重要政府部门网站等）似乎已成为“非传统安全”中与文化介质相关的形态。西方人也看到，当前世界上民族国家的边界具有较多的可渗透性。应该说，信息的渗透是最方便的。这个意义上的国家文化安全值得关注，国家强化此类安全机制也顺理成章。

但是应该承认，这一类与文化介质相关的国家安全问题及其影响是有限度的。其一，文化活动在本质上就是观念的交往与相互影响；文化是持续的观念及习俗的变革。精神性的（intangible）文化形态本身如不借助物质暴力手段就无法相互消灭。文化交往即使包含相互指责和争执也最终导致视野融合和价值观普遍化。在国家关系问题上也不例外：总体上说表达通往理解；世界和平是文化交往和对话谈判的结果。所以我们不能把所有不同的声音包括批评都当作“敌对的”加以屏蔽；不能将不同文化（价值观与生活方式）的共存本身感知为不安全。言论上的攻击毕竟不造成物理伤害。当今世界上毕竟没有哪一个民族或哪一个国家的文化可以被整体地视为罪恶。现代人讲的宽容首先就是对不同思想、不同文化甚至不同宗教观的宽容；人们要求对文化多样性进行保护首先就是对所有自然产生的文化品种的保护。这时过度的“不安全感”是没道理的。其二，谎言、谣言的影响毕竟有限或说是有条件的；向他国散布假、恶、丑文化内容的行为也自毁形象，其结果也只会使对方国民增强识别能力。其三，有关现代传播媒体技术使用的国家主权会在国际间不断形成相应的规范，很多恶意的传播方式尽管在技术上是可能的，但在国际关系准则上是受到禁止的。在相关问题上积极参与有关国际规则的制定和国际仲裁才是应对挑战、维护安全的积极方式。

在传统交通通讯及武器装备条件下，边境尤其是大国的边境总是被看作国家安全的薄弱环节，外敌总是通过边界的突破开始入侵的。然而通讯技术的发展表明，假如有“文化上的恶意入侵”，那么首先会是从敌国的心脏区域发动的，因为这里的通讯网络及使用人口是最密集的。甚至武装入侵也可以从一国的首都打响（如美国入侵伊拉克从在巴格达的“斩首行动”开始）。因此今天的边防力量部署很可能距边境线更远。而所谓边境少数民族地区的国家文化安全状况更应该是有特指，而非泛泛而论的。

（二）一国境内的文化安全问题

相对地说，国家文化安全可能的第二种含义即文化安全或一国领土内的文化安全就不是那么容易说明了。严格地说我们应把它表述为一国境内的某种或某几种文化或文化传播机制的安全即持续和稳定存在问题。文化是在共同体内通过个人的创造性思维及表达及在人际间交流并获得认同成为现实的；是各个“想象的共同体”关于生活意义的设定。文化是具有内在功能的系统，同时又是无形的、柔性的。这种观念性、符号性表达本质上是向善的并且没有直接的安全或不安全问题。文化也可能因创造性枯竭而衰亡，这时它遇到的是健康而不是安全问题。当然文化表达最终也会变成物质力量，而这种力量首先是通过物质性符号载体的存在（如文物、艺术作品、文化制品等）来实现的。但在不引起进一步物质力量的使用和可能的冲突之前，它仍是一切价值与价值创新的源泉。因此现代国家的《宪法》都会赋予公民各项文化权利，保护言论及出版自由等。公民间的文化表达也要相互尊重对方的人格、感受，甚至隐私，不应相互辱骂；不同国家的公民或政府在发表有关其他国家的意见时，也应怀有基本的尊重。但即使在这些方面出现一些问题也不直接威胁国家安全。而在国家被武装占领、公民人身自由被暴力限制之前，一国领土范围之内的文化被他国文化侵害甚至彻底泯灭根本就是当代的天方夜谭。

这个意义上的国家文化安全唯一具有某些合理性的指称就是一国之内文化符号信息传输系统的安全。这既是指物理意义上的（广播电视等）设施网络运行安全，也是指合理设计的文化传播（市场与公共服务）制度体系正常贯彻实施。这些系统保证了公民文化权利的行使及有效性，即保障了公民的文化自由。人心、思想本身是难以禁锢的，但“文化大革命”就是粗暴地破坏了整个国家正常和正确的文化传播系统与文化制度，从而依赖暴力（“群众专政”“文攻武卫”等）禁绝了绝大多数公民在公民间进行自由文化表达的恶劣事例。这种情况与其用“文化不安全”来表述，不如用文化专制表述更直截了当。反之我们看到，改革开放尤其是十七届六中全会通过的《决定》就是要求通过体制改革和技术创新不断构筑我们良好的文化信息传播系统，落实公民的有关文化权利。这种状况与其用“文化安全”来表述不如用文化发展表述更切合实际。而如果文化发展和文化专制只能用"文化安全"与"文化不安全"来表达，那么恰好说明这个国家范围内，出于某些原因，还有某种文化以外的因素威胁文化本身的常态发展，影响文化内在功能的充分发挥。这里可以看出，国家范围内的文化传播体制机制的运行安全是公民文化自由落实的基本手段，后者才是目的。就当前中国国情而言，如果对国内所谓文化安全的担忧不是针对实质性文化体制改革迟迟迈不开步来说的，就没有什么实际意义。

一国之内可能存在不同的亚文化。中国是一个多民族国家，不同民族具有各自的文化。在快速现代化过程中，由于发展的不平衡，经济欠发达地区一些人口较少民族的文化可能受到威胁，甚至处于濒危状态。这很像是一种文化安全问题，类似历史上玛雅文明、印加文明的不明消失。这一问题目前已引起世界各国及国际社会的高度关注，通常被视为"文化多样性保护"问题。但第一，这里没有特殊敌意的存在；第二，今天人们倾向于相信，任何亚文化的消失对继续存在的其他文化也是一种损失；第三，中国社会科学发展观的贯彻恰好是要保护各民族的共同发展和文化繁荣的。因此今天国内少数民族文化保存或繁荣问题通常不在安全背景下而是在发展的语境中予以讨论。

（三）"国家文化"的安全问题

要澄清国家文化安全第三种可能的含义就要弄清"国家文化"的特指。"国家文化"只是文化中的一个类别。它可能有这样几种所指。一是"国家标识"，如国旗、国徽、国歌或表示国家认同的其他高度浓缩的历史或艺术符号；二是国家在特定时期强力倡导的某种与其国际存在或政府形象有关的文化方向或艺术风格，如汉语普通话和简化汉字；三是特定时期的"国家意识形态"，特定的官方价值体系或价值观（甚至宗教观）。需要指出的是，这几类内容都应该是公民意志的集中体现。"国家文化"的来源也是公民的文化创造；国家文化只是对公民文化创造的政治性综合。长远地看，这些国家文化也是在与公民和社会的文化互动中历史地变化着的。尽管如此，这些内容又毕竟是国家运用其垄断的权力或唯一合法使用的暴力机器在国内推行的；而在推行过程的不同时期里可能与公民社会或一些公民个人、群体形成这样那样的不同看法或态度，正因此才区别性地把它们称为国家文化。但也是因此这样一些国家文化内容基本上都不存在真正的安全问题——在外敌武装占领一个民族国家前是无法对其特有文化进行封杀的；在国内公民是没有可以合法使用的暴力手段对这些“国家文化内容”进行消除的（发生内战的情况暂且排除）。因此这实质上还是国内文化发展方式问题。历史经验表明，现代国家特别需要与公民社会和公民个人就文化价值观展开对话，而不是动辄给对方扣上“危害国家文化安全”的帽子，更不能轻易动用“安全力量”对其加以镇压。这个意义上的“国家文化安全”是个危险的概念，国家应特别防止“秀才遇见兵，有理说不清”的事件发生。还应注意，国家文化（state culture）与国别文化（national culture）含义是不同的。中国文化（尤其传统的华夏文明）并不等于中国当代的国家文化。

综上所述，上面三种情况中只有第一种涉及国与国的关系，因此与国家安全问题相关。后两种情况中存在的问题也可能会招致国际舆论品头论足，但品头论足不直接威胁国家安全，反之可以促使我们更自觉地思考。文化交流即使由于种种看法上的差异而变成了诽谤、谩骂也不会构成对任何公民直接的人身伤害或对一国领土、政权的物理性侵害。而上述国家安全意义上的各项指标得到满足，其境内的文化及其发展就可以免除各种外源性不安全。因此我们仅承认某些涉及文化介质、特定文化内容的国家安全问题存在，即只承认上述第一种意义上的国家文化安全概念的合理性。我们认为脱离国家安全语境的其他文化安全概念应该慎用，尤其应防止它们的滥用。相对国内已有的各种耸人听闻、具有多种歧义的国家文化安全观，我们把自己经过谨慎界定的国家文化安全观称为一种弱的国家文化安全观。这种国家文化安全观也正好适用于我们在滇桂边境地区的调研。

二、滇桂边境民族地区基本不存在国家文化安全问题

有了经过认真界定过的国家文化安全观，才可能结合调研结果，对相关区域的国家文化安全形势给出独立的判断。

30年改革开放使中国成为有国际影响力的经济大国。中国的改革需要深化，对外开放仍需扩大。科学发展观强调了文化、社会、政治的发展要与经济发展并驾齐驱，相互促进；中国在对外交往中文化应该发挥更大的作用。在中国偏远的内地，对外开放的步伐也在加快，内陆边境两侧跨境民族的存在正是扩大这些区域对外开放的有利条件。这时的开放不仅是经济或商贸的开放，也势必会伴有文化与生活方式的交流及相互影响。尤其与云南、广西交界的越老缅三国也都处于不断变革、迈向现代化的进程之中，因此与我国的可持续发展具有相同的政策定向和相似的策略。可以说，大湄公河流域各国的发展是共荣互利的；各国间尤其需要相互学习，加深信任，优势互补，拓展合作。近年来中央政府从国家层面在这个方面做出了巨大努力，且已经取得有目共睹的成就。在这个大背景下，针对该边境与民族地区的国家文化安全问题的讨论涉及国家间关系，尤其不宜误判形势、夸大其词。

自2011年10月7~23日，调研组一行在滇桂两省区驱车3000余千里，在约30个地点进行调研，其中包括边境自然村11个、口岸或边民互市点8个、各类文化专门场所（遗址、景点、学校、企业等）11个。调研组召开座谈会14次，邀请各方面专家及村民173人参加。我们把调研焦点锁定在边境我方一侧的跨境民族县乡村镇上，也分别在两个省区的省会城市各召开一次政府有关部门的座谈会和一次学者座谈会。座谈会都明确以“国家文化安全”为题，但我们能够听到的相关案例及经过追问能够落实的相关事实并不多；更有很多专家表示，该区域的国家文化安全现状较好，仅存在一定隐患。应该说明的是，在我们的边境调研中，几乎没有听到什么超出在北京进行相关文献检索时获得的新事例、新案情（近年来，我们一直关注国家文化安全

问题的讨论）。此外我们还发现，所有的座谈对象都没有像我们这样对国家文化安全概念的内涵进行过事先分析和梳理，并在这个基础上对问题进行谈论。当然由于时间短暂，我们两周的调研仍然是仓促的、走马观花的，或许有重大遗漏。这就是说，我们的研判仅以我们了解到的情况为限。

调研中我们听到的反映主要有下列几类。第一类是境外广电媒体信号“渗透”问题；第二类是与宗教传播相关的问题；第三类是边境两侧跨境少数民族群众的人员往来问题；第四类是境内外文化产品流通的问题。从分类标题上说，它们都不直接构成上一节所说第一种含义的国家文化安全问题，都必须进行进一步分析、判别。此外与国内其他省区“三种势力”相关的案情基本没有听到。

（一）境外广电信号“渗透”不构成对我国家安全或国家文化安全威胁

与缅甸和越南接壤的地区较多反映境外广电信号渗透的问题。在内地我们也听说边境一些地区可以通过私自安装接收设备，收看到境外的电视节目。但经过追问了解到的情况是这样的：目前的广播电视信号传输设备与移动通讯信号传输设备不同，无法精准界定自己的工作范围，在山区就更是这样。要保证本国居民的收看，信号势必会部分地越出国界。而如果邻国居民有适当的接收装置，当然就可以收看到我国的电视节目。反之亦然。在越界发射信号问题上，广播技术很容易做到，一些国际性或针对国际社会的广播台站（如 BBC 等）都是使用这些技术工作的。换句话说，广播信号的跨国界传播是一种技术上的常态。不同国家的广播信号之所以不会相互重叠、相互干扰，是因为国际上关于无线电频率使用有一些共同遵循的基本法律规范。而在相互具有敌意的国家间各方也都有一些针对对方广播信号的干扰技术可以使用。因此我们必须对这些问题进行深入询问。

经追问，我边境地区可收听到的国外广播节目绝大部分是邻国或相邻地区针对其当地居民的，如介绍其国内经济社会发展，提供当地居民喜闻乐见的娱乐节目，并不针对中国居民或中国少数民族居民。它们使用的都是该国的语言或该地区的少数民族语言，而基本没有使用中文的。只有缅甸果敢地区有一家中文电台，因为那里的居民使用汉语。所有这些电台、电视台的播出内容没有专门针对中国居民，尤其没有直接针对中国国家政策；其功率设定也主要是服务于自己的边境地区居民。滇桂周边各个国家的发展战略、政府方针或官方意识形态有一定差异是不可避免的。但中、越、老、缅的官方意识形态及发展模式其实差异并不是很大。我们都曾是并继续是“社会主义国家”。在广西，听当地专家说，越南就曾对基督教活动有所抑制。此外，一些边境广电台站（尤其是缅甸边境地区的广电台站）在技术上有对中国的援助需求；在内容上有对中国节目的引进需求。

被认为针对中国国家政策的广播电台有两类，数量极少。一是一直有反华宣传的“美国之音”已经声明停播，剩下的如“澳广”等也未必充满敌意；二是从事宗教宣传的广播电台选址在菲律宾的马尼拉或中国香港，这些宗教内容严格说不是政治性的，通常也不专门针对中国信众，尤其不专门针对中国边境地区的跨境民族边民。严格说这些广播台站并不是沿中国边境外侧设立的。广西大新县硕龙镇的村民知道有一个“河内之声”广播电台，以前算“敌台”，但不知道最近在播出什么内容。还有地方反映邻国地方广电节目中曾有一些色情内容。我们相信类似黄赌毒泛滥的问题，任何一个国家恐怕都不会容忍，差别只会出现在掌握的分寸上。而通过正常的外交渠道，相关问题是可以得到解决的。

从影响的角度上说，广电节目的相互覆盖也有语言门槛。只有跨境而居的相同民族可以听懂国境两侧的同种民族语言或方言的广播。这样的人口为数不多。据说早先广西那坡的苗族群众就因为长期收听境外的苗语广播而信奉了基督教，而我方当地没有苗语广播。在为本国少数民族提供特定语种的节目问题上，相邻国家的公共文化服务政策的确是可比较且具有竞争性的。但只要有关国家的发展政策、民族政策和民族语言政策并不相互对立，两国间不处于战争状态，就谈不上“国家文化安全”受威胁的问题。在滇桂两省区，广电部门的同志讲起这类竞争给人留下了深刻印象。其中提到越南在扩大其广电信号覆盖范围上动作很大；而我方的建设力度、覆盖范围就更大。现在广西我方就开办了一个《北部湾之声》，用越语向东南亚覆盖。毕竟中国的经济实力比越南强很多。而境外电视节目我们虽然也想看到，一些地方同志也承认当地可以看到，但在所到之处（如河口和东兴的越南商贸城中）都未能如愿。

既然没有沿中国边境布设、专门针对中国国家政策和中国居民、使用我方语言的广电台站存在，那么结论就是：境外广电信号“渗透”基本不构成我国家文化安全的问题。

（二）边境地区的宗教传播问题也未构成对国家文化安全的威胁

宗教问题尤其是基督教的传播在中国各地都变得突出。信仰自由是我们基本的宗教政策。近年来宗教受众的增加和国家的发展相关，尤其和发展的不平衡相关。用马克思的话说，宗教是对底层民众所受苦难的精神慰藉。宗教是一种历史性存在，短时期内无法消除，也不必总是另眼相看。因此这个问题要靠我们国家的协调发展尤其是真正的文化发展加以解决。同时，我们既有宗教活动管理方面的政策和法律，也有外国人入境方面的政策和法律。我们依据法律进行宗教管理就能较好地保障国家安全。

在边境地区我们听到“性质最严重”的事例有两个。一是云南临沧地区反映缅甸佤帮曾邀请我境内信众出境参加基督教传入佤族地区 100 周年活动。结果我们根据自主办教的原则，做工作进行劝阻，解决了有关问题。二是国外僧侣入境并私自在我佛寺内主持佛事活动。经追问，情况是由于我方长期没有培养自己的高级僧人（傣族缅寺里的“大和尚”），结果一些村寨的寺庙里没人可主持佛事活动，少数民族信众的宗教需求无法满足。于是村民们私下从缅甸请来了大和尚驻寺（例如在镇康）。在我们看来，这类情况主要应根据外国人入境的有关规定进行管理。根据自主办教的规则，原则上中国的寺庙不应由外国人主持有关活动；但确因僧人空缺需临时求助的，可根据特事特办的原则进行有管理的引入。前些年，我方也有一些居民到境外去接受宗教培训，学成后回国来主持寺庙活动。近年来景洪地区已开办佛学院，本国的僧人已可学以致用，不得已从境外引进僧人的境况将彻底改变。更何况（南传小乘）佛教对我国社会的发展不构成严重威胁。基督教的问题比较敏感，据说西方宗教组织在东南亚有关国家举办神职人员的培训，也给缅甸的佤帮分配了名额。这些边境外的动向还可继续观察。同时我们听说，一些佤族群众信仰基督教是因为感到自己原有的“原始宗教”“不规范”才改信基督教的，看来宗教也有个现代化的问题。我们在这方面如没有恰当措施引导，外部势力就可能发挥影响。

一些地方反映，近年来一些国外的 NGO 获准到中国偏远地区开展扶贫、环保、教育等方面的工作（例如临沧地区就有 20 余个国际或国内 NGO 存在），其中有的具有宗教（慈善）背景，在进行协议约定的工作之外，也有一些传教行为发生（据说还有一些国外组织到我们境内架设仪器收集气象资料）。但这种案例并不是很多，而且已经引起我有关部门的注意。这种情况同样可以运用外国人来华工作的有关法律法规进行管理，不会造成很大影响。

既然国家不将各种宗教教义、仪式活动及信仰本身视为敌对的，因此除非这些外来宗教人员从事了其他敌对活动，或对我宗教政策持严重批评态度，否则我们均不宜将其视为对我国家安全或国家文化安全的威胁。于是结论二：滇桂边境地区的宗教传播问题即使不宜予以正面评价，也还达不到对国家文化安全构成严重威胁的程度。

（三）当前少数民族边民的跨国往来对边境地区的发展和国家文化安全有益无害

所谓跨境民族通常是指分别居住在相邻国家边境两侧，且具有共同语言、信仰和生活习俗的少数民族，例如云南的佤族、傣族、哈尼族、苗族、瑶族和广西的壮族、京族等，他们的族人也居住在与云南广西接壤的缅甸、老挝和越南。这些少数民族边民通常在边境另一侧有亲戚朋友，相互间可能通婚；通常会经常走动，尤其是在民族节庆活动期间。因此这些跨境而居的少数民族居民之间有较频繁的经贸、社交和文化往来。调研中听到当地同志讲，这些边民是“出国容易进城难”①。因此有些人认为，这些少数民族边民的民族认同强烈就会影响其国家认同，进而威胁国家安全。我们了解到的情况不是这样。

人的身份认同具有多重、复杂结构。民族认同和国家认同虽然在某些情境中会有一定的冲突，但本身不是必须二选一的。今天的世界上，任何民族认同内容中都不包含对国家认同的唯一选择或排斥；反之即使是单一民族国家的认同中也不必然包含对其他民族居民身份的排斥。二者互不隶属。种族主义、极端民族主义在今天几乎都没有市场。国家建设强有力、公民权利落实充分、对外政策得当，国民的国家认同就深入人心，包括跨境少数民族国民。我们这次调研所接触的边境少数民族相对来说人口较少，还可能在相邻的两个国家内都是少数民族，因此他们的民族认同对国家认同很难有较大干扰。但不同国家的经济社会发展水平，具体的民族政策、边境政策对其国家认同尤其国家政策认同会有一定的影响。通常说，经济社会发展较快的国家比相对较慢的国家具有更强的竞争优势。这一点，在滇桂边境一目了然。

中国经济的连年高速增长、边境地区社会的持续发展、边民收入的不断增加、少数民族政策的不断落实使中国的边境地区对境外边民具有强烈的吸引力、感召力。有不少越南边民在广西、云南打工（云南的江城、勐腊和广西的大新、东兴等地）；有不少老挝、越南女性私下嫁给中国边民；有一些缅甸、越南孩子到中国来读书（学汉语和中国文化）。相反，中国边民到邻国通常是经商；几乎没有中国女性嫁到越南、老挝、缅甸；很少有中国孩子去邻国读书。在云南，沧源县开办了几所“国门学校”，不少缅甸孩子过来读书。虽然缅甸居民到中国学校学习要收学费，但因人数较少，而且和中国学生一起作息，所以伙食补贴就一起提供了。因此中国学校的声誉很好。现在，临沧地区的教师没有从缅甸来的，但中国的教师有到缅甸教书的，而且教材也应邀从我国输出。景洪职业教育学院与缅、老、泰等国都有教师、学生之

① 意思是指这些村寨与边境线零距离，而与所属的县城距离遥远。

间的交流。勐龙幼儿园有30多个孩子从境外来入托。在红河州的河口、蒙自等地甚至越南的老街，都有为越南学生开办的中文班。

跨境民族过共同的节日，节日期间相互往来，也形成对比。西双版纳地区和老挝、泰国都过泼水节，但日期不一样，显然“我们这边更隆重”。云南、广西的一些地市，近年都搞了一些国际性旅游商贸节。如云南省普洱市江城县与相邻的老挝越南省份搞起了“丢包节”，省里更是推动设立了大湄公河次区域六国艺术节；广西也承办了中越青年大联欢等。广西龙州5个乡镇搞起了歌墟节，每次越南过来的边民有10万之众。京族“哈节”时举办篮球赛、对歌，中越两国边境县市轮流主办，做成了旅游品牌。滇桂边境地区的县歌舞团或村业余宣传队也会到邻国的边境地区进行演出，进行少数民族民间音乐舞蹈交流。由于各国经济实力有差异，这些文化交流通常是中方出资较多，为中国的国家形象添了彩。京族是越南的主体民族，在中国人口很少。但在东兴市的京族三岛，我们可以感受到当地京族居民强烈的民族自豪感和对京族历史文化的深刻了解，同时又有同样明确和强烈的国家认同。

应该承认，这里所说的人员往来绝大多数是通过正常出入境渠道和程序实现的，但也有少数情况是“私下的”，没有办理合法手续的。如一些“老挝媳妇”始终上不了户口；一些游客“偷渡”到境外“一日游”等。但如果我们对边境地区的生活不再陌生，就会知道国境线往往不是一堵密不透风的边墙。既然边境地区并没有出现少数民族边民大批非正常集中越界迁徙；既然跨境民族的人员往来可以为边民提供种种便利，同时为国家争得荣誉（因此这种积极的民族认同在一定程度上可能超越国家认同），我们正应该利用这种国家间的特殊民族纽带，促进共同发展和边境繁荣。因此结论三：当前少数民族边民的跨国往来对边境地区的发展和国家文化安全有益无害。

（四）周边国家文化制品稀少，谈不到对我国家文化安全的威胁，而是不利于当地文化交流和文化产业发展

就我们了解的情况而言，滇桂两省区边境内外狭义文化产品流通是很少

的，涉及跨境民族之间的文化产品流通也非常有限（时间关系我们根本无暇进入各县市乡的文化制品商店）。普洱市和西双版纳傣族地区反映，近年来傣歌传唱越来越少，因此据说从老挝方面有一些傣歌光碟被边民带进来。在勐腊县曼龙代村曼龙勒村民小组，村民们在文化室音响设备伴奏下跳起纯正的傣族舞蹈，我们在文化室内却没有看到境外制作的音乐光碟。倒是有的专家谈到，近年来一些少数民族的非物质文化遗产正在流失，而在中国已经遗失了的乐器、民歌等，刚好可以从周边国家里重新找到。至于我们的音像制品，主要流向东南亚各国。云南河口县的同志反映，越南提出中越之间可以搞新闻互动，并主动送消息过来；双方交往中也有一些出版物交流。这样可以使我们对对方有更多的了解。他们说，越方对我方的文化“渗透”不强，主要是饮食方面有影响，歌舞、文学、电视剧在我们这里没有市场。我们的歌曲、电影、光碟在对面却很常见。他们的宾馆一般都可以看到中国的电视节目。广西凭祥的同志也反映说，对面越南只有 3 个电视频道，节目粗糙，所以那边的观众主要是看我们的电视。东兴市还有商家把一些中文流行歌曲改为越语重新录制，制成光碟销往越南。

传说广西和云南文山地区有苗族传统服装被外国人收购，导致非物质文化遗产流失。我们了解到的情况不支持这个说法。这里所说的传统民族服装最多不过是当地居民现在还在穿着的民族服装，而且有许多是从工厂里批量生产出来的民族服装，这已经是旅游纪念品的范畴。应该说这后一类的交易是越多越好。云南文山的同志说，传统民族服饰目前国内外都有一些市场，几千甚至几万元一套，民间有人收藏。20 年前当地就有人收购，转运到泰国清迈。文山有三家收购商，还曾到越南去收。新制的民族服装可以卖到越、老、泰等国。据他们说，见到过一些与苗文化有关的制品，多是从美国、加拿大来带进来的，但我们未能见到。

除了正式渠道进口的各类时政或学术性期刊，口岸地区没有见到国外通俗刊物存在。广西的同志反映说，自治区受中央有关部门委托办了一个越文的杂志《荷花》，我方人员带出去如果让越方公安发现是会被收走的。

与境外广电信号渗透问题一样，既然境外并无大批针对我方政策、充满敌意的宣传品或不良文化产品非法流入，那么也就不会对我国家文化安全构成现实的威胁。因此结论四：在边境地区几乎看不到周边国家的文化制品，更谈不到会对国家文化安全构成威胁。而如果说滇桂边境边民往来是有益无害，那么边境地区文化制品贸易量偏小则是有害无益的。

三、滇桂边境地区的发展面对邻国的竞争挑战

我们认为，在滇桂边境谈论国家文化安全状况多少有些文不对题，但在中越边境沿线，我们的确随处可以感到两国间关系存在某种紧张。经过考察和分析我们认为，这种紧张不是安全问题，而是两个同样处于全球化和快速现代化崛起的国家在边境地区呈现出的强竞争态势。在河口，两条界河（红河与南溪河）的两岸分别矗立起高高的挡墙，以前自然形成的蜿蜒河道及宽阔沙洲景观不复存在，河流变成了“船闸”。这是两国生存与发展竞争的结果，也是强竞争态势的生动写照。

中国的快速发展必然会对邻国造成影响，但缅甸边境地区由地方势力控制，老挝国家实力不强，因此对中国的强势发展不作特别回应。而越南作为一个革新开放、崛起较快的区域国家与中国赛跑，形成了强竞争态势。可以说，在中国陆路边界中，中越边界全线是人口最密集、经济合作最热络、口岸最多、相互竞争也最激烈的一段（港澳是中国自己的特区，不计；俄罗斯远东地区、外蒙古人口稀少；朝鲜经济发展滞后，中印至中哈边界受地理和气候条件限制，通行困难；缅甸经济滞后，边界地区由地方武装控制；老挝经济缺少活力）。尽管越南的人均 GDP 到 2010 年只有 1100 美元左右，但边境线对面已有宽阔的高等级公路，有大量的施工机械在运作。云南河口县城受地形限制无法展开，在两千米远的北山建设了一片新城区，越南就在红河对岸用推土机推出了一块平地，建立了对我方的商贸区。据了解，越南采取了一系列特殊优惠的边境政策和少数民族政策，包括从中国“照搬”过去的

各种政策措施来提升国家形象，稳定边疆，强化边境安全；沿中越边境形成一条快速发展带。

云南和广西的同志介绍说，越南政府对到中越边境居住的农民会分给土地，补贴建房和购买耕牛；对愿意到中越边境地区工作的教师和国家公务员，给予待遇上的优惠，而且越是一线人员优惠越多；越方教师、官员出国也很注意着装、仪表；等等。据说以前有一些越南孩子到我方就学，现在越方沿边境 10 千米内有特殊教育政策，学生的学费全免，因此不用过来读书。边境对面居民的医疗待遇也是较高的。我们此行唯一听到一个因中国公共卫生服务条件比越南差而偷偷赴越就医的事例：一苗族儿童患肾结石，到我方医院治疗要花 5000 元人民币，结果他就由朋友带到越南，以越南人的身份得到免费治疗。以上这些“兴边富民”措施不仅促进了当地的发展，也有效巩固了他们的边防。据广西的同志说，我们的人到对面探亲，就有公安跟踪；而对面的人到我们这边来，几个月也没有人报告。这在一定程度上可能是真实的。

近年来，越方沿边境一线的公共文化设施、机构、设备有极大改善。在河口有所谓“大国家小声音；小国家大声音”的说法，是指越南的广播喇叭声音大，广播台站的发射功率也大。我们的一些信号盲区还可以收到越方的信号。越方为他们的贫困户免费发放了电视机、收音机。越方一些文艺团体的编制很充分，专业文艺人才进得来，年龄大了也可以妥善安置。另外越南在高等教育发展和人才培养上也大力推进，近年来高考率、高考入学率都比我们高。他们是 8000 万人口 100 万考生；我们是 13 亿人口 800 万考生。相形之下，他们的百分比更高。

然而，我们并不能简单地将这些举动看作是敌对的。越南人未必愿意做我们的兄弟和朋友，更愿成为我们的竞争对手。这时竞争是互惠的。在河口，每天有数百辆大吨位卡车装载矿石从口岸输入，在山腰车站装火车运往蒙自。但在竞争过程中，他们不仅有博弈的意识，要在国际竞争中拔得头筹，而且也真心实意地向我们学习，了解我们进而希望超越我们。云南的同志反映，越南经常放映我们的电影或电视剧，译制工作并不精细，通常是男女两位译员做现场同声传译。这样可以保证越南居民有更多的文化产品可以消费。广西的同志反映，我们的文艺团体过去演出以后，越方都会安排他们的文艺团体进行观摩、学习，连服装、道具都要学。河口的同志感到，越南人学汉语的愿望比中国人学越语的强烈得多。为合作防治艾滋病，越方就专门培训有关人员的汉语。我们也许不能盲目自大，认为越南是个小国，什么都不如我们。这些年来，越南的开放程度比我们高，政治体制改革的进程比我们步子大；尽管其边境管理在不断加强，但出入境程序却在不断简化。广西的边民反映，我们的人要去越南需要到县里办手续，派出所还要盖个章，收 10 块钱；而越南边民要过来只要公安屯盖个章，不收钱就过来了。我们在河口和东兴越南商贸城里看到，越南商品的质量在提高；越商的品牌意识、诚信意识在提高；越南商品的知名度、美誉度都在提高。

对于越南的快速发展和竞争姿态，我们要怎么看呢？尽管中越间有领海岛屿归属之争，但我们不要以为除了敌人就是朋友，竞争对手才是更常见的伙伴。看来安全并不是衡量发展与竞争态势的最重要指标。

四、促进我边境民族地区的快速发展要有新的认识和新的举措

调研后我们问自己：为什么滇桂边境对面是发展程度远不如我们的国家，境外广电信号的有限“渗透”并没有多少负面影响，文化产品的流入几乎可以忽略不计，宗教传播也不比内地更严重，而我们的一些部门和学者却高呼“国家文化安全受到威胁”？我们发现，在“国家文化安全”这个未经厘清的概念之下，还隐藏着另外一些严重问题。

在座谈过程中，一些专家说的国家文化安全缺陷是指国家公共文化服务体系在滇桂地区设施薄弱、不敷其用；另一些专家说的国家文化安全是指在快速现代化过程中国家主流文化对同样属于这个国家的一些少数民族的传统文化造成“威胁”；还有的专家说的国家文化安全是指在与邻国的文化发展竞争中我们有些力不从心。应该说，上述所有这些国家文化安全概念的使用

都不恰当，但错误概念所指向的现实问题又确实存在。国家在这些问题上确实应该有新认识、新措施和新的投入力度。

我们感受了中越两国发展中的强竞争态势，反过来我们也看到，与越南接壤的云南广西两西部省区，在国内发展中却相对滞后，更谈不上多少后劲、潜力。于是，国家比较时明显的发展优势就变成两国边境地区比较时的相对均势，某些方面比较甚至可能处于劣势。

据此我们认为，国家对滇桂边境地区的扶持政策应该具有三重视野，应该以三重举措和三重投入进行应对。三重视野是：第一，要迅速弥合东西部地区的发展差距，公民的文化权利应该是平等的、均衡的；第二，对少数民族文化的发展要予以差异性制度安排保障；第三，边境是特殊区域，沿边境的县、乡、村，应优先予以特殊政策扶持，尤其面对强竞争态势国家的区域。

（一）东西部公共文化服务设施与供应的差距应尽快缩小

应该说，滇桂地区的宣传文化部门都在努力工作，不仅希望丰富边境地区少数民族居民的业余文化生活，也希望通过打造有民族文化特色的产品；既保护非物质遗产，又促进边民增收。云南就针对现代化进程中传统文化表达方式的式微制定实施了“土风计划”。但西部省区经济发展滞后，财政拮据，公共文化服务体系建设与东部地区相比严重滞后。如据反映，广西龙州市文化馆每年只有3000元经费，还不够支付电费；边境半数县乡没有经费搞活动。在广西，广电信号还差2万多自然村没覆盖。而且前期投入的接收设施已经开始坏损，高额维修成本由谁承担的问题并不明确。因此广电信号覆盖和村民是否可以收看还是两个问题。云南广西的村级文化室、农家书屋覆盖率普遍很低。共享工程村级终端网速太慢不受欢迎，后续维修也没有经费。许多自然村与行政村相距较远，根本没有公共文化服务设施，因为不通电甚至连电视也看不到。有的地方反映，他们能够收看到的电视频道与城市地区相比数量少很多。在云南边境，不少乡村希望政府能够提供的只是一块露天的水泥球场，可以兼做文艺演出场地使用。这些项目解决起来所需经费并不算多，广西发改委的同志建议，少数民族村寨文化活动场所建设应从中央财政开个专项。

除了经费，更重要的是管理。目前我国各级公共文化服务体系还普遍缺少系统整合，没有明确哪一级是功能协调的关键节点。但毕竟东部地区、传统汉族聚居区由于人口密度大，交往多，因此乡镇会成为事实上的公共文化服务关键节点。例如在江苏的吴江甚至重庆的铜梁或北碚，村庄相距不远，乡镇综合文化站可以整合协调村级各类文化活动。与东中部汉族聚居的乡村相比，滇桂边境地区的乡镇与村寨、行政村与自然村之间的距离更远。在云南广西边境，自然村与其所属行政村都可能相聚10千米甚至更远，村民平时根本不到乡镇去。书报即使发放到了行政村，也根本到不了其下属自然村。但这些村寨可能距边境很近，距邻国的同族村寨很近。因此在这些地区公共文化服务不仅设施建设、相关设备配送应尽快跟上东中部，而且应能找到五大惠民重点文化工程的关键整合节点加以重点打造。这个节点应比东中部的乡镇层级更低一些，很可能会是周期性举办街墟（即集市）的行政村或自然村。这个节点不仅要配备房屋器材，而且要配备人员编制和活动经费，要对相关人员进行培训。这样才能使文化（包括“国家文化”也包括传统民族民间文化）发挥作用，不断创新。

（二）加强民族语言文字与汉语言文字互译机制建设

由于少数民族居民在社会生活和发展过程中处于相对弱势地位，因此对于少数民族文化的发展创新需要予以特殊的政策扶持。语言多样性是文化多样性的基础，因此不同民族语言互通互译是解决问题的关键。当前在滇桂地区，很多少数民族群众（尤其是进城后的少数民族群众）已经不会说本民族的语言。反之留在边境地区的少数民族居民仍然不太通晓汉语。今天的条件下要保护民族语言的多样性，关键是要实现少数民族语言和国家通用语言方便快捷的双向转换，这时（广电）媒体的确是重要手段。调研中滇桂两省区的同志都在谈论少数民族语言频道频率的开通、少数民族语言节目的创作和译制问题；谈论民族语言节目在哪一个范围里播出、有关译制中心设在哪一级等问题。边境很多县乡村，没有针对当地少数民族的特定语种广播。例如在河口瑶族自治县，只能收到红河州开办的哈尼语、彝语的译制节目，瑶语、苗语的就没有，因为红河是哈尼族彝族自治州。上文提到广西那坡由于只有壮语广播，苗族长期收听境外的苗语广播结果信奉了基督教的事例，原因也是一样。这都说明在当前条件下，少数民族语言广播电视节目的提供在加大投入之前有必要重新规划整体的布局，体制性的问题首先需要解决。重要的不是发射功率的增加，而是节目内容的调整。有专家提到，国外的哈尼、爱伲都叫阿卡，泰老越缅等国都有。国外有人专门制定这些民族的文字，以利文化传播，将来会影响到我们国内。面对这样的情况需未雨绸缪。

我们强调语言屏障的克服，最终是希望现在处于发展劣势的少数民族居民将特定传统文化中的美好价值按照自己的意愿和表达方式带入新的时代。但消除语言障碍应从两个方向做工作，既让使用汉语的居民方便地了解使用少数民族语言的居民的文化表达，反之亦然。因此应充分认识掌握少数民族语言的重要意义。我们当前的一些人才评估机制如职称、职务评定的标准对少数民族公务员、文化管理人员对母语的掌握基本上是忽略不计，因此这些民族干部总觉得有些自卑；而汉族干部也没有更大的热情去掌握少数民族语言。这种状况需要改变。这样也才能从根本上改变对少数民族语言文化实行“封闭保护”“静态保护”“原汁原味”保护或“输血”等消极保护思路。

（三）沿边境构筑高位势文化特区

文化的改革发展已经成为国家的大政方针。出于东西部均衡发展和促进少数民族文化发展的考虑而对滇桂边境地区加大文化方面的投入也是大势所趋。但我们还应有一种边防意识，有一种和邻国进行文化发展竞争的意识，并为此再增加一些投入。例如云南的河口和中国近现代史上许多重大事件有关联，是中越交通和国际国内旅游的重要枢纽。其对岸越南的老街省、古柳市近年来发展很快，人口不断增长，城市不断扩大。但受地理条件限制，河口的土地整理、城市建设成本高，县城城区面积难以展开，极不利于与边境对岸的发展竞争。有关部门应该进行调研，为其沿红河旧国道开辟新市区进行前瞻性规划。

广西的同志介绍说，2002年时发现我们的一些边境学校设施比越南的还差，还有茅草房。于是自治区搞了两期的“边境大会战”，成效明显。现村级完小至少有一栋教学楼，初中以上还有一栋宿舍楼，比越南那边稍好。现在应该实施边境地区学校教师周转房工程，还应提高边境寄宿制学校的生活补贴标准。广西的同志认为，边境地区村村通电视天线零配件维修费用也应列入预算。云南沧源的同志提出，现在国家应该优先在边境乡村开展学前教育机构的建设，这样到了九年基础教育时期，孩子们的汉语水平更高，教育的效果会更好。有搞民族工作的同志说，不要认为边防工作只是军队在做，边防工作有许多文化内容，在邻国间强竞争的态势下，文化的工作甚至比“武化”的工作更重要。例如我们在滇桂边境所有的县市，当地政府都提出要保留一支由财政供养的歌舞团的要求。我们也认为既然公共文化服务已经承诺提供免费的图书报刊，承诺博物馆免费开放，那么有什么理由不可以免费提供一些文化表演服务呢?！比起语言文字类和文物类的文化产品，表演类产品更易超越国界，更易产生跨文化的影响。而由于人口密度低，演出成本高，表演艺术市场在边境地区通常较小，商业性的演出团体很难独立支撑。我们认为，这些艺术团体应予以保留，由财政全额负担；同时认真确定其服务功能、编制及服务提供标准。

目前，滇桂两省区都增加了许多新的边贸口岸，如云南普洱的关累、广西凭祥的浦寨等在国内媒体上的出镜率都很高。这些口岸不同于传统的边境口岸。传统口岸可以只是交通通道，而新的边贸口岸很可能直接就是新的居民点。与享有各类特殊政策的园区建设相配套，口岸很快就会是一个乡镇级的行政区划。未来的边境线就是由这样一串串的口岸城市带连接而成的。因此这些地区的城镇化发展与其文化发展、人口素质的提高紧密相关。胡锦涛总书记曾希望滇桂地区能够建成面向南亚东南亚开放的桥头堡。这些口岸园区就是特区，就是一线桥头堡，因此各级政府要予以特殊关注。而且对外开放的桥头堡关键是要有对外文化辐射力，必须首先从文化、教育设施建设上予以重视。这些边境县市镇从一开始就会有国外居民长期居住，会有涉外文化事务发生，因此还应加强同时掌握当地少数民族语言、汉语普通话及邻国语言的人才培养，这样才有利于国际交往，长期保持在沿边地区的竞争优势。这都是需要从现在起予以格外重视的。

归纳起来，我们说的三重视野指向了三重措施。相应地我们也提到三条具体的政策建议：第一，进一步调研确定滇桂边境跨境民族聚居区公共文化服务体系整合结点的位置，明确其功能着手打造；第二，进一步调研确定上述地区广播电视民族语言节目译制平台的定位和工作目标；第三，着眼于对外文化交往、文化辐射，进一步调研确定边境口岸城镇的文化设施建设和文化机构设置规划。相对我们的邻居而言，现在这样做还不算太晚！

每隔一段时间，就有机会到边境地区走走看看，可以切身感受到国家的发展，同时也感受到发展的不平衡，因此更深切地体会到贯彻科学发展观的必要性和紧迫性，体会到文化发展与改革的必要性和紧迫性。平心而论，我们与东南亚几个周边国家相比，只是幅员辽阔，传统文化资源更加丰富；人口众多，因此文化产品种类繁多。论质量，我们都还没有多少世界级的艺术精品问世；我们在国际社会中都还患有一定程度的“失语症”。亚洲迄今还鲜有文化认同，还只是一个地理概念。因此我们高度评价中国－东盟自由贸易区框架下的种种文化合作尝试；高度评价中央电视台“今日亚洲”这样的新闻栏目。我们认为亚洲尤其是中国应该在文化上对世界做出更大贡献。文化发展已经成为中国人民的心愿和希望，与此同时我们对能够促进文化大发展大繁荣的新体制新机制有更多的期盼。离开文化体制改革，文化发展繁荣就是一句空话。我们一些同志的“不安全感”就来源于此。我们调研结束的时候，刚好党的十七届六中全会召开。会上通过的《决定》给了我们新的期待！

本文发表于《制度创新，推动文化发展繁荣》，云南大学出版社2013年版，第401－473页。

科学发展观指导下的城市发展战略：东部与西部

——无锡和丽江的比较

我们已经进行了30年的改革开放，尤其是20世纪90年代后连续近20年的高速增长，人均GDP已先后跨越了800、1000、2000和3000美元大关。2008年以来的世界金融危机迄今并未对中国经济造成致命性冲击，反之是更早将中国送上了世界第二大经济体的位次。这充分证明了改革开放的伟大意义。但是，中国的发展仍然是粗放的、初步的和不平衡的。中国的人口基数大，再高的GDP数字被13亿去除，在世界的排名就退出前100位；中国的资源、环境、生态已经为几十年的高增长付出了过高的代价；而社会体制尤其政治体制改革的滞后已经让分配不公造成的社会不满情绪屡屡积聚而引发群体性事件和社会动荡。因此，我们必须思考发展的模式和道路问题，必须要有一个更科学的发展观，否则我们的发展不可持续。

2003年10月，科学发展观第一次在党的十六届三中全会上提出。科学发展观所说的“科学”，并不仅指向狭义的自然科学或科学技术，其基本内涵被概括为“以人为本，全面、协调、可持续”。这里的“科学”甚至也不仅是说要将人文社会科学包括在内，科学发展要求经济、政治、社会、文化、环境的全面协调，而这些发展与协调靠的不仅是科学理论与知识，更重要的是体制机制改革创新，是果敢而缜密的策划与行动，是对所有人的现实利益的调整。因而科学发展观所说的“科学”只能被当作“正确”来理解。

20世纪80年代初，F. 佩鲁发表了《新发展观》。“新发展观”不仅是对单纯的GDP增长观的批评，而且也揭示了“发展”所具有的复杂的人道主义内涵。它要求经济学家们不仅考虑效率，也要考虑公正。应该说，“发展”

比“增长”所多出来的，就是“以人为本，全面、协调、可持续”。“科学发展观”与佩鲁的“新发展观”有异曲同工之妙。党的十七大报告中两次出现“加快转变经济发展方式”的提法，就是对“加快转变经济增长方式”的修正。佩鲁说的“新发展”和我们说的“科学发展”都包含这样的含义：一方面，作为发展中国家我们应完成现代化转型；另一方面，我们的发展也不应仅仅是要成为全球经济增长的附庸。“科学发展观”或“新发展观”所主张的“发展”最终要落实到我们每一位公民的生存权及全面发展上，落实到中华民族在国际竞争中的发展权及平等地位上。我们正在切身感受21世纪第一次世界范围的金融危机与经济衰退。这更需要我们以十二万分的严肃来认真对待自己的发展课题！

再一个角度说，中国幅员辽阔、人口众多，东中西部发展严重不平衡，大致是一个梯度结构。东部的上海，2008年的人均GDP为全国最高，达到73124元，按1∶6.8的比率折合为10754美元；而西部的贵州在全国连年垫底，只有7264元，折合为1068美元。二者差距10倍多。中部的河北、山西、陕西、河南、安徽、江西、湖北、湖南，只能达到上海的四分之一或六分之一。然而，所有省份现在的发展是在同样的资源、环境制约条件下，中西部欠发达省份已没有和东部省份同样的发展条件和发展道路；反之，东部省份的环境治理问题也许会比西部地区有更大的负担，并且阻碍其继续高速发展。因此，在国情如此复杂、省情如此多样的区域贯彻科学发展观不会有统一的模式，也不宜以一套简单的量化指标来衡量。各地只能根据自己的区位特点和资源禀赋，创造性地开展工作，摸索出自身的科学发展道路。近两年我们分别注意到东西部两个地级市的科学发展实践：东部的无锡和西部的丽江。城市尤其是一些二三线城市的发展也许是未来几年应多加关注的焦点。我们希望从他们的探索中学到更多的经验，并探讨一些发展的问题。

一、无锡发展模式的转换

今天人们瞩目无锡，更多是看到它在改革开放30年间率先发展，提前实现了全面小康。网上一份调查表明，至2008年，无锡市的GDP总量达4419.5亿元人民币，人均GDP达73053元人民币，按当前人民币与美元1∶6.8的汇率计算，超过了10000美元大关，在全国约330余个地以上级别城市当中排名第10。① 这个过去曾被称为“小上海”的城市与上海的发展水平相比，还真在伯仲之间。② 2007年，无锡市城镇居民人均可支配收入达到20898元，在长三角16城市中排名第7；在江苏省内排名第2，虽落后于苏州③，却超前于省城南京。

但无锡有自己强烈的危机感。经过30年的发展，无锡已多次触及“增长的极限”：土地资源接近枯竭；太湖蓝藻暴发不仅使“包孕吴越”的太湖明珠鼋头渚景区失去了姿色，还引发了居民饮用水被污染的重大事件；大批外资制造及重化工企业严重污染环境，而带给劳动者的是较低的报酬与社会保障。无锡的领导注意到，自己的制造水平高，创造水平低；自然禀赋好，环境极为脆弱；城市发展快，农村发展慢；文化底蕴很深厚，文化影响力却很小；户籍人口受教育程度高，流入人口受教育程度低；等等。而且平均每平方千米1000多人口的密度已经很难谈及幸福指数和生活质量的进一步提高。④ 所有这些可以说都是一种“症状”，“世界工厂”的“病症”、单纯GDP增长观影响下的发展“病症”。这个“病”非治不可。

因此自2002年起，无锡市委新班子制定新的发展战略，决意继续领跑中国的改革和发展。无锡新的发展战略被归纳为“一二三四五六”六个要点：“一”是一个定位。处于改革发展前沿的无锡把自己的城市发展定位在“工

① 折合为10743美元。这一类排名似乎都是业余爱好者所做的，有不少误差，我们取其粗略，仅供参考。

② 在同一份排名当中，上海市为第9，人均GDP为73126元人民币，折合为10753美元，高无锡10美元。

③ 在上面提及的排名榜中，苏州名列第2，人均106412元人民币，折合15649美元。

④ 苏锡常三市的土地面积和人口数据十分接近，而无锡境内水面占32%；除去太湖水域面积后的陆地面积无锡应小于苏州。据说，“苏州人口密度已达到1245人/km^2（按照陆地面积计算），相当于全国平均人口密度的10倍”（见李云《强化人口的生态化建设须“三明”》，《江南论坛》2008年第9期）。无锡如不是密度更大就应与之相差无几。

业化后期”。据此必须彻底摒弃 GDP 崇拜；必须实现产业升级和经济发展方式的根本性转变；必须实现富民、科教和环境优先，又好又快地发展。

“二”是双轮驱动。“工业化后期”的提法与丹尼尔·贝尔所说“后工业（社会）”似乎还有一些距离。但在无锡，“工业化后期”意味着传统制造业的提升。这种提升有两个方向：一是从粗放型的传统制造业向更多科技含量的“先进制造业”转变；二是从产品经济向服务经济转变。“双轮驱动”意味着更少能源投入和更少污染排放，同时更多高素质人力尤其是智力资源投入。这两个转变还有一个特别的结合点，即高新传媒复制技术加文化内容服务构成的文化产业。

“三”是三大举措：调整结构、保护环境、自主创新。这三大举措就是产业结构调整及其依据原则。今后的无锡，“三高两低”的产业不搞，乡镇企业不搞。要瞄准几个有潜力、低能耗低污染的产业打造无锡的产业链。目前无锡大力发展的光伏产业有自主知识产权，有研发能力；集成电路产业在全国排名第三，占国内总产量的 30%；软件外包在全国排名第二；动漫产业在全国排名第五。这些行业都有环境友好、知识含量和研发要求较高的特征。

“四”是四高联动（高新产业、高端服务业、高素质人才、高品质人居环境）。其核心是强调自主创新和科技依托，强调对人才和创造的倚重，改善发展的质量。

“五”是五个抓手。以前政府主要是通过抓经济推动城市发展，现在希望更为全面、具体地抓住五个关键环节。这五个环节是科技、城市建设、人才、生态和民生。统筹这五个方面才会有更完整的城市发展战略。

“六”是六个城市发展目标。未来的无锡被描绘成服务型城市、环境友好型城市、资源节约型城市、区域性城市、国家创新城市和历史文化名城。

经过几年的探索实践，无锡市新的发展思路不断被丰富、调整和落实。例如与上述二、三、四几条同时相关的产业技术升级，就在很大程度上已经成为现实。“十五”期间（2002—2007 年），无锡市高新企业数量不断增加，由 600 家增加到 1000 多家；高新企业创造的产值不断增加，已经占到规模以上企业增加值的38%。“十五”期间，专利授权总共获得10941件（其中2007年就有5000多项），大大提高了无锡市自主品牌和知识产权的拥有量。2002年时，无锡市本级财政的研发投入占当年GDP增加值不足1%；而到2007年已经占到2%，达到58亿元。而且通过配套要求，政府每投入研发经费1元，就可带动民间投入30元。技术进步已经成了无锡普遍的社会冲动。2005年无锡启动了“530计划”，即要在5年内引进30名海外留学归来人员，带着自己的产权和项目到无锡创业。而到2007年，“530计划”已提前实现。目前无锡在筹划的是“后530计划”。近年来服务外包在无锡也发展很快，在全省全国走在前列。“中国服务外包示范区——无锡太湖保护区”已得到国家四部委联合认定。无锡的企业已经将产业园办到了柬埔寨。无锡还与全国各大名校、研究机构进行政产研合作（被称作“7+1”工程），连续7次被评为全国科技城市。

无锡贯彻科学发展观不仅是做加法，同时也要做减法。对于污染严重、耗费资源的企业无锡坚决实行关停。2007年，全市关停900家企业，其中700家是化工企业；全市外来务工人口因此实现负增长。由于工作细致得力，这一工作并未造成负面社会影响。并且，关停这900家企业造成的减收以光伏一个产业的增收就可补偿了。

进而说，无锡市在落实科学发展观方面的行动也远不止上述六个方面，尤其不仅表现在科技进步方面。例如无锡在全国率先制定出新的“干部考核指标”。其中GDP增长指标的比重大大降低，以前一些只能增长的硬指标现在甚至允许负增长。这个做法得到有关上级部门的肯定并迅速推广到全国几十个城市的干部管理部门。又如2004年，作为政府职能转变和“阳光政府”建设的一个重要举措，无锡市再次在全国率先进行“参与式预算”试点。试点工作中，关系群众切身利益的公益事业、公众项目，由社区居民通过理性合法的形式来投票参与，落实了公民对公共事务的知情权、参与权，也极大提高了公共财政的使用效率。无锡市近年还注重文化产业和公共文化设施的发展，鸿山吴文化博物馆、中国近代工商业博物馆、何振梁与奥林匹克运动博物馆等一批传统及近现代文化博览展示场馆先后建成，丰厚了无锡城市的文脉。为了协调政府与市场的关系，培育企业自律精神，无锡市批准建立了各类商会组织，如徽商协会；而为了更好调动民间环保力量，无锡市通过取消登记的办法，鼓励民间环保组织的建立。所有这一切改善党的领导、转变政府职能的改革举措都被专家誉为“一场静悄悄的革命”。

总之，“十五”以来，无锡市通过产业升级换代的方式践行科学发展观，使当地的经济、政治、社会、文化、环境实现了更加协调稳健、更可持续和又好又快的发展。应该说无锡的经验对全国不少大中城市的发展具有一定的示范性。

二、丽江跨越式发展的追求

和长江下游无锡的发展相比，长江上游的丽江有些难以相攀。无锡在共和国建国之初差一点儿就被选作一个省城①；而丽江的地级市地位可以说是在 2003 年才被最终认定的。② 在前面提及的那份网上排行榜中，无锡名列第 10，丽江则在 330 余个地级市中排在第 294，其人均 GDP 只有 8300 元，折合 1195 美元。云南省在上述排行榜中最靠前的玉溪市名列第 93，而丽江与其还相隔 200 位。③ 显然，丽江追赶的路十分漫长。应该承认，这个少数民族聚居地区的经济发展还相当落后：经济规模很小，自然和人力资源禀赋不高，财政还不能自给。但就是这样一个城市，近两年却响亮地提出要“争当科学发展的排头兵”。这是否有些“好高骛远”的味道呢？

观察丽江近几年的经济社会发展的统计资料就会发现，丽江在撤地设市后的几年间，发展非常迅速，各项经济指标显著增长，连年以两位数速度爬

① 据说当年有苏南省和苏北省的区划设想，如果这样，苏南的盛会是无锡。但后来还是只有一个江苏省，省会为南京。

② 丽江于 2003 年被国务院正式批准撤地设市。

③ 省城昆明位列第 97。

高：2008 年，全市生产总值第一次突破百亿；其下辖的古城区在 2008 年第一次“实现了真正意义上的财政预算收支平衡”①。在丽江，旅游业极大地增加了当地就业机会，现在丽江城市就业人口约有 1/10 从事旅游服务，间接带动的更有六七万人；文化旅游业创造的增加值在丽江 GDP 中占有 10% 以上的比重。尤其值得注意的是，丽江在发展当中，还十分注重总结经验，从当地条件出发不断校准发展的战略、目标，不断提炼“丽江模式”，希望摸索出一条在西部欠发达的少数民族地区实现跨越式发展的特殊道路。

丽江的发展道路经几届党委政府的认真研究和推敲，最终概括为“六大战略”，即“文化立市、旅游强市、水能富市、和谐兴市、人才推动和全面开放”。这里前三项可以说是发展方向；后三项应该是发展条件。因此前三项的内在关联值得分析。我认为，当前在一个地级市推动文化大发展大繁荣，最有效的途径也许就是以旅游业为媒介。这时文化发展（“文化立市”）与旅游发展（“旅游强市”）是互为表里的两件事或者干脆说是一件事。丽江特有的高质量文化资源、旅游景观为这种两者结合的发展提供了绝佳的条件；而全球旅游需求的不断增加将为丽江的发展提供绝好的机遇。尤其是丽江古城、三江并流、纳西东巴古籍已经分别进入了联合国机构认定的自然、文化遗产名录，其保护工作拥有了国际性的美誉和殊荣。这就注定了丽江今后的发展只能是靠文化资源的培育、保护和利用；丽江的发展从根本上说注定是文化的发展。

在这些战略的实施方面，丽江有一些做法是相当成功的。如在城市建设当中充分考虑到丽江作为一个历史文化名城、一个著名旅游目的地城市的景观打造。有明确风格设计的“显山露水、穿衣戴帽”“拆墙透绿”措施，已经使丽江城市景观有了鲜明的传统民族文化表达：屋脊两端及屋檐四角微微的起翘、山花部位小小的悬鱼、街心绿地的小桥流水，与其为这座旅游城市

---

① 引自周鸿《树立新标杆，抢抓新机遇，迎接新挑战，为谱写古城区科学发展新篇章而努力工作——在中国共产党丽江市古城区第二届代表大会第二次会议上的报告》（2009 年 2 月 17 日）。

增添的亮丽相比，并未付出太高的代价。目前国内还没有几座城市能够如此统一和全面地对城市建筑风格进行规划安排。如果说我们每一个城市，在全球化背景下的发展都应该表现出地方文化表达的自觉，而这一点恰恰是科学发展观的内在要求的话，那么丽江在这一点上就已经成为了排头兵！从这些具有传统民族建筑风格的装饰细节及其传递出的鲜明文化意蕴中，我们不仅可以读出丽江各族人民强烈的发展意愿，也可以感受到丽江市委市政府在引导市场经济、促进社会和谐发展方面已经取得了极大的主动权。

又如丽江市领导懂得“文化立市、旅游强市”最终要靠（文化）内容，要靠人才，因此这个地级市通过项目合作将国内顶尖艺术人才的智能引进丽江，开发出一批享誉国内，甚至闻名海外的旅游艺术作品，如《印象丽江》《丽水金沙》《鲁般鲁饶》等；还通过引进云南大学旅游学院的方式使城市有了自己的高等教育机构。这是比经营城市建筑外立面更深层的战略举措，它们可以涵养这座城市的文化资源，从而保证丽江发展的可持续性。因此，如果丽江市委市府能够认准方向，抓住机遇，开拓进取，深化改革，持之以恒，那么成为科学发展的排头兵就并非一件十分遥远的事。

三、两种科学发展模式的比较

无锡和丽江的发展已经显示出科学发展的两种不同模式。无锡的科学发展是要爬坡，要上台阶；它的模式是渐进式的。无锡所谓的“一二三四五六”中，“一”是发展阶段定位，“二”才是实质性举措。其他几方面都是为两个轮即“先进制造业”和“新兴服务业”的滚动提供支持的。在无锡，科学发展的主要任务是产业升级，围绕产业升级的要求引进高附加值、高技术含量和低耗能低污染企业，提高新型服务业尤其是服务外包的比重，提高劳动者进而提高整个城市人口的素质。这种模式在东部沿海一些地区被形象化地称作“腾笼换鸟”。这种置换既是由产业发展自身的逻辑驱动的，也是由环境资源困境“倒逼”出来的。对于率先发展、经济体量已比较大、利益分配格局大致稳定的东部城市来说，这种循序渐进的发展模式也许是适合的。

而作为西部欠发达的高寒山地少数民族区域，丽江的科学发展模式与无锡完全不同。丽江的农业规模很小，技术水平也低；没有自身的制造业基础，甚至也没有太多可开发的资源。丽江的发展在很大程度上是依赖旅游业的兴盛的。换句话说，丽江发展的机遇是外向型的。丽江如果说有什么高质量的自然资源，那完全是省内外、国内外游客的消费偏好造就的，是现代化大都市生活的紧张与压力制造出来的急迫“休闲需求”与“反思需求”促成的，也是被丰裕都市所孕育的财富再分配动机促成的，是一种主要是“被看”的资源、因为不被改造和触动所形成的资源。那就是它的自然环境、人文景观和少数民族生活风情。因此丽江的科学发展模式必然是跨越式的，是后现代或后工业社会的旅游需求把前现代或工业化前的景观认定为新的人文资源。所谓跨越式，一是说它的现代化进程没有完成，城市发展包括基础设施的建设在很大程度上是利用上级财政专项实现的；二是说它的基础设施尤其是城市功能建设等必须直接瞄准有更好市场前景的第三产业，否则就会坐失良机。这样那段依靠工业尤其是传统重化工行业发展的路径是被跨越过去了的。也是因此，如何认识到、整理好、利用好、保护好和开发好这些宝贵的资源成为实现发展目标的关键所在；成为其发展科学或不科学的检验标准所在。应该说，丽江市的领导对此已经有相当深刻的认识，也进行了极富创造性的初步探索。因此“丽江模式”对于西部很多地区和城市有巨大的示范作用。

值得注意的是，无论无锡还是丽江，努力创办更高质量的高等教育机构成为这些地级市的强烈意愿。对于一个地级市而言，高级别文化人才并不太多，也不是总能够留在本地，因此文化创新能力不强。现在无锡不断地提示大家，无锡出了很多著名的教授学者、校长院士，但人们注意到，这些学术大家都不在无锡。而在玉龙雪山脚下上演的大型旅游情境表演《丽江印象》是借助张艺谋这样的大牌导演及其团队实现的。这里暴露出我们宏观体制有待变革的方面。没有像样的高等学府，一个城市（哪怕已经是人口众多、经济发达的地级城市）就不会有像样的书店和高素质的读者，就不会有良好的文化氛围，哪怕它本来已经是重要的历史文化名城。可喜的是，这样的状况正在改变。

四、科学发展的广阔空间

科学发展是一种极高的境界。当前无论是无锡还是丽江，似乎都希望各方面能了解并肯定其发展模式，认定其在科学发展道路上的先行者地位。这种愿望是良好的，也是可以理解的，但对于中国这个发展中国家来说，科学发展还有着巨大的前行空间。这时我们要思考，为什么科学发展必须用“以人为本，全面、协调、可持续”来界定。

（一）科学技术，还是人的创造力？

事实上，无锡的发展也是外向型的，无锡的产品主要是向外销售的、是为外销而生产的。这样它才超出了自给自足的区域性自然经济局限。但（从乡镇企业起步的）制造业是它发展的出发点和基础，因此它对外部需求的追踪总是有一个技术的中介环节，包括服务外包也是建立在某种技术的可能性之上的，而科学发展恰好不仅是依赖科学技术的发展。

例如无锡市发展“先进制造业”，近几年生产太阳能硅片的光伏产业发展迅速，而光伏产品虽会让世界变得更洁净，但其产品生产本身仍是制造业，还是劳动密集型产业；它的生产过程仍然可能排污。又如无锡建立了动漫产业园区，但如果仅仅是雇佣大批美术人才为外国动画片进行绘制加工，它也还只是个劳动密集型行业。而如果我们的眼光能穿透技术表层，深入到发展的基础层面上去，理解发展的要义是人的发展，科学发展要求以人为本，而人的发展从根本上说是人的创造性的充分释放，那么我们就会在无锡看到更大的发展成就。我们可以看到无锡市产业升级的更长产业链，无锡正大力打造各种本地品牌（比如“红豆”“永中软件”等），大力发展当地有比较优势的工业设计园区和创意产业园区；无锡市的企业正走到国外建立自己的生产园区，在为当地提供就业和发展机遇的同时也将利润拿回无锡。什么时候大批的“无锡制造”（“中国制造”）变成了无数的“无锡创造”（“中国创造”），什么时候科学发展观在无锡才实现了自己的内在要求。

在无锡全面实现小康社会各项指标之后，曾在全市各界展开过一场关于“无锡还缺少什么”的大讨论。这样一个标题如果是无锡人自己提出的，就多少有些踌躇自得的意思，而实际上这是一个外地游客的问题，完整的说法是：“无锡除了没有锡，还缺少什么？”话里话外似乎有某种批评的意味。无锡市领导敏锐地抓住这个问题，希望能迎接这种挑战。但这场讨论似乎还没有深入展开，为什么难以深入则更令人思索。

（二）第二产业，还是第三产业？

与无锡渐进的科学发展模式相比，丽江跨越式发展的模式似乎走了捷径：第一次现代化（工业化）没完成的情况下直接进入“第二次现代化”。“第二次现代化”期间，文化成了经济的资源。这时不仅经济过程中调用的知识流日益丰沛，社会产品不断下游化，终端消费品不断增加设计和审美的要素；而且人们对各式各样的文化产品、精神性服务有极其巨大的需求增长。进入这一轮现代化的国家都积极推动文化的经济化。于是，市场的竞争同时就是文化的竞争！可以说，瞄准了富裕、民主、和谐、文明的发展就内在地包含了文化发展的要求。有文化内涵的发展就这样直接成为对科学发展观的一份积极阐释。丽江把握住这样的机遇就能实现跨越式的发展。

当然，丽江本身不是发达地区，全球化给它直接链接后现代的机遇。对于丽江来说，有两点特别重要：第一，在后现代时期，正在崛起的产业就是包括旅游业在内的文化产业。随着富裕到来而迅速膨胀的有效需求就是文化需求，而能对这些需求予以最具现实感的满足方式就是旅游！这就是说文化发展与旅游发展是一而二、二而一的事。丽江发展战略（“文化立市”“旅游强市”）说明丽江看到了这一点。第二，全球旅游时尚的兴起也给文化带来一个新的特质。传统上，文化主要满足特定共同体内部的协调沟通需要，因此它总是讲民族语言和方言的，它表达更具特殊性的价值规范。而今，任何一种文化都必须更自觉地面对转型，它同时必须能发展出一个越来越强的对外表达、对外展示及与外部世界进行对话的功能。任何一种文化都将以其民族的语调阐述更具普遍价值的真理。文化对外功能的拓展才能支撑各个国家可持续的旅游产业。要自觉做到这一点是需要功力的。

例如在丽江发展战略的前三条当中，第三个战略，即“水能富市”（金沙江一库八级水电开发项目）一定要与前两项战略相协调，甚至为其让路，而绝不能让水电的开发破坏了景观资源，毁坏了有形或无形的文化遗产。而会不会出现战略性失误首先要看我们对世界经济新格局认识是否充分，对三次产业的关系是否能在新的发展背景下全面、辩证地理解。

在现有体制下，水电开发能给地方财政带来可观的进账，而旅游发展在当前主要是使当地居民富裕。因此这里有明显的利益区别，二者间有明显的竞争关系。这时地方政府要有更长远的眼光才行。在优先发展第二产业还是发展第三产业的问题上，不少地方政府曾在困难的选择中被眼前利益所诱惑，犯下战略性的错误。丽江尤其不应重蹈覆辙。在丽江的一些政府文件中，出现过“促进三次产业发展由主要依靠第三产业带动向第一、二、三产业协同带动转变”① 的提法。这个提法有一些深层含义值得再思考。我认为它的问题并不在于有某种倒退的意味，而是在于对第一、二、三产业的理解过于拘泥。其实，农业产业化就是让第一产业向第二产业转变；而观光农业是让第一产业向第三产业转变。因此，如果从产业升级的角度看问题，“第一、二、三产业协同带动”就是整个经济都向第三产业转化，并尤其注重传统第三产业向新兴服务业升级。所谓新兴或新型服务业中，文化内容产业占据重要位置。所以即使是水电开发也应该有文化、旅游、景观上的考虑和设计，或者说与旅游业发展协调考虑。

另外与无锡一样，以人为本要落实到人的创造力的自由释放上。对于可

---

① 参见王君正市长2008年2月25日在丽江市第二届人民代表大会第一次会议上所做的《政府工作报告》。

持续的旅游业而言，地方文化的活力问题、民族文化的原创与再创造问题是决定性的。这个问题在已经拥有了像《印象丽江》和《丽水金沙》这样成功的旅游艺术品牌后还必须长远谋划。

（三）可持续的经济，还是不断深化的改革？

科学发展是发展方式的转变，也是政府职能转换、体制机制的转变，而要做到这一点就需要有自觉的改革意识、改革精神。今天，我们“摸着石头过河”的各项改革正遭遇深水区，社会发展也面临更多风险，因此，科学发展要考虑转变实现的特定方式。

对于丽江来说，可持续的旅游业的关键在于提供源源不断的文化原创产品。旅游者的要求是不断提高的。当然，丽江独特的历史及少数民族民间文化也是处在不断变化当中的。一些文化可能在历史发展中湮灭了，如传统的茶马古道由于现代物流与商业供应渠道以及交易方式的改变而逐渐消失。而另一些创新的艺术表现形式也会产生出来，如宁蒗县也有了少数民族的男声三重唱组合；在束河古镇的街道上有了摄影工作室。现在的问题是，我们怎样才能创造一种机制、一种氛围，让那些质朴的、分散的、难以市场化的艺术原创集聚起来，相互激荡，成为丽江随处可见的生活方式，也在市场上成为大量供应的产品或服务。这时，因地制宜地建立一些集聚区是一种多见的国际经验。这些集聚区可以承担起孵化文化企业、文化项目和文化人才的功能，不仅提供行政和物业管理，也提供各种政策和金融支持。

集聚区能为地方带来经济效益吗？目前地方政府总是希望办工矿或化工企业，其原因就在于对这些商业组织容易组织税收，而旅游服务业、艺术品生产更多是个人和小型组织，征税较为困难。与此相类似的问题是知识产权保护。有人以为经济落后地区不宜过早建立较为严格的知识产权保护机制，但如果希望当地的文化原创得到激励、源源不断，那么没有知识产权保护就不可能实现。而创办文化艺术园区或集聚区恰好便于税收和知识产权保护的政策实施与执法。相信丽江坚持“文化立市、旅游强市”的跨越式发展道路对此会有较早的认识和施行的探索。事实上，丽江这样的城市，整个社会管理体制发育都不充分，因此政府还承担着过多经济职能，而政府深度干预经济未必是它擅长和应该的。

只有文化创造生生不息，时时涌现，艺术精品才会从中脱颖而出，而这时，旅游业才会获得持久增长的动力和后劲！这里我们也可以理解到，科学发展所要求的“可持续”不仅是一个生态学或资源学方面的要求，更重要的是对制度环境不断改善的强烈要求。这样可持续的要求就与持续的改革实践联系在一起。让我们看一下无锡新区 16 年的快速发展历程。

无锡新区起初只是中国各地常见的开发区、科技园区中的一个，面积最初只有 4. 5 平方千米，而经营上走的也是依托资金资源的外延式发展道路。但是随着经济规模不断加大、增长方式不断优化，新区的面积也扩大到 70 平方千米。这里的发展正由资本驱动向创新推动转变；从资源依赖向科技创业依托转变；从园区制造向园区创造转变；从工业经济向服务经济转变。新区以无锡 5% 的人口、资源和土地，创造了 17% 的财政收入，对全市的产业升级带动强劲。而更为重要的是新区正从单纯经济增长向社会全面进步转变。

新区的迅速扩张要求其服务业、市政设施和行政管理全面提升，新区有巨大的文化服务需求和深厚的文化资源（80% 的吴文化遗存在新区的鸿山），有强大的文化产业生产能力，但新区起初没有文化局和专职文化干部，没有文化馆、博物馆、图书馆、体育馆；同样新区也没有人大、政协机构。显然，不断扩张的新区有从一个工业园区（industrial park）向一个行政区位（administrative district）生长、过渡的要求。现在的问题是，本来小政府大服务、体制高效便捷、享有多项特殊政策的公共部门在发展中也存在变成一个完整旧体制的风险。[①] 而假如在生长过程中没有带入原有的体制弊端，同时保留了很多特殊政策或“一事一议”而来的便利，那么，经常制约各地发展的改革困局就可能被解开，新区就会成为改革中现实的“辩证法”。而新区的实

① 改革开放之初建立的一些经济特区，随着经济成就的取得尤其是经济利益的取得而越来越多地带上旧体制中的种种弊病。这个现象是值得深刻检讨的。

验一旦取得成果就可以反过来成为同级其他政府的改革示范。我们应该记住，邓小平同志当年力排众议，创立深圳特区的意义就在这里。但现在，“无锡还缺少什么”的讨论难以深入，长三角和珠三角几省区各大城市之间就改革深化互相上门取经、切磋，结果却是不清不楚。我们似乎有必要对特区政策的执行有一番重新审视。

当然，不断改革也带来了全面协调的问题，关键体制环节出现突破以后，一定会产生某些不平衡、不适应、不配套，因此要重新建立平衡，以使发展更为顺畅。政府把管理的重心从企业移到城市，全面协调的问题已经变得更突出、更繁重，但主动抓住机遇，深化改革，并进一步协调改革带来的新问题，这对所有希望成为科学发展排头兵的城市来说更为重要。我们注意到，无锡新区现在已经成立了专门的文化研究机构——吴文化与现代文化研究中心；我们更注意到，无锡市委市政府希望每个区都有自己的新区、特区、实验区。各级各类的特区将不仅具有强大的经济功能，也势必表现为优越制度环境的支撑功能，最终它将体现为社会进步和公民权利的全面落实。可持续发展在这样的意义上就超越了单纯的经济学和生态学的含义。事实上，不仅自然生态需要可持续，人文环境更需要可持续。

通过无锡和丽江两个地级市贯彻科学发展观实践的检视，我们可以清楚地看到，科学发展观没有统一的模式，在东部发达地区和西部欠发达地区不会有完全相同的做法。但“以人为本，全面协调可持续”是其共同的精髓要义。贯彻科学发展观是发展方式的调整，是引导发展的战略姿态的调整，是领导艺术经过自觉策划后的精彩提升。当产业调整达到了实现人的实时创造时，以人为本的维度就被敞开了；当城市的管理日益精细，地方性文化认同同时被表达出来时，全面、协调的整合度就达到了最优；而坚定、灵活地运用“特区”这一体制改革通用工具，使体制创新连续不断，社会发展才成为可持续的。这时，不仅一个个阶段性目标被逐个夺得，而且有中国特色的社会主义的最终目的在阶段性目标实现的同时被呈现出来。这是一种新的境界。

今天人们应该重读党的十七大报告。这个报告开篇就说：“大会的主题是：高举中国特色社会主义伟大旗帜，以邓小平理论和‘三个代表’重要思想为指导，深入贯彻落实科学发展观，继续解放思想，坚持改革开放，推动科学发展，促进社会和谐，为夺取全面建设小康社会新胜利而奋斗。”这里解放思想、改革开放是实现科学发展的前提。报告号召：“全党同志要倍加珍惜、长期坚持和不断发展党历经艰辛开创的中国特色社会主义道路和中国特色社会主义理论体系，坚持解放思想、实事求是、与时俱进，勇于变革、勇于创新，永不僵化、永不停滞，不为任何风险所惧，不被任何干扰所惑，使中国特色社会主义道路越走越宽广，让当代中国马克思主义放射出更加灿烂的真理光芒。”这里对风险和勇气的强调令人警醒。

本文发表于彭立勋主编《文化科技结合与创意城市建设——2010年深圳文化蓝皮书》，中国社会科学出版社2010年版，第101－116页。

打造本地艺术市场，营造创意通州，推进国际新城建设

一、机遇与目标

通州国际新城建设显然是通州实现跨越式发展的一个重要契机。由北京市委市政府成立协调机构，并由市政府出台《加快推进通州现代化国际新城建设行动计划》，大大提升了通州区经济社会发展的规格，也将引入更多政策支持和财政资源。我们把《通州区国民经济和社会发展第十二个五年规划纲要》（以下简称《通州十二五规划纲要》）看成是对市政府这一战略意图的具体落实。我们将在对其予以充分肯定的基础上也提出我们的一点儿看法和建议。

国际新城的建设对于通州发展来说是跨越式的，就是说它将告别传统郊区按部就班发展的思路和节奏，一步跨上首都主城区建设的新高度。我们不仅看重这其间“纾解中心城区城市功能”和“加速城乡一体化进程”的常规要求，还特别看重其间“拓展世界城市新增功能”的超常要求。我们相信北京市打造世界城市的愿望是真诚的，这是中国发展对它首都的必然要求。因此通州国际新城的成功打造就是北京成为世界城市的开始。与此同时，我们也相信这个目标的实现将面对极大的挑战甚至困难。

毋庸讳言，当今时代任何一个世界城市的打造尤其是一个发展中国家或“金砖国家”打造新的世界城市都应该有其文化上的目标，应让它首先成为一座有文化理念和艺术表现的城市，也是一座具有较强文化创意产业的城市。或者说，今天的世界城市首先应该是一座创意城市。《创意城市》一书的作者认为，对于创意城市的打造而言，文化创意资本比金融资本更重要，必须

“以创意为通货”①。相形之下，《通州十二五规划纲要》中“文化创意”仅仅作为着力培育的“四大新兴产业”之一，位于重点打造的“三大产业”之后，对于世界城市的打造来说似乎有些不够“给力”。

这么说有两个方面的含义。一是当前的世界，“文化创意产业”的概念已经不再“前卫”。按照兰德利的说法，文化产业变成创意产业之后，又出现了“创意经济”和“创意阶层”的阶段，再往后是“创意城市运动”②。英国人要打造“创意英国”，欧洲人接着就要求打造“创意欧洲”③。这些概念之间有着发展阶段上的递进关系。因此重要的不仅是通州国际新城中要有一个创意产业，而且是通州新城要按照创意城市的方式来打造，进而推动整个北京的世界城市打造。

第二，“三个北京”的发展战略来源于奥运会的举办，“科技奥运、绿色奥运和人文奥运”在奥运结束后变成了“科技北京、绿色北京和人文北京”。而在“三个奥运”当中，显然“人文奥运”是一块短板。在为奥运新建的几十座场馆中，我们还没有看到一座建筑具有鲜明的人文表达，并因此将中国文化与世界其他文化具体地连接在一起，进行持久的对话，从而形成一个历史的坐标。无论是“鸟巢”还是“水立方”，彰显的都是“绿色”或生态的概念以及“科技”的概念。我们坐失了一个百年一遇的机会。事实上北京如何可以有其今天的人文表达，如何可以成为一个世界城市迄今仍是一道有待破解的难题。现在我们要向通州国际新城建设寻求答案！

对通州国际新城的愿景可以有何种期待呢？我们可以向兰德利那样向通州国际新城要求一种人文景观表达意义上的“氛围”（milieu）④ 吗？可以想象通州国际新城中有一座由文化、教育、行政、市场从四面围合，并成为地

① ［英］查尔斯·兰德利：《创意城市：如何打造都市创意生活圈》，杨幼兰译，清华大学出版社 2009 年版，第 5 页及其后。

② ［英］查尔斯·兰德利：《创意城市：如何打造都市创意生活圈》，杨幼兰译，清华大学出版社 2009 年版，第 11 页。

③ Danielle Cliché，etc. *Creative Europe*.

④ ［英］查尔斯·兰德利：《创意城市：如何打造都市创意生活圈》，杨幼兰译，清华大学出版社 2009 年版，第 9 页。

方媒体永远聚焦的城市广场吗?[①] 还是说，这仅仅是地球上一个新的曼哈顿?!

我们可以谦虚地说，通州只是北京城市的一个区域，我们不能独占北京的鳌头。但《创意城市》的副标题叫做“如何打造都市创意生活圈”，我们总可以打造一个都市创意生活圈吧?! 这是一个市民趣味盎然的生活区域，也是与一个创意型政府的高效谋划、运作分不开的。实际上，全球化背景下的国际新城首先就要有地方性，或叫地方认同；用兰德利的话说是“极度全球，极度地方”[②]。那么什么是地方性或地方认同呢? 地方性当然与地方性历史遗产有关，例如通州有著名的燃灯塔，我们现在正想把它重新点亮。但更重要的不是遗产，而是不断的创新。没有创新，遗产就处于不断湮灭的过程中。反之，没有太多遗产的地方完全可以锻造出地方性。“地方”来自“首创”(或叫“创制”)。地方性是创造性的本地“绽放”，是集聚产生出的成就感和凝聚力，是对集体创新事件的“追认”(entitlement)。今天，中国宋庄的名气也许比燃灯塔更大! 所以我们必须知道我们打造国际新城的真正目标是什么；通州国际新城打造与创意城市运动是什么关系。

二、艺术产业与艺术人才

一切发展的最终目的是人的全面发展。发展中最难的也是人的素质的提高。通州要实现跨越式发展、建成国际新城，首先就要想想将来在这里生活、工作、学习着的是怎样的人。《通州十二五规划纲要》中反复提到人才的问题。其实不仅是高端人才，我们的普通市民、我们的公务人员、我们的商业销售人员、我们占人口大多数的市民，他们的素质才是更重要的问题。未来的国际新城一定会有一定数量的外国侨民，一定会有从世界各地到这里从业

① [英] 查尔斯·兰德利:《创意城市: 如何打造都市创意生活圈》，杨幼兰译，清华大学出版社 2009 年版，第 182－184 页。

② [英] 查尔斯·兰德利:《创意城市: 如何打造都市创意生活圈》，杨幼兰译，清华大学出版社 2009 年版，第 70 页。

创业的特殊人才，我们怎样才能保证他们在这里待得住、留得下，身心愉快，有归属感？这不是个将来的问题，而是现在就存在的问题。

其实各地都不绝对地缺乏人才，而通州在一定意义上是人才积聚的地方。我们认识到这一点并自觉地调用这些人力资源了吗？海尔布伦和格雷专门分析过艺术家数量在总人口中的比例对地方经济规模的影响。他们注意到，自1980—1990年间，这个比例在美国各大都会地区都有快速增加的趋势。他们发现，“在整个美国中，每10000人当中的表演艺术家人数在1980年为9.75名，1990年为11.24名”①。而在大都会地区，“艺术家密度”更高。纽约的造型艺术家在1980年为万分之17.5，1990年为万分之17.62。洛杉矶的表演艺术家1980年为万分之37.51，1990年为万分之41.67。② 那么通州的情况如何呢？我们可能还没有太精确的数字，但据宋庄镇的介绍，这里生活着大约4000名画家（造型艺术家）；而据北京现代音乐学院有关同志的介绍，在九棵树地区生活着大约3000名音乐人（不是指学生，而是毕业生等）。仅这两项相加所得7000人，与通州区130万常住人口之比就达到了万分之53.84，堪与纽约、洛杉矶相媲美（纽约的表演艺术家万人比低于洛杉矶；而洛杉矶的造型艺术家万人比低于纽约，参见同上）。

海尔布伦和格雷的研究关注的是艺术产业的经济影响。他们将艺术的经济影响分为直接消费、间接消费和引致消费。他们通过纽约－新泽西地区1982年一项调查的数据分析，相信整个艺术产业对总经济影响的乘数效应平均值是2.03③，即直接艺术消费1美元可拉动2美元略多的总消费。而在纽约市，当时人均年各类艺术消费高达到181.7美元④。纽约市今天大约有839万

---

① ［英］詹姆斯·海尔布伦、查尔斯·M. 格雷：《艺术文化经济学》，詹正茂等译，中国人民大学出版社2007年版，第344页。

② ［英］詹姆斯·海尔布伦、查尔斯·M. 格雷：《艺术文化经济学》，詹正茂等译，中国人民大学出版社2007年版，第343页表15－1。

③ ［英］詹姆斯·海尔布伦、查尔斯·M. 格雷：《艺术文化经济学》，詹正茂等译，中国人民大学出版社2007年版，第353页。

④ ［英］詹姆斯·海尔布伦、查尔斯·M. 格雷：《艺术文化经济学》，詹正茂等译，中国人民大学出版社2007年版，第356页。

人口，20 世纪 80 年代应比现在少一些，但按 800 万人口计算，纽约的年艺术消费就有 14.56 亿美元。这就是那些集聚在大都市里的艺术家所造就的经济影响。那么，人口比例与之相当的通州艺术家们将创造多大的经济影响呢?

对于通州国际新城来说，艺术的直接经济影响还是次要的，重要的是它会成为吸引众多各类人才到国际新城创业或工作的“新磁极”。海尔布伦和格雷的研究承认，尽管艺术的存在能够有助于将企业吸引到大都会地区，从而促进当地的经济增长，但对企业选址因素的研究还不能证明艺术与文化具有决定性的影响。但有研究表明，美国很多政府官员倾向于认为，艺术产业的存在“是对社会文明和文化总水平的一项重要的指示器。它的存在意味着当地社会是进步的，富足的，自我关注的，并且是积极向上的”①。相信对于吸引全球化时代国际人才的入驻，当地艺术产业的存在及远播的声名是更加重要的。而对于今天通州的政府部门来说，我们不仅要眼睛盯着外国看，首先应该盯着本地看。作为地方政府，我们提到的那些艺术人才已经被当作通州人或“新通州人”看待、管理和服务了吗?东部地区许多城市中的“新市民”是西部来的农民工；而到通州来的“新市民”竟然是高素质的“人才群”！这是我们打造创意城市首先就必须关注的问题。

三、本地艺术市场的培育

宋庄艺术家群落是海淀区送给通州的一份厚礼。今天中国宋庄声名远播。不少艺术家的作品远销国际市场，而当地村民与艺术家们的生态依存关系也变得紧密。我们已经看到许多规模相当大的美术馆建在了小堡村周边，其中一些有常年的美术品陈列和销售；这里还有一些美术用品商店开业；等等。但我们不知道他们每年的产值是多少，他们的作品销售到了哪里。同样，据说有 3000 音乐人、500 个工作室和 50 多个录音棚的九棵树数字音乐“产业园

① ［英］詹姆斯·海尔布伦、查尔斯·M. 格雷：《艺术文化经济学》，詹正茂等译，中国人民大学出版社 2007 年版，第 363 页。

区”也因为社会需求的存在而生长起来。北京现代音乐学院有着与中央音乐学院、中国音乐学院都不同的音乐发展及功能定位，成为这个产业园区的核心。但这个园区至今是潜伏着的，除了北京现代音乐学院的校园，我们看不到其他音乐产业机构的招牌或广告，不知道它们做了多大的市场，进行了多少版权交易；这里也还缺少具有较大影响的“音乐事件”发生。也许我们会觉得这些文化人习性散漫，他们的创作甚至可能带来麻烦；他们的生产规模很小、很分散；他们本能地倾向避税；等等。因此，我们对他们听之任之，任其自生自灭。但是当我们准备打造国际新城的时候，这些看似零散的文化艺术资源变得弥足珍贵，而且绝大多数的艺术家首先要考虑谋生问题。因此在我看来，没有形成成熟的当地市场才是真正的问题；没有让这些资源在谋生动机驱使下成为规范的商业活动和艺术交易才是问题；政府有意无意地回避才是真正的问题。没有市场，这里的社会问题才会更多地变成政治问题或治安问题，而资本实际上是相对保守的。

市场不都是自然形成的，尤其现代的、规范的市场要靠政府培育、引导和规范。科学发展观不仅要求我们调整经济结构，加快文化产业和文化市场的发育，而且要靠文化产业的发展改善经济质量、经济结构，改善市场管理水平。

应该说，艺术品市场和音乐版权市场在政策上都是开放的，但现在市场里的企业不多。企业是将分散活动的艺术家通过作品交易过程初步集中起来的市场主体。所谓培育市场就要让这些文化企业浮出水面，挂牌经营；要让原先非正式的场外交易浮出水面，规范经营；要让很容易流散到外地进行的版权、著作权交易回到本地，就地成交。我们要为这些交易搭建本地平台。应该说，艺术家们的集聚已经使当地市场的搭建水到渠成。艺术家的创作活动很可能是个性化的、分散的，但现在他们已经意识到集聚的益处。对他们来说，集聚可以降低他们的创作成本，他们可以很方便地相互学习和交流，一些设备或材料可以公用共享，并且通过交互的刺激产生更多的创作灵感，同时也可以遇到更多交易机会。[①] 这种集聚是本地市场形成的重要前提。而本地公开市场进行集聚性的交易就可以带来另外一个方面的益处，即为消费者带来交易成本和信息成本的降低。[②] 这又是本地市场可能持续发展、做大做强的一个重要条件。

为了打造本地艺术市场，有几个工作需要抓紧去做。以造型艺术为例，我们首先应该关注几个“中间”部分。一是关注处于中游的艺术家群体。已经成名的艺术家不用太多地考虑生计问题，但那些即将成名的艺术家有更强烈的市场动机，他们愿意为市场进行创作。我们要关注甚至引导他们对那些普通题材（如风景、静物等）的创作。二是要考虑中等规模的画廊。这些画廊是本地市场常年经营的主体。中等规模的画廊所需资金不多，经营成本较低，也很容易调整经营取向及所经营画作的内容和风格；并且在它们之间可以形成一种较为积极的竞争关系。在 10 年前的韩国首尔和今天的越南河内，都是这种规模不太大、数量却很多的画廊在推动当地艺术市场的形成。三是注意本市中等或中上等收入水平家庭的艺术消费习惯培养。台湾的经验表明，人均 GDP 达到 6000 ~ 12000 美元之间的水平是艺术市场形成的机遇期。而现在，同等价格在近郊区可以买到更大面积的住房，这一趋势使中等收入家庭向郊区迁徙的数量增多，他们面积改善的住房将导致一定量的艺术品原作需求的较早形成。总之，我们首先要考虑的不是世界级大师的作品创作，也不是国内重大题材的杰作诞生，而是能够挂在市民家中的原创艺术商品的上市。这里画廊是关键环节。对于音乐产业而言，中小型表演场所及音乐活动的开展是关键环节。这项工作也可以与目前通州努力打造的文化旅游区建设结合进行。本地艺术市场的重要性在于较为理性、较为成熟、较为稳定，相对主城其他商业中心价格也稍低廉的艺术品产地价格的形成。这才可能对整个北

---

① ［英］詹姆斯·海尔布伦、查尔斯·M. 格雷：《艺术文化经济学》，詹正茂等译，中国人民大学出版社 2007 年版，第 15 章。

② ［英］詹姆斯·海尔布伦、查尔斯·M. 格雷：《艺术文化经济学》，詹正茂等译，中国人民大学出版社 2007 年版，第 9 章。

京及周边地区的艺术品消费者产生吸引力。

其次我们应该注意相关艺术产业市场链的打造。九棵树数字音乐产业集聚的经验表明，一座各种制作设施和师资整齐的音乐教育机构（即北京现代音乐学院）的存在具有行业核心凝聚力；它不仅在专业设备上可以为相关企业提供服务，还为这个行业不断地输入新的人才。宋庄附近的美术培训业也应该有意识地做大。在这里学生们可以得到多方面的见习。我们应该明确地认识到，产业链的近端首先就是相关技术设备的销售和服务、艺术教育与展示，相关的则有摄影或图像类出版工作室等；而当地更加便捷和优质的商业、餐饮及银行服务是产业链的远端。同时我们还知道，音乐人和美术人的住地与产品销售地之间的距离是有差异的，美术人往往可以距产品销售地更远。因此宋庄艺术品市场的打造的确需要有紧迫感，必须在画家们逐渐转移之前把画廊及相关市场链做出来。

第三，为辅助当地市场的打造进行集聚区建设势在必行。然而国内目前的集聚区或产业园区建设大多有名无实。有些集聚区只有集聚而没有园区，另一些产业园区只有房屋建筑、物业管理而无政策服务。我们所说的集聚区或园区首先要求有政策优惠；其次要有金融支持；再次要有相关技术设备的公共服务。集聚区的打造可以说是政府的经济职能，政府出钱（甚至带头兴办一两家中等规模画廊）也在所难免，但这种财政支出也必须是间接的、高效的和可退出的。所谓间接是说它的目的是为了培育市场，而不是培育自身；所谓高效是说能撬动市场及民间投资；所谓可退出是说一旦市场成熟，政府就不再负担，不再在其中谋利。这才是真正能落实社会公正而不导致新的社会不公的公共服务。而集聚区作为政府派出机构与艺术家个人或小群体打交道也许还可以借助行业自律组织的中介。

第四，无论从集聚区的角度还是市场链的角度，艺术评论都是一个不可缺少的功能性环节。这种批评在一定程度上是市场化的（关注价格、产量和投资），同时也具有艺术发展史、鉴赏和技巧以及市民趣味的分析；包括不同的意见看法和声音。这种评论要依托各类地方媒体：面对面的（如讲座）、纸介的、广电的或网络的。这样的媒体会强化通州国际新城的地方性特质，培育新通州人的地方认同感和自豪感，体现通州本地的生活质量。①

现在我们可以总括一下我们的观点：第一，通州国际新城建设为通州的发展提供了一个科学发展、跨越式发展的机遇。应该说，今天的通州并没有新的自然资源被发现，生态环境的压力越来越大，因此通州的发展只能向文化要动力。但通州的传统文化资源遗存并不很多，现代传媒业不发达而且还受到制度制约而难以发展。但它的艺术家集聚是一个巨大的资源和潜力。激活这个资源就可以为国际新城、创意城市的打造孕育一种极具凝聚力和吸引力的声誉和氛围。而交通条件的不断改善将使越来越多的创意人才与投资商、游客和消费者进入这个地区。

第二，通州及周边地区具有独特优势的艺术家资源并没有得到充分认识和评价。其根本原因就是它们还没有形成可见和规范的当地艺术品市场。因此现在的任务就是要让这些潜在的市场浮出水面，并迅速形成影响和声誉。美术品和音乐制品市场将在通州一南一北形成对国际新城的文化烘托。

第三，为了培育这个市场有几项政策性措施是必须要采取的。1. 培育中等规模、市场取向的画廊，让音乐工作室注册成为企业（小微企业）；2. 培育不断变长变宽的市场链；3. 构建具有各种政策、金融、装备服务功能的艺术产业集聚区；4. 在国际新城核心区形成一批与当地艺术批评相关的各类媒体。这样创意通州的“氛围”才会出来，才会产生连锁反应和裂变效应。

总之通州国际新城建设只能通过创意城市打造去实现；创意城市打造要通过文化资源激活来实现；文化资源激活则要靠当地艺术品市场培育来实现。作为结尾，引用兰德利的话：“创意城市事关释放、利用并授权那些无论是源自科学、艺术、技术，还是社会事务等的人与组织的潜能。”② 请注意这里

① ［英］詹姆斯·海尔布伦、查尔斯·M. 格雷：《艺术文化经济学》，詹正茂等译，中国人民大学出版社 2007 年版，第 181、363 等页。

② ［英］查尔斯·兰德利：《创意城市：如何打造都市创意生活圈》，杨幼兰译，清华大学出版社 2009 年版，第 33 页。

“释放、利用并授权”这三个动词的含义。我认为他是在强调文化艺术市场的作用。如果我们地方领导也希望打造本地艺术市场，进而营造创意通州，并以此推进国际新城建设，那么让我们从认真的、市场化取向的调研和相应的政策设计、制度创新开始做起！

本文一个精简后的版本刊登在北京市社科联、通州区委区政府编《打造现代化国际新城，提升文化软实力研讨文集》（上）；而更简短的发言在通州的一个研讨会上发表。

西湖：一个城市公共文化设施的管理创新

严格地说，公园是现代化的产物。传统社会只有士大夫的私家园林和皇帝的皇家园林。而杭州得天独厚，自宋代起几经疏浚，西湖被有心无心地打造成一个规模可观、名闻遐迩的“公共园林”。围绕着西湖逐渐形成了四十多处名胜及三十多处重点文物古迹。进入现代社会以后，随着杭州城市面积、人口的增加，建筑物高度和密度的增加，西湖从一个郊野公园变成了被高大建筑物环绕着的都市中央公园。

西湖不仅是风景和环境，也是一座露天、亲水的历史人文博物馆，是一处极具高质量唯一性的公共文化设施。历史上，西湖景区一直不售门票。新中国成立以后，杭州市园林文物局对其进行管护。这种情况在20世纪80年代以后发生了改变：西湖周围各景点画地为牢，纷纷圈地售票。国家在进行市场经济取向的改革，原有文化事业单位也要“以文养文”。但有关部门并没有意识到，市场经济的诞生、私人领域的出现，恰好同时呼唤着公共领域和公共服务的新生。西湖这一大面积公共园林被划分成若干景点进行市场化运营，景点的经营者只对自己辖区的经济效益负责，只是消耗西湖的历史文化资源，不会对整个西湖景区进行长期投入。结果当地市民望而却步，自然文化景观质量和游客的观感都大打折扣。无论对市民还是游客这都算不上有益的制度安排，人们只能无奈地接受这种现实。人民不知道自己是否具有这种公共权益，也不知道政府是否应该提供相关公共服务。但自2001年起，情况发生了变化，仿佛历史的钟摆又摆回来了。市场经济的高速发展给杭州带来了较充裕的财政收入，更重要的是，单纯的经济增长也带来了更多的社会问题、环境问题。杭州这座城市的发展战略现在要经历自觉和重大的调整。公共服务的问题在城市战略调整及相应的政府职能转变过程中变得清晰起来。

此后的西湖发生了一系列的变化：景观的变化是外在的，而公共管理体制机制变化是根本性的、内在的。

一、城市发展战略实施中的公共文化投入

2001年起，杭州市分期实施西湖综合保护工程。迄今政府总共投入建设资金超过50亿元。通过工程，西湖的水面扩大到6.5平方千米，环湖道路延长至38千米，发掘出几十处新景观。先后改造、开放了西湖南线、杨公堤、新湖滨、梅家坞茶文化村和北山街，重现了“一湖映双塔”“湖中镶三岛”“三堤凌碧波”等历史景观，形成了“东热南旺西幽北雅中靓”的西湖新格局”。经过整治，湖水的透明度有了明显改观。西湖再度焕发了青春。政府这只“看得见的手”做了一个大动作。

更令人惊讶的是，政府如此大的投入，换回的竟是西湖景区大规模的免费开放。西湖重新成为一处公共文化设施。“2002年10月西湖风景名胜区在西湖南线景区整合工程结束后，将西湖南线的涌金公园、柳浪闻莺、学士公园、长桥公园等四大公园以及中山公园实施免费开放；2003年10月西湖综合保护三大工程完成后又免费开放了位列‘西湖十景’的花港观鱼、曲院风荷以及杭州花圃；2004年10月又对西湖综合保护工程整治后的15个历史文化景点中的13处实行免费开放；此外，2003年5月18日，国际博物馆日，杭州市园林文物局所属的西湖风景名胜区内六大博物馆、纪念馆也实行免费参观游览。2002年西湖综合保护工程启动至今，西湖风景区免费开放的公园景点（博物馆、纪念馆）共53处，占西湖公园（博物馆、纪念馆）总数76处的70%。没有围墙、不收门票的完整西湖将自己的每一寸绿地和每一处景观还给了广大市民和游客。”①

近年来许多地方纷纷兴建标志性文化基础设施，不少城市第一次拥有了

① 引自杭州西湖风景名胜区管理委员会《杭州西湖公园景点免费开放评价》。

自己的大歌剧院、音乐厅、体育场、图书馆或博物馆。这当然是社会进步、文明昌盛的表现。但这些设施建成之后，普遍遇到经营难题。由于没有足够的演出、比赛安排，或是没有足够的读者或藏书，这些公共文化场馆甚至连维护费用都成为负担。这显示出传统公共文化投入机制盲目、无效的弊病。而公共文化服务体系的构建不是向传统计划经济体制的回潮。杭州市的西湖综合保护工程及其一系列后续举措是整个城市可持续发展战略的一个组成部分。

作为省会城市，杭州首先不能再靠扩大发展制造业维持增长。2001 年以来，杭州市委市政府已经明确了“构筑大都市，建设新天堂”的城市发展战略定位，他们要抓住一切机遇，重点推动旅游、会展、网络、动漫及演艺等文化产业的发展，从而率先步入所谓“第二次现代化”进程。杭州认识到，西湖是这个城市的精美名片，它足以引来八方客；而所有杭州现在想要发展的产业都将以旅游业为龙头，或与它密切相关。正是这种认识使杭州市意识到走活西湖这步棋，城市总体战略就满盘皆活。

杭州市大规模整治西湖的目的有两个。一是“还湖于民、还绿于民”。这是针对当地居民的。当西湖周边景点被一一围上以后，市民的游园权利受到了限制，低收入阶层的权利甚至干脆被剥夺了，市民的归属感或说城市的凝聚力因而降低。现在要扭转这种局面。二是“精致和谐、大气开放”。这是针对外地游客的。一个巨大景区被无端切割，还要频频购票，这样的旅游体验实在说不上美妙。“一段充满紧张的休闲历程”听上去就是自相矛盾。这种局面也要扭转。因此要加大公共投入，拓展景区，并且免费开放，西湖这步事关全局的棋才能走活。现在人们总是在讲贯彻科学发展观，构建和谐社会，而杭州已经把人们还在说的、还在思忖的事实实在在地做了出来。

做好公共服务是一件很复杂很困难的事。不仅要准确把握公众的公共需求，进行正确的公共决策，而且要管理好公共项目的实施，通过各种方式的绩效评估检验公共服务的效率。50 多个亿的建设投资，加上本来可以收入而现在放弃的每年 2600 万元的票款，究竟换回了什么？如果按计划经济的思路，投入50个亿，西湖湖面、湖滨道路、景区面积和景点数量都增加了，西湖文化资源状况得到极大优化，这已经可以满足了。而现在不再是这样。通过对公开媒体的搜寻，人们还可以查找到下面几笔账。这说明，市民对公共投入的效果还是很关心的。

第一，政府投入50亿，但是，如果游客在杭州逗留时间平均增加24小时，杭州的旅游年收入将增加100亿。这是所谓的“241”算法。统计数字表明，免费开放是成功的。2003年“十一黄金周”新西湖第一次亮相。7天内杭州景区客流量达507.42万人次，创历史新高，共接待外地游客290.02万人次，同比增长60.68%；旅游收入达14.78亿元，同比增长51.43%。杭州的宾馆饭店在大量增加的情况下，客房出租率仍高达81.54%。[①] 这就是说，第一个黄金周七天的旅游收入比头一年多出5个亿。政府投入的1/10已经回来了。2004年，杭州接待国内旅游者人数突破3000万，达3016万人次，比历史最好年份2003年增加了240万人次。接待过夜入境旅游者人数达123.41万人次，相当于每晚有近3400人次的外地客在“天堂”过夜。[②] 据说，“免费西湖”还产生了“辐射效应”，使距杭州不远的绍兴大受其益。绍兴鲁迅故里、东湖、沈园、兰亭等景区的游客人数和旅游收入有大幅增加，其中至少有一半以上的游客是在到了杭州之后去绍兴的。

第二，据杭州市园林文物局测算，西湖沿湖公园原来一年的门票收入大约是2600万元。西湖“免票”后，公园在安全、保洁等方面的投入比以前增加，里外里差了6000万元。而且这成了一项经常性的公共投入。但是，猛增的人流也造就了商机。景区内商铺使用权每年的拍卖收入因此大增。西湖南线改造后，首批推出的商业网点，每平方米10年经营权最高拍卖到8.8万元。估计每年能产生5000多万元的收益，与投入基本持平。

第三，西湖景区的开发引来大批游客，景中村的农家茶楼应运而生，生

① 数据引自万斌等编《浙江蓝皮书：2004年浙江发展报告·文化卷》，杭州出版社2004年版，第14页。

② 参见涂孝丰《西湖巨网捕鱼背后的经济学意义》，2006年2月21日《杭州日报》。

意火爆。据统计，现在梅家坞、龙井村和杨公堤一带的茶楼总计有 1200 余座。每户的年收入都在 10 万元上下。这样每年又有了一个多亿进账。

第四，杭州西湖的美誉度和无形资产在迅速增加。2005 年，西湖被《中国国家地理》这本中国最权威的地理名刊评为“中国最美的湖”。2005 年 8 月 26 日，美国《福布斯》中文版公布了 2005 年中国最佳商业城市排行榜，杭州荣膺前 10 名中的第一。2003 年起杭州还连续两年被世界银行组织评为“中国城市总体投资环境最佳城市”第一名。这份研究报告显示，长三角和珠三角地区的城市投资环境最佳。而在长三角和珠三角的 23 个城市中，杭州市获得的综合评级最高，为 A +，超过了上海。

媒体尚未计算的收益还有杭州市民增加的幸福感。上述 2003 年“十一黄金周”的游客中有 200 万是当地人。一个省会城市几百万的户籍人口，加上百万以上的流动人口，让他们都有一个放松休闲的好去处，让他们能更愉快地工作学习并且更多地纳税，同时增加他们的归属感，政府投入多少钱是恰当的呢？显然，西湖的改造已经提升了整个杭州的城市竞争力及美誉度。透过数据人们可以清晰地看到，社会效益与经济效益在杭州是浑然一体的；文化与市场不是两张皮；西湖的公共文化投入不是单纯的“作秀”，反而很能体现浙江人的精明。

二、以体制机制创新提升绩效

西湖免费开放，成为了由财政负担的公共文化设施，而无论国际经验还是原有文化事业单位的历史都表明，公共服务单位的成本会高于市场。公园不收门票，显然使这些单位的“活钱”少了。所有的经费都由财政拨下来，监管势必严格。管理部门的积极性如何调动呢？如果工作人员没有足够的积极性，公共文化服务的质量势必就会掉下来。杭州市和西湖风景区是通过体制创新、强化管理来解决公共服务的绩效问题的。

体制机制的创新表现在两个层面。首先，市政府创新了西湖风景区的管理体制。西湖的管理原来属于杭州市园林文物局，但它只负责管理景区的文物和园艺，是市政府的职能局。环湖的一些地区行政上原来隶属上城区。由于行政区划不统一，湖边历史上已形成了不少违章建筑，严重影响景观的质量和湖区的开发。2002 年，确定了发展战略的杭州市政府对相关区域进行行政区划调整，在原杭州市园林文物局的基础上正式成立了西湖风景名胜区管理委员会，赋予其包括湖面近 6 平方千米在内的共 60 平方千米区域的行政职权。现在的管委会就是西湖周边区域的一个特殊的区级政府，有编制，有规划、公安、交通、工商、环卫等多达 16 项政府权限，它管理着 1 个街道、9 个自然村和 6 个社区。西湖的行政管理体制创新了，管理权限全部统一了。经管委会修订的《西湖水域管理条例》也由市人大通过，省人大正式颁布。西湖的开发、建设、管理进入了一个新的历史时期。

杭州市园林文物局成了西湖风景名胜区管理委员会，责任重大了许多，以前只管花草树木果皮箱，现在要对湖区周边整个社会状况进行 24 小时不间断的监管。西湖风景名胜区管理委员会因此制定了严格的管理责任制。这是新的内部运行管理机制，干部和职工都要定期经过考核。员工的工作，有明确的考核指标和监督部门。如对保安人员要求巡查不脱岗，西湖风景名胜区管理委员会自 2003 年起在景区安装巡更仪，值班人员到位打卡。核心景区还安装了红外视频监控系统，265 个探头将景区实时状况随时提供给监控中心。卫生状况、游客流量、交通事故、设施故障、治安事件都可以及时得到处理。管委会成立了专门的水上援救中心，只要湖面有游船，援救中心就有人值班。援救中心的成员有从部队复员的潜水员。他们配备了快艇、对讲机，能有效保障水上安全。山林防火、野生动物保护也有专门的管理体系，有专门的防火指挥部。西湖周边迄今已有 18 个年头没有发生过森林火灾。

干部的责任更为重大。为了保证景区的事随时有人管，景区要求所有下属单位的“一把手”手机 24 小时开通；“一把手”不经请示不得离开杭州市区。景区要求每天 18 小时保洁。在重大活动之后，公园会留下较多垃圾，那么该单位的领导就会立即参与到卫生打扫工作中去。2003 年起，景区成立了专门的巡查组，他们要对各单位10个方面的工作进行监督，一经发现问题就以书面通告的方式抄告有关单位。巡查组发现的问题与有关单位当月的考核关联，并与经济收入挂钩，责任人要受到经济处罚。景区的公园开展“双最”评比（评选最好与最差）。连续两年列为最差的公园，其领导就地免职。管委会还聘请了市人大、政协委员作为监督员明察暗访。有了这样的监督机制和责任处分机制，各单位的干部职工不仅要努力完成本职工作，而且对本单位的所有问题都会关心，发现问题随时反映，力争使问题在一出现就被解决。2005年，不幸落为“最差单位”的公园在百分制的评比中实际上也得到了92分的优异成绩。西湖风景名胜区管理委员会的管理理念是，要通过工作机制的完善弥补体制上的效能缺陷。

西湖风景区管委会有政府职能，但这个行政区划的主要社会服务功能是旅游休闲，是文化；所以它还挂有第二块牌子：杭州市园林文物局。这个体制要管内容，要抓管理对象内容的创新。

通过2002年以来的几次综合整治工程，西湖周边挖掘整理复现了80余处景观，确定了需要保护的各历史时期的建筑、街区、大遗址等；博物馆也新增40多处，大多是专题性的。这些博物馆有市、区政府办的（西湖风景名胜区管理委员会直属的就有四五个），也有企业办的，还有私人办的。与西湖相关的文化内容得到广泛和深入的发掘。从2003年起，市、区政府办的博物馆全部免费开放（省管的浙江省博物馆随后也免费开放）。游客参观的选择余地大大增加。为保证免费开放后的服务质量，西湖风景名胜区管理委员会组织相关博物馆开展达标评比。评比内容涉及讲解及窗口服务，也涉及卫生、库房和学术研究，要比各单位发表了多少种论文和著作。这样的评比在全国是没有第二家的，而杭州作为一个旅游城市的服务质量也因此大大提升。

西湖南岸靠近市区的位置新建的西湖博物馆，于2005年“十一”正式开馆。这个馆龄最短的博物馆开业7天就接待了12万游客；到2006年春节，光旅游团就接待了120个；开馆至今，游客总量已突破200万。

西湖博物馆将现存西湖景观的历史底蕴揭示出来，陈列方式新颖、精致，有立体电影介绍西湖成因及西湖景区的最新拓展。这道专为外来游客准备的旅游大餐不期竟深得本地游客的厚爱，连当地的残疾人也愿排队候票观看电影。由于本地游客与外来游客相聚融融，才使西湖旅游成为了深度的、体验式的。西湖博物馆成了西湖游的总开关、总枢纽。

为了办好西湖博物馆，博物馆的功能被定位为“四个中心”：一是西湖景观的展示介绍中心。二是西湖历史文献的收集中心。财政每年拨300万元用于各类文物征集，博物馆现已征集了2000多件史料，其中既有一级文物，也有市民赠予的普通见证。市民对博物馆捐赠后获得捐赠证书，其捐赠加入陈列后，要标注捐赠者姓名。这些做法不仅一般地鼓励了捐赠行为，鼓励市民参与公共文化投入，而且极大地提高了市民的归属感和城市的凝聚力。现在，景区的工作档案也一并归入博物馆，让社会共享。三是研究中心。博物馆正在筹办西湖学研究会，酝酿成立一个西湖学研究院，希望利用社会力量对西湖开展全方位“钻探”。四是旅游服务咨询中心。通过与市场化运作的游客集散中心合作，博物馆也可以提供导游、订票等服务。游客中心在博物馆内设点，与博物馆工作人员统一着装，从这里把游客带到湖光山色之中。

公共文化设施如博物馆的免费开放无论在国内国外，都可能或多或少地影响展出质量。公共服务一般说在效率上会低于市场化服务，因而只有强化内部管理、强化社会监督才能避免其内在弊病。西湖管委会的各类公共信息在自己的网站和上级杭州市政府的网站上公布，随时接受游客和市民的咨询、批评和监督。这个与杭州市整体发展战略紧密相关的门户、龙头部门充分意识到自己的职责，也知道这些职责的落实靠的是不断的制度创新。公共服务如何能充分调动志愿人员的积极性，动员社会力量的参与将是他们一个更新的课题。

三、让景中村改造和景区建设相协调

出于不断拓展西湖景区的考虑，2002年整体划入西湖风景名胜区管委会的有占地48平方千米的9个“景中村”，村民多是种植龙井茶的茶农。这部分茶农的生产经营显然要尽快向旅游观光农业类型转换；他们的村容村貌也必须尽快向景区的标准靠拢。为此，风景区管委会的公共文化服务涉足到一个新的领域。

名气很大的梅家坞原来是一条封闭的山沟，自从连接灵隐的隧道修通、景区环线建成之后，游人纷来沓至。著名的龙井村更是如此。茶农们很快意识到其中的商机，他们迅速地打起了经营茶楼的主意。

事实上，浙江各地尤其杭州周边、萧山的农民早就融入了市场经济，且也较早地脱贫致富。富裕起来的农民很快就要盖房子，希望改善居住条件。但是今天的建筑材料、技术与工艺是他们不太熟悉的。他们在探索中建成的新居外观并不耐看，尤其不能与城市的时尚相匹配。这时政府有责任出来予以引导，以公共服务的方式提供一些设计，供他们参考。这样的工作在中国发展较快的地区通常都被忽略了。因而现在那些刚刚盖好的“豪宅”又要成批地拆掉；而被迅速扩张的城市围在新城区内的“城中村”改造就更让政府感到被动。景中村的问题和城中村的性质一样，而它的重要性、紧迫性还要更甚。这次，西湖风景区管委会把握了行动的主动权，探索着走出一条新路。

为了整体提升景区内村容村貌及农村人口的生活水平，管委会决定将这两方面的需求组合起来进行综合治理。在农民进行新居建设或旧居翻建的投入之上政府补贴一部分，村集体也拿出一部分，施工中统一布设基础设施，并统一新民居的外立面建筑风格：这种方式叫“民办公助”。

这个办法导致了一种双赢的结果：农民的新居由于加入了一些公共投入，建筑质量有所提高，而后的生活水准也相应提高；同时景区的景观变得协调、精致。现在这些景中村清一色徽派建筑，坐落在绿水青山茶园间，蜿蜒的景区公路将其一一串起。村容整治的同时，村民的环境卫生习惯也在改变。由于这些农家多数开始经营茶楼，与城里人、外地人有了更多的交往，文明水平大大提高。他们的健康发展也让游客获得更美好的休闲体验。这种不多的公共投入既起到了美化景区景观的作用，又起到了引导和拉动农村消费、提高农村生活文明水平的积极作用。对于农户来说，这些公共投入可谓锦上添花；而对于景区来说，这部分投入可谓画龙点睛。这里我们又可以感受到浙江人的精明。

尽管有皆大欢喜的结局，事情起初并不顺利。要让所有的村民都乐于接受这种安排，也需要大量的说服工作，需要给时间，允许旁观。按管委会的计划，本来龙井村是第一批动工的，但由于村民思想不通，梅家坞成了起点。在旧村改造过程中，各级干部要做足思想工作，要将新村规划、将来的景观效果向村民公示，吸取村民的意见进行修改，最后才实施。由于思想工作细致，新村改造确实给农民带来实惠，改造后的农户多数有了茶楼，经营了产业，收入不断提高，对游客的吸引力也越来越大，这个局面对后进行改造的村庄做出了良好的示范。继 2003 年梅家坞改造，2004 年又有两个村改造；2005 年终于轮到龙井村，10 月底完工。现在这个村庄与龙井景区水乳交融、浑然一体。到 2005 年，这些乡村的人均收入达 11000 元，高于全省农村人均可支配收入水平 65%。梅家坞有了几百家农家茶舍，整个西湖周边有了 1200 多家茶楼，每户年收入达 10 万元。现在，管委会考虑的是要让这些茶楼的经营上档次，要成立茶楼协会，对经营户进行免费培训，搞服务质量评比，搞采茶竞赛、炒茶竞赛，要让景区服务质量提高的同时，村民的生活与文明素质不断提升。这种新农村的前景或城市化的进程是令人羡慕的。这里不断探索公共文化服务新途径的努力令人钦佩。

一些地方将公共文化设施建设看成面子工程，运作方式也回到了计划经济体制。这实际上是对提供公共文化服务的严重误解。严格地说，公共服务问题只是面对市场经济才真正出现；也只有在与市场经济互动互补的情况下才能做好。这是我们讨论西湖经验的意义所在。西湖景区作为公共文化设施免费开放为的是推动杭州市经济社会进入和谐和可持续的发展。西湖风景名胜区管理委员会及其严格的管理体制的建立正是为了提高公共服务的效率，也是为了避免传统事业单位的种种弊病。景中村改造和景区景观建设的巧妙结合更是将社区、社会的公共利益和农户的私人利益合理协调起来。这些经验对于构建我国全新的公共文化服务体系具有较为普遍的参考价值。当然，公共文化服务是一个复杂的新问题。从公共投入的预算形成到公共文化产品或服务的提供有一系列的中间环节，而每个环节都需要经过深刻的改革。我们希望在经济发展上已经“走在前列”的杭州看到公共文化服务体制构建的更多新鲜经验。

本文最初的部分来自2006年的浙江调研，有关内容见《公共文化服务体系：市场经济条件下的重构》，载李景源、张晓明主编《浙江经验与中国发展》（文化卷）第五章，社会科学文献出版社2007年2月版，第186－238页。本文形成后又先后刊载于《2007年文化蓝皮书：中国公共文化服务发展报告》（社会科学文献出版社2007年版）和《2008年浙江文化蓝皮书》。

文化引领农村发展

——大村经验的文化经济学分析

我是在公共文化服务示范区建设验收的背景下，实地了解到云南保山腾冲大村的经验的，也和云南省市文化部门的一些干部进行过探讨，看到一些材料。实际上，由文化部、财政部共同开展的公共文化服务示范区创建工作于2011年正式启动，保山市成为云南的公共文化服务示范区创建城市。而“大村经验”这时已经产生。这样说的意思是，大村的经验可能是多方面的，已经有很多部门对其进行过总结，而我只是想从公共文化服务的角度再对大村经验进行一些解读。

事实上，大村经验也的确被当作保山创建公共文化服务示范区的一个“亮点”向验收组进行汇报。示范区验收当中，领导部门要求各创建市不仅对照多达六七十条的验收标准仔细衡量自己的创建工作，并且鼓励各地尤其是东部地区的工作成就稍稍超过申报时的指标。这时，这些工作的验收成绩就可能是“优秀”，而不仅仅是“达标”或“合格”。进而总结这些“优秀”成绩的取得，不少“亮点”就浮出水面。很多创建城市的“亮点”多达十数个。应该说，这些“亮点”的营造反映出各创建城市努力提供公共文化服务的积极性与创造性。

然而从稍稍不同的角度看，很多创建城市的创建“亮点”是通过对创建标准的研读，发挥地方条件的优势，在指标的数量值上有所突破。用一个术语说是在“规定动作”上获得高分数。而相对说，大村经验这个“亮点”属于“自选动作”，是“溢出性”的。并且一般说，公共文化服务体系建设是要花钱的，东中西部标准有差异就是考虑到各地经济发展水平尤其公共财政收入水平的不同。有钱的地方公共文化服务水平就高，创建工作的亮点更多，这是不争的现实。而作为一个西部城市，保山的经济实力不仅不能和东部或中部城市比，即使在云南省内也只是中游水平。因此它的亮点、大村经验的示范性尤其值得人们认真看待。

一、以少当多：公共文化服务建设资金的运用

财政实力不强，做起事来捉襟见肘，西部地区很多地方政府甚至几乎无力做更多的事。保山市的一个县，两年的创建工作千辛万苦，仅仅动员到200万的财政投入，图书馆、文化馆、乡镇文化站都要新建；而中部某个县级市，建一个综合文化中心就可能投入近两个亿。西部城市的领导的确难当，他们的工作必须经过认真谋划。村是中国社会的最基层，也是中国发展的最末端。2009年，云南省文化厅找到760万元的“惠农”资金，在包括大村（全称保山市腾冲县太和乡大村行政村）在内的全省38个行政村开展“文化惠民示范村”建设（国家级示范区抓住地级市，而云南省的示范点做在村里）。这些经费假如全部分配到村，每个村平均也只有20万元。用这点儿经费启动，大村成立了三个组织机构：一个农民演艺协会；一个农文网培学校（全称是“文化信息资源共享工程农民素质教育网络培训学校”）；一个农村文化产业合作社。在省文化厅看来，“惠民”包括三个方面，即“乐民、育民、富民”，正好对应于这三个组织。三个组织的运作管理体系设计合理，操作也很到位。如“农文网络培训学校”是依托全国文化信息资源共享工程这一数字化网络平台建成的，总校在保山市文化局，县里、乡镇有相应的管理机构，课堂在村里（所谓“四级联动”）。又如大村的“农村文化产业合作社”下设若干分社，选举产生了理事会、监事会，制定了自己的章程和内部管理制度，明确了发展方向和经营范围，初步形成了“公司+合作社+农户”的生产经营格局、“产、供、销”一体化的市场模式和“技能培训+骨干培养+品牌培育”的效能机制。人们习惯于说我国广大农村地区的“文化基础设施建设依然滞后”，但他们所说的“基础设施”是指这里提及的三个

农村文化管理机构吗？恐怕很少是。目前人们所说的农村公共文化基础设施主要是指村文化室房屋的建设和基本设施的配备；而大村说的“基础设施”已经做到了服务制度的层面。因此大村经验具有开创性、超前性。这三个组织的有效运转，才真正搞活了大村这样的中国农村最基层的公共文化服务活动。

云南的“文化惠民示范村”创建也有明确的标准，被归纳为“十个一”：(1) 有1个村民文化活动室（其中有一个阅览室，订阅报纸杂志10份以上，长期开放；一个电视培训室，有固定座位20个以上，长期开放；一个文体活动室，能开展乒乓球、台球、棋牌等内容的活动，长期开放）。(2) 建有1支村民业余文艺演出队，10人以上，经常开展活动。(3) 有1名专兼职管理人员、文化辅导员或文化志愿者。(4) 建有1所村文化信息资源共享工程农民素质教育网络培训分校。(5) 建有1个农家书屋。(6) 建有1个可供农民群众自娱自乐和演出的能开展小型文体活动的“文化晒场”。每年组织开展一次以上文化活动。(7) 建有1个非物质文化遗产保护传习和展示陈列所。(8) 成立1个村文化产业协会。(9) 拥有1个乡村特色文化产品。(10) 有1个文化宣传及乡村文化产品推介橱窗。每年更换12次以上，有更换记录。这么多事年年办要花多少钱呢？20万会够吗？[①] 我们在省里的相关文件上看到，“示范村创建点的行政村，省文化厅采取以奖代补的形式给予一定的创建经费补助”。原来是这样，大部分的钱还是农民自己出的，大村三层楼的文化活动中心就是集体财政出200多万元兴建的，财政的钱只是一个“点火费”或“启动资金”。钱真的用在刀刃上了。大村经验的产生也使“文化惠民示范村”建设工程在全省持续推开。

① 2011年前后，我们在江苏吴江市调研，当地文化部门介绍给每个乡镇1万元钱补贴可以排一台节目到村镇上巡演。那么大村有9支农民业余演出队，都排练节目就把钱花得差不多了。

二、“清闲”：当前农村居民的基本公共文化需求

如果是这样，我们就要继续探寻，农民为什么会有积极性自掏腰包（既有集体的部分也有农户的部分）做这些事。很多时候，文化消费有明显弹性，政府免费提供，农民会来消费；而当要求付费时，农民恐怕就回避了。现实中我们看到很多农家书屋冷冷清清，政府的公共投入几乎完全无效。那么大村的情况就只有一个解释：这里的公共资金投入之所以能撬动农民个人、家庭或集体的投入（也可能还有其他社会部门的赞助），是因为这些投入符合农民的基本文化需求。

我一直不太赞成笼统地说公共文化服务满足公民基本文化需求。我认为公民的基本文化需求中事实上有很大一部分是公民个人通过市场得到满足的。公共服务只能去满足各种公共需求，即主要是对公共产品（纯公共品及准公共品）的需求；与公共品相对的私人产品就是商品（如新华书店里的图书和电影院里的电影），要由市场提供。后一种并不奢侈的文化需求公共财政根本没有能力全部提供。

尽管云南当地的一些政府文件上说“农村是人民群众文化需求最旺盛、最迫切的地方”，但它接着就说农村“文化建设”和“农村公共文化服务体系的重点和难点又在农村”，在“村一级”。这看上去很矛盾：既然需求那么旺盛，为什么公共服务又那么困难？如果农民对文化已经“嗷嗷待哺”，就应该“饥不择食”才对，为什么那些农家书屋、老电影下乡不受待见呢？仅仅是农民没有钱或不愿意拿出钱来进行文化消费吗？

简单的答案当然是适销不对路、供需不匹配，当前国家提供的不少公共文化产品不符合农民的需求。我在南疆一个维吾尔族村的农家书屋里，看到过已经译成维语的《札拉图斯特拉如是说》，我想即使成了大学哲学系的本科生，也不是每个人都会对尼采这本书产生阅读冲动或真的看懂。现在是要弄弄明白，对于大村村民而言，到底什么是他们的“基本（文化）需求”？

今天中国广大农村居民的公共文化需求也许可以这样看：第一，尽管不是所有的农村都已经很富裕，甚至一些地区还未脱贫，但随着整个国家现代化进程，农业技术有了极大的推广，同时可耕地和可垦荒地已相对不足（近年来还有退耕还林、还草的生态建设要求），因此农业劳动力大批闲置。不仅北方农村有漫长的农闲期，南方各地的农民也已经“闲”下来了。应该说，这种“闲”就是（潜在的）生产力，生命不甘于闲下来就是基本需求。第二，当国家整体已经进入工业化后期甚至进入以知识经济和创意经济为代表的“第二次现代化”时期，他们各种新生活、新生计的努力可能都指向了文化。第三，这些人不是在已经富足以后才闲下来的，他们要求发展，要求释放自己充沛的精力，要求致富以及新的生活方式，但眼下缺少再创业的必要资本。我把这种意义的闲称为“清闲”：清贫而闲在。这里第一点表明他们需求的“基本性”；第二点表明这些需求的“文化性”；第三点表明这种需求的“公共性”。对于“失地农民”，很快就将不得不两手空空进入城市的农民，政府有使他们获得新的生活技能的责任。

至今仍然留在农村的剩余劳动力也许并不都是青壮年人，那些年龄较大的村民也许没有足够的勇气和能力再掌握新的生活技能，愿意慢慢闲下来安度晚年（看上去这才是通常所说的“清闲”）。但即使如此，他们也需要更多的交往活动，在哲学家的眼里这是在寻求人生的意义，在追求幸福感。因此，今天中国广大城乡的群众文化活动受到欢迎，这在大村也不例外。大村有 9 支自发组成的农民业余演出队，经常在各个村寨间开展文化表演活动。

与此同时那些年富力强又不愿进城务工的剩余劳动力也找到了新的致富门路。在腾冲有大量的火山岩可以开发利用，加工成装饰建材销售到市场上去；随着旅游时尚的兴起，传统的农村刺绣可以变成旅游纪念品、家用装饰品销售给游客。于是大村有 100 多户农民在从事石材加工，还有 140 多名妇女在从事刺绣工作。这些生产都可以被归入广义的文化产业。政府应该采取行动让这些农村居民顺利进入新的生活。

三、培训：乐民育民富民的首要着力点

在大村，农民们“清闲”的人生用文化取向的活动充实了。凭着有限的公共投入扶助，村民们无奈的“赋闲”成了有趣的“休闲”，甚至成了再生产和再就业。然而这样的满足是简单和低水平的。如何可以使这些农村文化活动的质量不断得到提升从而成为可持续的呢？

带着这个问题我们会注意到大村的三个农民组织的活动方式：演艺协会、文化产业合作社和农文网培学校。农民的演出活动水平不高，与他们在广播电视里看到的还有差距，他们希望提高。于是农民演艺协会对农民演员进行艺术培训，并开展一些“村星”评选活动。农民们的石材或刺绣产品也有待提升质量，增加文化内涵，同时他们还希望提高自己在市场中的竞争地位与经营技巧。于是农村文化产业合作社不仅对农户的生产进行指导、规范，也有意识地引入商业和市场机制。今天是一个信息时代，无论娱乐方面的知识，还是市场方面的知识，都可能来自互联网。能上网就可以乘上社会发展的快车。于是农文网培学校既教农民如何上网，也教农民如何利用网络进行学习。这里，教育与培训成了农村公共文化服务的核心方式，这是授人以渔而不仅是授人以鱼。文化惠民的三个分支“乐民、育民、富民”在培训这个环节上互通，区别仅仅是传授内容。村民通过学习，素质有了实际的提升，各项活动会产生更丰厚的回报，并因此产生继续学习的正反馈效应。不要小看教育或培训的作用。有了这个环节，低水平的自娱自乐就会变成经过交换环节的表演和鉴赏，小的快乐就会变成大的快乐，甚至是人生目标的实现、“高峰体验”以及“升华”等等。这就是农村公共文化服务对农民生活的具体影响，也是农村公共文化服务的可持续性所在。

在公共财政投入得到预算保障的前提下，农村公共文化服务的制度化环节变得格外重要。大村的经验是将村民组织架构系统化，让市县乡镇文化部门与村级农民组织紧密衔接，每一个层级的组织建构都落实到人的编制和职

责设置上。尽管基层的文化服务人员仅仅是享有财政补贴，具有志愿性质的，但毕竟人已经在位。在大村的三个村民组织中，文化产业合作社的制度化建设格外值得关注。不仅是产权较为明晰、管理较为规范，省市文化管理部门甚至有意识地推动它们进行工商登记，成为真正的市场主体；村文化产业合作社则鼓励发展较好的成员也进行工商登记，成为独立的企业。它事实上具有了文化产业园区的孵化功能。这样做，农村各类新型社区组织就可能与整个国家不断创新转型的各项基本制度相衔接，促进了农村社会的发展进步。这样的农村公共文化服务为现代化、城市化进程中“三农问题”的解决提供了有益思路。

省市文化管理部门通过村级公共文化服务机制的构建也明确了进一步扩大统筹范围的思路。例如保山市文化馆下属职能部门设置正在尝试与城乡公共文化活动辅导工作相结合进行调整，村级公共文化服务活动的开展也希望进一步整合各级教育、科技等部门的资源。这样的延伸探索完全可能引起国家现有行政体制建设的渐进式改革创新。

四、结语：对国家公共文化服务体系示范区建设的有益示范

综上所述，大村的发展是文化引领的。无论乐民还是富民都是文化取向的，而育民更是基本的公共文化服务，三者构成一个惠民的体系。因此可以说大村提供了一种公共文化服务的模式。与两年多来由文化部、财政部开展的国家公共文化服务体系示范区项目相比较，前者的体系建立在乡村，后者的体系则建在地级市。二者的内容有一定的重叠，但也相互不能替代。我们可以把两者视为中央政府和地方政府探索提供公共文化服务的两种着力方式。

公共服务是现代社会各国政府的一项重要职能，但同时对政府提供公共服务也有不少批评和诟病，它的效率低下往往成为众矢之的。诺贝尔经济学奖获得者、美国公共经济学家弗里德曼对此有一针见血的分析。他当着布什总统的表彰回应说：“当一个人花自己的钱给自己买东西的时候，他对于花多

少钱和买什么东西都非常在意；当一个人花自己的钱给别人买东西的时候，它对于花多少钱仍然非常在意，但对于买什么东西却多少有些不那么太在意；当一个人花别人的钱给自己买东西的时候，他对花钱买什么非常在意，但对于花多少钱却压根不在意；而当一个人花别人的钱给别人买东西的时候，他对于花多少钱或买什么东西都不在意。这就是你们的政府。"① 我猜不出布什总统当时的表情，但我想弗里德曼并不主张取消公共服务，而是希望考虑到人性的弱点，采取措施提高公共服务的效率，以更好地维护社会公正。

公共服务（包括公共文化服务）要有效率，根本的办法在健全预算程序；其次是找到种种措施监督检查公共部门的实际工作。同时的确也不能排除还有公务人员发挥出弗雷德里克森所说的"公民精神"②，创造性地开展工作，建立符合具体实情的服务模式。我认为上述两种服务模式及项目的展开都和相关领导同志的深入思考、精心设计分不开。我觉得，尽管大村经验产生于村级单元，可能被国家或省市级示范区建设内容所覆盖，但对于当前在地级市一级正在开展的公共文化服务示范区创建工作也有一些特殊的示范意义。

第一，国家公共文化服务示范区的创建已经调动了一定量的国家财政资金，创建地市也还需要有相应的创建投入。这些投入有相当的部分会用于基础设施建设。但是，各地是否也应该将一定比例的资金投向高效率的公共服务本身呢？这里的服务指的是具体的文化类人工服务。就像在大村，它在很大程度上表现在三个村级农民组织的组成工作及功能运行（主要是行之有效的教育培训工作），而且这种服务活动会产生杠杆效应，不仅简单满足农民的娱乐需求，也会撬动当地集体、个人或其他私人部门的进一步投入。"软件运行"显然比"硬件制造"走得更远。

第二，对公共文化服务提供的内容应有更全面的理解，而不是囿于当前

---

① 转引自沙夫里茨等编《公共政策经典》，北京大学出版社 2008 年版，第 161 页。

② 参见乔治·弗雷德里克森《公共行政的精神》，中国人民大学出版社 2003 年版，尤其其第三部分"公共行政中的伦理、公民精神和乐善好施"。

行政管理部门的职权划分。比如当前的示范区建设对于乡镇和村的信息共享工程设备的设置有具体的量化要求，但在提供服务方面没有更多设计，很多时候只有有人上网浏览，工作就算完成了。大村却在利用公共网络平台开展农村农业技能培训方面做了不少工作，这更是手把手地教会了农民如何上网查找信息。与此同时，在当前行政体制之下，文化部门也可主动找当地有关部门进行协调，整合资源，低成本地提供各种公共文化服务。示范区建设已经将地方政府推上了地方文化发展的总协调地位，在这个大背景下，文化部门以及公共文化服务体系应该可以做更多的事。

第三，公共文化服务和文化市场、文化产业的发展往往被理解为两件不同的事，甚至有一些公共文化部门的领导同志对文化产业刻意回避。其实，文化发展的确是靠市场和公共服务这两个制度推进的，但作为政府的公共政策服务，对象应该是包括两者的。政府最多只插手公共文化服务的提供工作，但它必须有关于文化市场和公共文化服务的两种政策服务。政府应该更多地退出竞争领域，实现政企分开，进一步开放文化市场，但也应不断强化产业政策和市场管理服务。政府的公共文化服务提供还应与文化市场形成相互补充、相互促进的良好关系，通过政策和体制机制协调，让两者相得益彰。这方面，大村经验值得被深入学习理解。据了解，2011 年前后，“大村文化产业合作社下设的石材文化工艺产业分社，从事石材加工的户数达 100 多户，年产值达到 460 万元，收入达 240 万元”；“下设的刺绣文化产业分社，有刺绣从业妇女 145 人，每月可增加收入 700 ~ 800 元”。农民们亲眼看到，被称为“会呼吸的石头”的火山石经过设计和高文化附加值开发，“过去粗加工的卖 30 块钱一平方米的石材，现在能卖到 100 块钱一平方米”，这一点对于正在经历城市化进程的中国农村，尤其那些城近郊区具有特殊的意义。记得我在安徽淮北市郊看到一个村庄的农家书屋使用得非常好，其原因是这个村的土地因采煤引起塌陷，农民们不得不转而生产、经营各类文化工艺品（中国结、剪纸等）。这种情境下，村民的文化学习积极性空前高涨。我们的政府文化部门，应该在将要推进的行政体制改革过程中，进一步调整内部职能的分工，适应整个社会的转型发展。

第四，公共文化服务示范区的创建对国家公共文化服务体系的构建具有引领的意义。但创建工作有一定的周期。两年时间创建完成了，后面的工作会不会出现停顿甚至放空？这个问题需要注意。示范区建设如果注重了制度建设，其可持续性就会有保障。大村最重要的经验在于，它把村级公共文化服务制度体系嵌入了国家基本（经济、社会、政治）制度当中。这是它的可持续性所在。公共文化服务部门并不图谋在示范区建设中获取更多特殊权力，而是希望伴随整个社会的现代化甚至“第二次现代化”[①] 进程，伴随城镇化和普遍旅游时尚的兴起，让文化更多成为引领社会发展、促进社会和谐、推动市场建设的新能量。从一开始起，公共文化服务事业的发展就是科学发展观中的一个重要方面。而大村最初是被作为视野更宽广的“农村文化建设”试点打造的，是要让文化引领整个农村发展。我认为，真正要创建公共文化服务示范区，各地领导同志的视野一定要比当前设计的指标体系更扩大，要想得更多更深！这是我作为文化部聘任的国家公共文化服务体系建设委员会委员，愿意较深入讨论大村经验的思虑所在。

大村是中国农村尤其西部农村的缩影。希望有更多的人关注大村，也希望大村的发展更引人瞩目！

本文发表于黄峻主编《春风化雨，文化惠民——云南省公共文化服务体系建设的实践与探索》，云南大学出版社 2014 年版。

① 与制造业、工业化进程相比较，有社会学家把以知识经济为代表的新的全球发展趋势称作“第二次现代化”。

跋：行进在文化经济学的路上

我是美学出身的，最初做知识经济与国家创新体系研究纯属客串。但经过这十多年的文化发展、文化政策研究还真是看到一条从美学通往文化经济学的道路。这不仅是我们中国研究者根据自身的需要摸索出来的，也是20世纪全球文化研究所走过的道路。这里我既不可能详细刻画这条道路的主要路标，也还不能将自己的文化经济学理论完整呈现出来。我把这十多年自己研究的几段心得记录在此，作为本文集的结束语。这样就可以将书中所有应用研究的内容，即那些必将随着时间的流逝而失去意义的东西暂时忽略掉，让那些作为尺度存在的理论以及获取这些理论进展的科研经验保留下来。这也是为新的再出发寻找新起点。

一

在本文集收录的《科学发展的文化向度和文化研究的新路径》一文中，我简单回顾了改革开放30年来的文化研究历程，尤其是对20世纪80年代的文化研究进行了一些反思。我看到，尽管80年代的“文化热”发挥了巨大的启蒙作用，“但这些（文化）研究具有抽象和理想主义的特征，而且和社会改革的进程相对脱节，最终为社会动荡所终结”；90年代的“国学热”“这种没有竞争、一厢情愿的学术研究很难形成更大的社会影响”；而新世纪以来的“文化发展研究还相对稚幼……但它紧紧地踩在文化发展和文化体制改革的鼓点上，为国家及地方的文化发展、文化体制改革、文化政策的制定、文化产业的发展、公共文化服务、文化遗产及文化多样性的保护、国际文化政策合作提供了及时和有效的咨询服务”。同时“各种社会需求（政府的、企业的）

正催促着文化发展研究深化自己的理论”。从那时起到现在又经过了几年的时间，我现在对不断深化的文化研究有了更多的看法。我把这种趋势和路径概括为让美学“埋头”进入经济学；又让经济学不断“重返”它在伦理学中的源头。

一两年前，我曾应约对一个农业景观课题进行评审。有关方面告诉我是一个“农业美学”课题请我评审时，我并没有很大的兴趣。但我翻开课题文稿，看到“农业景观”的概念时，即刻意识到这是一项很有意义的研究成果。该课题从农业景观审美与艺术审美的区别讲起，不是将农业景观当作低于艺术景观的通俗审美对象，而是将农村和农村的景色当作一个园林景观与绘画或音乐作品审美进行比较，强调了这种人就生活在自己环境中的全身心的审美感受（包括对民俗的遵循及人际关系的协调），以及与视听艺术作品审美相比时的优越性。它还通过温州楠溪江田园居落、元阳哈尼梯田景观等案例具体展现了这一人文理想。这时审美就是生活，就是有文化创造的生活。从理论上说，这实际上仍是将现代社会人类短暂的审美活动向其在理想状态中的普遍模式进行的一次推演；景观成了人的本质力量对象化的结果，审美活动成了人面对特定符号物（如包括了农民、农村的历史在内的整体和理想的农业环境）时对生活的正价值予以认定和反复回味的过程，是对幸福的见证。美学在这里再一次开显出人类学（人本主义）内含，要求偶然和短暂的艺术鉴赏实现为永恒的现实存在。因此在逻辑上它当然是理直气壮的。

但是课题也看到中国农村及农业景观极为不尽如人意甚至已经变得丑陋的现实，因此呼吁城市和工业不要进一步去“损害”农业文明，甚至呼吁工业社会及城市“回归”农业文明。这就暴露出中国当代美学研究普遍患有的“乌托邦症候”。

“乌托邦”本不是贬义词，而是历史上一些空想社会主义者进行过的悲壮尝试。但乌托邦的缺陷是“空想”：不是理想本身错误，而是历史条件缺失。中国当前的“三农问题”即使是在所有既定政策框架下也看不到根本解决的希望。现代化、工业化、城市化的趋势都是不可逆的。甚至在中国，城市景观尚且袒呈着追赶者的不从容（劣质、丑陋的大面积住宅小区），更遑论以稍大力度“反哺”被剥夺着的农业及农村景观。那么，中国的农村就毫无希望了吗？我认为，农村景观或景观农村的构建只能寄希望于国家发展方式的转变，寄希望于科学发展观的真正贯彻。具体地说，只能是从经济学上为农业文明指出一条降低生产成本而极大提高其产品收益水平（附加值）的可行路径；让一些有条件的农村地方走跨越式发展的道路，从“前现代状况”跨过现代化阶段，直接进入“后现代”。例如抓住旅游时尚兴起的机遇，转型发展“景观农业”。景观农业是旅游产业的组成部分，旅游产业也是文化产业。文化产业是使难以为继的现代制造业实现转型升级的现实策略。这样我们就看清了，为什么美学应该“埋头”，不再仅仅瞭望虚无缥缈的未来，而是应该注意脚下，回到人间，用经济学（及其他社会科学）的手段来改造现实，在推动社会可持续发展的过程中部分地实现审美理想。

二

20世纪90年代末，国内科技界一些专家在介绍国际“知识经济”与“国家创新体系创建”的发展趋势时单方面强调科技进步的力量，让我们几位同事感到不安，通过观察与思考，我们相信知识经济一定是“高科技与高文化的联姻”（所谓 high tech，high touch）。信息技术的发展只是造成了媒体网络的兴盛，反之会进一步造成传播内容的匮乏。我们认为文化发展的问题很快会提上日程。果然，在2000年，中共中央十五届五中全会关于“十五”计划的“建议”中出现了“推动有关文化产业发展”“推动信息产业与文化产业的结合”的导向性意见，也拉开了其后一轮文化体制改革（2003—2006年的“文化体制改革试点”）的序幕。这时的文化体制改革就是要发展文化产业。这时的改革是市场化取向的。与此同时，我们也认为，文化及文化产业部门的发展将有利于整个经济结构的调整，有利于扭转传统经济部门在东部地区片面发展造成的分配不公与社会不平衡局面，甚至可能带动其他各方面的新一轮改革。① 文化与经济社会的均衡可持续发展现在成为了一个问题的两个侧面，文化通过在市场环境中的生产、消费实现增长成为一个新的问题。解决这样的问题要求我们有新的理论工具和分析方法。

那么，市场经济就那么简单吗？这些年人们经常可以听到各种反对市场开放、指责市场经济造成社会不公的声音；我也曾和各方面的人就文化产业发展，文化进入市场的问题进行讨论。但经过争论我发现，这些对市场经济尤其文化市场化问题的指责恰恰是对“市场缺失”的控告。例如一些艺术明星靠通俗甚至庸俗的表演获得过高收入，还有一些政府和商人勾结非法获益等，究竟是文化市场太充分造成的呢，还是文化市场制度（“市场社会”构建）太不健全乃至完全缺失造成的呢？我们那些“一心只读圣贤书”的人文学者竟然也本能地相信市场只是一只“看不见的手”。而我们知道，市场经济一定会是一种法制经济。未经严格规范和充分培育的市场总是纵容过度投机的倾向，同时可能混杂着政府的腐败。在亚当·斯密的时代，一方面是古典经济学家终于发现了市场可以自动范导商人利己主义动机的“惊天秘密”；与此同时又有几乎完全放任的资本主义“原始积累”造成严重的社会不公，在欧洲社会引发了一次次革命。经过对这种明显的矛盾状态进行严肃而现实的调整，市场经济才在付出了巨大代价之后，进入了比较自觉的制度建设的时期。最终是政府和法律这只“看得见的手”监管着市场，弥补各种“市场失灵”，经济才比较健康地发展起来。我们甚至感到，马克思那些关于社会主义的理论探讨对于构建发达国家的市场社会（“市民社会”）有着重要的影响。他极为现实地坦言，作为共产主义第一阶段的社会主义社会当中，贯彻的只能是“资产阶级法权”。中国当前的市场就是缺乏这样的必要制度设计、建设和监管，同时还有某些政府官员利用这种制度空缺进行疯狂的权力寻租活动。结果是我们的“原始积累”看上去比西方的更“原始”。这才是中国经济不能健康运行也不可持续的“公开秘密”，是一个声称信奉马克思主义

① 那时我甚至觉得，文化体制改革可以成为政治体制改革的前导。直到现在我也认为，政治体制改革恐怕没有这个前导是难以实施的。中国近现代史告诉我们的都是这种经验教训。

的国家的耻辱。迄今中国的文化市场规模很小，开放度极低，公民参与文化生产的权利尚不能得到有效落实，因此中国文化在世界上没有真正的影响并不稀奇。而这时一些把持着权力和利益不放的部门却每每以“国家文化安全”对有关领导部门进行威胁。因此我们的确需要有更多的经济学家来讨论文化与市场的关系问题。谁能从逻辑上说明文化不可能通过市场经济得到发展和繁荣呢？

改革开放以来，我们对经济学和经济学家寄予厚望，希望他们能将人类通过市场行为实现富裕、文明的故事讲给普通人特别是一些官员听。应该承认，经济学理论已经有了长足的发展，发育出不同的分支，更应用了日益复杂的数学工具，勾画出很多市场细节。但从另一方面说，（西方）经济学也越来越多地从制度基础的讨论转向竞争技巧的说明，越来越多地谈论效率，而越来越少地谈论公平。受此影响，改革开放以来，中国经济学关于市场机制原理的讨论相对较少。这与当年“不争论”或者“韬光养晦”的大背景也有一定关系。在几十年的改革进程中，一种颇具影响的经济学理论主张在中国这样的发展中国家进行市场建设应“优先考虑效率，兼顾公平”。我认为这种观点与国家几十年唯 GDP 增长的发展方式和这种发展造成的巨大贫富差距及社会动荡直接相关。这给经济学及经济学家的声誉带来损害。

其实国际上自 20 世纪 60 年代以来的发展经济学已经更多地强调了经济学的伦理责任。[①]“发展”是一个比“增长”有更多人文内涵的概念，更强调市场经济发展的全球化背景及发展中国家与发达国家的交往史及相互责任。在中国，市场经济建设过程中更应该认真学习借鉴西方经济学关于市场原理的讨论。这时我们就会想到，为什么亚当·斯密一方面写了《国富论》，主张依靠“看不见的手”；同时又写了《道德情操论》，强调人的道德感尤其同情感的重要性。实际上经济学始终是同时关注公平与效率的，它们是人类经济活动的两个侧面。《牛津经济学词典》的“经济学”词条说：“（它）研究

① 参见［印］阿马蒂亚·森《以自由看待发展》，任赜、于真译，中国人民大学出版社 2002 年版。

紧缺的资源如何或应当如何被分配。……实证经济学关注在不同条件下发生了什么或应该发生什么；规范经济学从效率和公平二者出发，思考什么是经济组织的最好方法。经济政策分析同时要求规范的和实证的经济学：规范经济学给出政策目标；而实证经济学检验给定的目标是否恰当可行，什么经济组织方法是实现这些目标最有效的途径。”[①] 在我看来，后发国家现代化进程中，应优先关注市场制度（市场社会）建设，这样它的效率才是真正有意义的。这并非一种自视清高的表白，我在云南元阳哈尼族梯田申遗的进程中，就看到了具有不同伦理蕴涵、不同社会发展结果的不同开发思路的对比。[②]从这个意义上我要说，需要让经济学不断“重返”它在伦理学中的源头。我想有了这两条路径，传统的人文研究就可以顺理成章、合乎逻辑地走向社会科学了。在进入社会科学的细节研究时，它并不失去与传统人文研究的联系。

三

我显然是希望将自己的这些研究成果大胆地归入文化经济学的范畴。几年前，我翻译了罗杰·特劳伯在20世纪80年代的一篇文章[③]，文章说：“传统经济学几乎不关注各类艺术，而且只有极为稀少的思考涉及艺术与经济的关联。但在最近几年传统经济学已经日渐频繁地聚焦艺术产业。这部分地是因为艺术的兴盛；部分地或许是由于一些经济学家思想的微妙变化，他们看到艺术对于富裕国家的福利有所贡献；部分地也如马克·布劳格所说，是因为‘经济学家渴望将其分析工具应用于迄今未触及的领域，以及艺术管理学家认识到各类艺术面对不断增加着的经济压力’（1976）”。在看到这种国际

---

① 引自［英］John. Black 编著《牛津经济学词典》，上海外语教育出版社2000年版（原文引进版），第137页。

② 参见《村民参与开发是红河哈尼梯田申遗及可持续发展的方向》一文，载拙著《文化经济学视野的搭建》，社会科学文献出版社2014年版，第228－232页。

③ 引自罗杰·特劳伯（Roger M. Troub）：《传统经济学、制度经济学和新制度经济学当中的艺术问题》，中译文见叶取源等主编《中国文化产业评论》第10卷，上海人民出版社2009年版。

趋势，而国内的经济学家又没有或起码没有“成建制地”到来，于是我们就纵容了自己的“僭越”。毕竟上述译文说文化经济的时代到来了，“艺术兴盛”会“对国家福利有贡献”。所以我们要有所尝试。几年下来对这个学科的轮廓有了几点粗浅的认识。

我试图用经济学的分析（市场的视野）处理文化发展的问题。发展是一个动态的经济过程，过程有自己的结构，那就是通常所说的产业链。文化也通过市场发展，即通过需求－供给关系的持续培育来实现。这一关系又可分解为创意—生产—销售—传播—消费—创意的循环链条。文化发展的产业链与其他产业的链条相比，在不少环节上有不同。文化产业（或今天人们更愿意说的创意经济）是个巨大的产业群，里面有不同的行业门类，之间也有复杂的相互关系。如果我们能将这个视野里的问题大致说清，文化经济学的叙述体系就可以初步搭建起来。

为此，第一，我围绕文化市场培育讨论文化产业以及相关公共文化服务的问题。日益做大的文化产业是文化市场的主要推动力，而公共服务只是作为市场失灵存在时的必要补充。本文集的一些文章中对“文化产业”“公共文化服务”进行了概念界定，对其一般运作模式进行了刻画。比如在2003年前后，我是将文化产业界定为“应用复制技术完成文化传播的商业活动的总和”，这样才能突出传媒在文化产业中的主体地位。我相信文化产业本质上说都是传媒。① 而这以后，我觉得对文化产业概念的界定还可以根据国际相关趋势的发展进行一些调整。关于公共文化服务，我一直强调它只是市场经济的必要补充，绝不是公民基本文化需求的主要提供者，因此一定要与市场建立一种良性互动的关系。在关于公共文化服务的讨论中我强调公共服务只能提供“公共品”，而通过对公共需求的分析，我也着重说明预算程序民主化

① 参见本论集中《文化产业发展的几个基本逻辑》一文。

对公共服务效率获得的必要性。①

关于市场和公共服务的相互关系，我也是在参与《促进和保护文化表现形式多样性公约》的相关工作中逐步思考清晰的。国际文化贸易是国际文化交往的主要平台。“流通决定流传”。但是文化特征（identities）对于一些产业弱小的国家同样重要，世界也需要文化表现形式多样性。因此在特定国家文化产业相对弱小时，公共财政需要被用来进行援助。但援助不是为了对抗市场、搞垮市场或抑制交易。因此公共财政投入要有门槛限制和退出机制，而且尤其要在原创环节而不是交易环节着力。这样的政策才是符合《保护和促进文化表现形式多样性公约》精神而不是其他公约援助目标的举措。②

当然，无论文化产业还是公共文化服务，作为制度性安排在中国都还是一种理想目标，现行的文化体制还保留着相当浓厚的计划经济色彩，既形不成什么“软实力”，也首先就形不成通过市场表现出来的硬实力。文化体制改革的滞后有其特殊的原因。因此我也简单分析过文化体制改革的难点及克服这些困难的办法。③

第二，为了进行具体的经济学分析，需要找到分析的基点。我想文化经济学分析的基点应该是“文化品”。我带着这个问题阅读国外有关专著。思罗斯比的《经济学与文化》是这方面有影响的著作。它从文化价值与经济价值的区别出发，强调两者“相互嵌入”，从而讨论了不少文化品面对市场经济的特殊性问题。④ 但我觉得他的理论出发点还值得推敲。他并没有足够深入讨论哲学上所说的“价值”的本质，而是径直分析起“文化价值”或文化作品的价值结构来。这样他事先就将自己的视野锁定在“高文化”和“文化遗产”上，而对活跃在生活中并在生活当中不断创新变化的文化有所忽视。

---

① 参见拙文《公共（文化）需求的概念、认知及满意度评估》，载《中国公共文化服务发展报告（2012）》，社科文献出版社2012年版；《打造高质高效的国家公共文化服务体系》，载《宁波日报》2012年1月31日第A10版；等等。

② 参见本论集中讨论联合国教科文组织《保护和促进文化表现形式多样性公约》各文。

③ 参见本论集中《扩大市场准入，学会依法监管，稳步有序开放》一文。

④［澳］戴维·思罗斯比：《经济学与文化》，王志标、张峥嵘译，中国人民大学出版社2011年版。

进而他再将这种文化价值与通常作为货币与价格尺度的一般经济价值进行比照，实际上只是说明人们日常生活需求与对文化艺术的需求之间存在某种空间或张力，抑或只是承认了在特定历史社会条件下人们在文化需求上必然会表现出的较大弹性。倒是我翻译特劳伯的那篇文章说得明白："无法避免的窘境是，只有让艺术屈尊沦为产品和服务的范畴，经济学才可能处理它们。"我很赞成他的说法。所谓文化品，主要就是作为商品的文化二次制成品。

这些年我进入文化发展问题研究时，首先就对文化作品和文化产品进行过概念性区分[①]，我认为文化产品是对文化作品的二次制作，是负载文化作品信息的技术性复制品。继而才可能讨论这些文化产品（或服务）通过产业方式被生产，进入市场被销售时会有怎样的表现；作为一种极易被复制的产品（具有一定公共品特性）又该如何进行特殊的知识产权保护；等等。也正是因为有这种区分，我更清楚地看到艺术原创及其作品的高风险特征，认为任何一个现代国家在进行全球化竞争时，都需要对其进行公共资助，这样才能培育起文化产业发展的深厚资源，推动国家文化产业做大做强。[②] 文化品在市场中流通，这就是文化经济学内容的主线。

当然文化作品与文化产品的区分有一些复杂情况，或者干脆说有时二者难以明确区分。比如说文物，文化遗产进入市场引起很多老派的文化人的非议。这里我们在国际上"遗产产业"的概念和理论中看到的是两点：（1）作为展示传播的产品文物正可以发挥自身的文化功能；（2）除了在拍卖会上进行交易，人们也可以从公共经济学的角度对其"营销"进行合理讨论。[③] 对于各种非物质文化遗产，更是有许多专家热衷于"原汁原味"的"保护"，说到底就是出于专家的兴趣，不愿看到它们的发展。在我看来，这些非物质文化遗产如果还能在市场当中生存、传播，并在进行内容与形式的创新时，

① 参见本论集中《文化产业发展的几个基本逻辑》一文。
② 参见本论集中《划分文化企事业单位的标准及其意义》一文。
③ 参见本论集中《文化遗产的真确性价值与遗产产业可持续发展的三重目标》一文。

将自身携带的珍贵价值带入新的时代，那是一件非常好的事情。① 这才是一种符合伦理的态度。

第三，我要探讨文化内容生产的问题。尽管文化产业主要是媒体，是做传播。但媒体在市场上很快就出现过剩，而内容变得更加紧缺。从这样的角度进行观察，我们就发现文化企业的规模分成两类：大型的传媒和小微型的内容生产部门。传统制造业企业也有规模大小的分别，但总是大企业能获得规模效益。文化企业则不然，由于内容生产风险很高，对产品制作的专业要求又越来越高，因此围绕一个产品开发往往有一批小微企业的参与，每个企业只承担其中一两个环节的创意生产，并且为自己的环节承担投资风险。这就是文化产业内部"纵向非一体化"的特征。② 国际上"文化产业"概念向"创意经济"概念游移就是因为这个部分的重要性被更多地认识到。文化产业的这个前端至关重要，它为后端的媒体提供内容。为了做大文化产业，为了打造创意城市，当前世界各国都通过各种产业政策扶持这些小微企业。相形之下就会发现，中国近年这一轮文化体制改革几乎还没有迈上正道。它打造的那些不能跨行业跨部门运作的"航母"几乎都没有市场竞争力，而政府还不断为它们进行投入；对那些小微企业政府不仅没有支持，甚至没有正面关心过这方面的市场建设。说到底，在中国还没有真正的传媒市场，那些改名叫做企业的原有文化事业单位至多只是在内部管理方面引入了某些市场机制。我们的游泳选手们还没有看到泳池，更不要说大海。我们国家那些号称要做创意之都的城市也还不过是空喊口号。反之，不少有志的年轻人正在非常恶劣的环境中为国家和个人的前途艰难打拼。也是在这个规模越来越大的群体中，人们会发现，文化产品的消费（艺术鉴赏）并不是文化创意的最后环节，而是同时作为为新的创造的投资与创意活动形成向起点的回环。这又是文化产业发展中的一个重要特征。未来中国新一轮文化体制改革只有开始

① 参见本论集中《非物质文化遗产的保护需尊重其民俗制度基础》一文。

② 参见本论集中《浮现中的生活、艺术与市场》一文。

为他们而努力营造“创意氛围”（creative milieu）[①] 了，中国文化“走出去”才不再是一句空话。

当然，“在线即表达，表达即存在。”传播那一端也有很多经济现象值得探讨。例如严肃文学刊物领域为什么会出现两次发表的制度：第一次要上有名望的小众刊物，第二次才刊登在文摘类的大众读物上？这恐怕是一种文化进入市场的必要制度安排，是向坚定走文学之路的作家支付应得报酬的必要程序。近年来国外不少媒体经济学著作也已经翻译进中国。但只有市场出现了，国有文化企业和民营文化企业同台竞争，那些作为竞争技巧的各类微观经济技能才会受到更多追捧，有更多用武之地。

文化产业的发展将更多传统行业拉进自己的疆域，例如设计产业正在获得越来越大的市场空间，而这种发展甚至会促进企业间合作方式创新，为经济学理论创新提供启迪。我曾为浙江一个高科技企业与方便食品企业的合作感到惊喜[②]：传统的食品包装竟然也可能成为（广告）媒体，作为曾被闲置的资源成为企业合作的资本。这时我们想到了经济学中关于正的外部性的理论。但一般的经济学教科书未必会为这种外部性在企业合作中的“内部化”多费笔墨。我想文化经济学将来要对很多新的经济现象进行总结、概括。

第四，文化经济学研究涉及大量跨学科问题。文化和经济本身就是两种不同的知识对象，例如在讨论美术作品、音乐作品或舞蹈作品进入市场的问题时，必须从不同艺术的特性出发，探究其产业化的不同方式。

拉拉杂杂说了很多，并已表达出强烈的经济学取向。整个20世纪国际文化研究的趋向就是从文化哲学向文化社会学进而文化经济学发展的。这既反映出人文社会科学研究对社会发展的实际影响，也说明发达国家公民的文化权利逐步得以落实。但我仍对传统的人文研究极为留恋，留恋那种比较从容的研究方式及理论深度，那里有超越的美。而在回顾这些年的社会科学、实证科学式的研究时，我也为常常能够倚重前若干年美学研究的积累感到庆幸，

---

① 参见本论集中《打造本地艺术市场，营造创意通州，推进国际新城建设》一文。
② 参见本论集中《创新合作模式，资源涌流，财富激增》一文。

那里最重要的思想资源有启蒙哲学、符号哲学、艺术史及民族学等；而哲学作为一种思想方法给我提供了整体论和辩证法。未来文化经济学的研究因此会永远保持着强烈的人文关怀，也会使我的文化经济学研究被抹上不少个性色彩。

这里我真切地希望听到同行们的批评。我常说当代中国文化发展的最大问题是缺少各类真正的文化批评，包括对有关理论进行一针见血的批评，开展毫不掩饰的追问与争论。文化毕竟不仅是个人的事业，它是主体间永不停顿的对话！